Hans Christian Altmann
Mut zu neuen Kunden

Hans Christian Altmann

Mut zu neuen Kunden

Wie Sie sofort neue Kunden gewinnen – mit Telefon, Briefen, Multiplikatoren, Veranstaltungen, Spontankontakten, Empfehlungen und Kaltbesuchen!

REDLINE | VERLAG

Bibliografische Information der Deutschen Nationalbibliothek

Die Deutsche Nationalbibliothek verzeichnet diese Publikation in der Deutschen Nationalbibliografie. Detaillierte bibliografische Daten sind im Internet über http://dnb.d-nb.de abrufbar.

Für Fragen und Anregungen:
altmann@redline-verlag.de

7. Auflage 2013
© 2004 by Redline Verlag, ein Imprint der Münchner Verlagsgruppe GmbH
Nymphenburger Straße 86
D-80636 München
Tel.: 089 651285-0
Fax: 089 652096

© 1995 verlag moderne industrie, 86895 Landsberg/Lech

Umschlaggestaltung: J. Echter, mi
Satz: abc.Mediaservice GmbH, Buchloe
Druck: Books on Demand GmbH, Norderstedt

ISBN Print 978-3-86881-462-0
ISBN E-Book (PDF) 978-3-86414-357-1

Weitere Informationen zum Verlag finden Sie unter

www.redline-verlag.de

Beachten Sie auch unsere weiteren Verlage unter
www.muenchner-verlagsgruppe.de

Inhaltsverzeichnis

**4. Die alte Verkaufsphilosophie –
die Ursache so vieler Misserfolge
am Telefon**

**5. Die neue Verkaufsphilosophie,
die Spaß macht und motiviert**

Vorwort zur 6. Auflage

Wenn heute ein Verkaufsbuch eine 6. Auflage erlebt, dann ist das etwas Besonderes. Vor allem aber muss es für die Verkäufer eine echte Hilfe sein! Das bestätigt auch das Urteil des „Deutschen Vertriebs- und Verkaufsanzeigers": **„Das beste Buch auf dem Gebiet der Neukundenakquise."**

Aber auch die Leser selbst sind begeistert. So schrieb mir Karl-Heinz Herzog, Verkaufsleiter der Global Trade AG: **„Ich habe die Tipps dieses Buches zu 100 % genutzt und meinen Umsatz innerhalb von vier Wochen um 200 % gesteigert."**

Dieses Vertrauen verpflichtet und so habe ich die 6. Auflage durch sechs Telefongespräche erweitert und durch ein brandheißes Erfolgsbeispiel aktualisiert. Es geht um einen Berater, der es dank neuer technischer und psychologischer Akquisemethoden geschafft hat, innerhalb von drei Jahren die Nr. 1 unter 60 Kollegen zu werden. Er zeigt Ihnen, welche Chancen Sie in der Zukunft haben. Nutzen Sie sie und holen Sie aus jeder Methode das Maximum an Terminen und Abschlüssen heraus.

Dr. Hans Christian Altmann
München, März 2004

Vorwort

Ist Ihre Neukundengewinnung so erfolgreich, wie sie sein könnte?

Liebe Leserin, lieber Leser,

welcher Verkäufer hat die besten Zukunftschancen? Wer wird künftig die größten Umsätze machen? Wer wird die höchsten Provisionen verdienen? Wer wird trotz aller Probleme seine Motivation bewahren?

Ist es der fleißige, der engagierte, der gewissenhafte, der eloquente, der kompetente oder der begeisterte Verkäufer?

Natürlich hat der Verkäufer der Zukunft von allem etwas!

Aber wenn ich mir heute die vielen überdurchschnittlich erfolgreichen Verkäufer anschaue, dann ist es vor allem der **„intelligente Verkäufer"**!

Wer ist das? – Ist das der Verkäufer, der ein Studium, ein tolles Expertenwissen oder einen hohen IQ hat?

Nein. Nichts von alledem!

Der „intelligente Verkäufer", der wie kein anderer heute erfolgreich ist, ist der Verkäufer, der weiß, wie er am schnellsten und am leichtesten zum Erfolg kommt!

Es ist der Verkäufer, der bereits am Ende des ersten Jahres und nicht erst nach fünf Jahren unter den Top 100 ist!

Warum aber ist der **„intelligente Verkäufer"** um so viel erfolgreicher als in Routine erstarrte Kollegen?

Die Antwort ist einfach: Weil er zwei wichtige Erfolgsregeln kennt und für sich nützt!

1. Hoch motivierte Verkäufer wollen ihre Ziele immer so rasch und leicht wie möglich erreichen.

Und:

2. Erfolgreiche Verkäufer sind deshalb so hoch motiviert, weil sie genau die Strategien anwenden, die sie am schnellsten und am leichtesten ans Ziel bringen.

Genau das ist der „springende Punkt" bei jeder Neukundengewinnung! Man muss die Methoden und Strategien erkennen, die einen am schnellsten und am leichtesten zum Erfolg führen. Dann ist der Erfolg trotz vieler kleiner Misserfolge auf dem Weg dorthin garantiert. Denn wir verkraften alle Misserfolge, wenn am Ende immer wieder Erfolg steht.

Aber nur die richtigen, die erfolgreichen Strategien haben diese eine unwiderstehliche, motivierende Wirkung! Deshalb kann es für unsere Neukundengewinnung nur eine Erfolgsformel geben – und die lautet:

Je besser unsere Strategie ist, desto schneller kommt der Erfolg! Und je schneller der Erfolg kommt, desto stärker bleibt unsere Motivation!

Oft genügt ja schon ein anderer Satz, ein anderes Argument, ein anderes Wort – und der Erfolg stellt sich ein!

Genau dabei will Ihnen dieses Buch helfen!

Es zeigt Ihnen anhand der elf effektivsten Akquisitionsstrategien genau die Methoden, mit denen Sie heute am schnellsten und am leichtesten Ihre Verkaufsziele erreichen.

So erfahren Sie neben vielen anderen Ideen ganz konkret:

- wie Sie am schnellsten das Interesse neuer Kunden gewinnen,
- wie Sie am effizientesten zu qualifizierten Terminen kommen,
- wie Sie am besten zum Abschluss kommen,
- wie Sie sich am wirkungsvollsten motivieren.

Wenn Sie dann noch genau die für Sie optimale Strategie anwenden, setzen Sie eine beinahe unglaubliche Erfolgsspirale in Gang.

Denn je besser Ihre Strategie ist, desto schneller werden Sie erfolgreich sein! Und je schneller Sie erfolgreich sind, desto stärker wird auch Ihre Motivation bleiben. Je stärker aber Ihre Motivation ist, desto mehr Mut werden Sie haben, neue Kunden zu erobern.

Dazu gehört auch, dass Sie wissen, wie man mit dem *neuen BGH-Urteil* umgeht, das telefonische Terminvereinbarungen bei unbekannten Privatpersonen verbietet.

Gerade dabei will Sie dieses Buch unterstützen, denn es bietet Ihnen neben der Telefonstrategie noch zehn weitere, äußerst wirkungsvolle Akquisitionsstrategien.

Zuletzt noch ein Wort an die Leserinnen!

Trotz der großen Bedeutung, die Ihnen heute im Verkauf zukommt, bitte ich Sie doch um Verständnis dafür, dass ich aus Gründen der Lesbarkeit und Klarheit nur von „Verkäufern" spreche. Dennoch werden Sie in diesem Buch eine Reihe von Kolleginnen kennen lernen.

Dr. Hans Christian Altmann, Germering

Erster Teil

Neukundengewinnung
per Telefon

1. Der Aufstieg zur Nummer 1

1.1 Die ideale Kombination von Motivation und Strategie

Wenn es Ihnen gelingt, die richtige Strategie und Motivation miteinander zu verbinden, dann kann das Telefon sich für Sie als exzellentes Verkaufsinstrument entpuppen. In diesem Fall ist die Telefonakquise die kostengünstigste, schnellste und erfolgversprechendste Methode, um als Verkäufer ganz schnell auf der Karriereleiter nach oben zu klettern.

Das folgende Beispiel von Kurt Bohlmann beweist das auf sehr eindrucksvolle Weise. Er verkauft für seine Bank Finanzierungen von Maschinen, EDV-Anlagen, Autos und anderen beweglichen Gütern an Unternehmer und an Geschäftsführer mittelständischer Unternehmen – gelegentlich auch an die Einkaufsleiter von Konzernen.

Zwei Dinge fallen an Kurt Bohlmann sofort auf. Erstens: Er hat entgegen den Empfehlungen seiner Geschäftsleitung auf die bisherige konservative Akquisitionsphilosophie verzichtet und eine neue, geradezu revolutionäre Verkaufsstrategie per Telefon und „Win-Fax" entwickelt. Und zweitens: **Er ist mit dieser ausgefeilten Strategie innerhalb von drei Jahren zur Nummer 1 unter 60 Kollegen aufgestiegen und hat außerdem im letzten Jahr trotz konjunktureller Schwierigkeiten als Einziger seine vorgegebenen Sollzahlen um 54 Prozent übertroffen.**

Von ihm können Sie lernen, dass Sie als Verkäufer am erfolgreichsten werden, wenn Sie nicht stur die Methoden der anderen Kollegen nachmachen, sondern die für Sie geeignetste und erfolgversprechendste Verkaufsstrategie entdecken und ständig weiter verbessern.

Darüber hinaus können wir uns bei ihm abschauen, was aus einem Topverkäufer einen echten Siegertyp macht. Hans-Georg Häusel hat ihn in seinem Buch „Limbic Success" hervorragend beschrieben. Kurt Bohlmann beherrscht nämlich wie kaum ein anderer die unbewussten Regeln des Erfolgs und damit auch die besten Strategien der Sieger!

Mit diesen Strategien haben auch Sie die Chance, Ihre Verkaufsergebnisse explodieren zu lassen und ähnliche Spitzenergebnisse zu erzielen. Freuen Sie sich nun auf die zwölf einzigartigen Verkaufsstrategien von Kurt Bohlmann, dieses ebenso sympathischen wie erfolgreichen Topverkäufers.

1.2 Das neue Kundenkontaktsystem

Kurt Bohlmann hat nach seiner Ausbildung bereits im ersten Jahr eigenverantwortlich einen Umsatz von einer Million Euro gemacht – eine Summe, die sonst nur Mitarbeiter nach drei Jahren Erfahrung mit dem Geschäft schaffen. Sein weit überdurchschnittlicher Erfolg basiert auf den folgenden zwölf Strategien, die jeder Verkäufer nachvollziehen kann, der für neue Medien, schnelles Handeln und hohe Ausdauer aufgeschlossen ist.

Strategie Nr. 1: Man muss selbst die richtigen Akquisitionsstrategien erkennen!

Die Verkaufsphilosophie seiner Bank, die stark konservativ ausgerichtet ist und seit 15 Jahren unverändert beibehalten wird, lautet: „Am Ende kriegen wir sie alle! ... Wir müssen sie nur permanent mit Mailings und Anrufen zuschütten!"

Bohlmann war von Anfang an gegen diese Philosophie und sagt dazu: „Erstens möchte ich gar nicht alle Kunden, die Interesse zeigen. **Und zweitens sende ich auch keine**

Massenmailings aus, denn das heißt, Geld zum Fenster hinauszuschmeißen!"

Doch die Geschäftsleitung besteht weiterhin auf ihrem alten Kundenwerbungsprinzip, und das lautet: Was gut war, währt ewig! Und so verpflichtet sie ihre Mitarbeiter dazu, sich zuerst ein interessantes Industriegebiet auszusuchen, dann bei den einzelnen Firmen die Werbeunterlagen abzugeben, anschließend den Namen und die Durchwahlnummer des Inhabers oder des Geschäftsführers in Erfahrung zu bringen und ihn eine Woche später anzurufen.

Bohlmann bleibt jedoch bei seiner Meinung: „Das macht heute keinen Sinn mehr. **Man kann heute Kunden viel schneller durch Telefon, E-Mail, Fax und Internet erreichen.**" Und er begründet diese moderne Form der Akquise mit der Erklärung: „Die Realität sieht doch heute so aus, dass die Geschäftsführer im Durchschnitt von vier bis fünf Verkäufern pro Tag angerufen werden, denn Anrufe sind billiger als Werbebriefe und persönliche Besuche. Dabei ist jedoch das übliche ‚Geschleime am Telefon' heute absolut sinnlos, **denn der Kunde will sofort wissen, worum es geht und worin sein Vorteil liegt.** Das persönliche Verhältnis zwischen Kunde und Verkäufer spielt dagegen am Anfang eher eine Nebenrolle. Also sind Anrufe ohne einen besonderen Aufhänger witzlos.

Genauso witzlos ist es, eine Woche lang Werbeunterlagen zu verteilen und dann acht Tage später telefonisch nachzufassen. Zu dem Zeitpunkt wissen die meisten Inhaber schon gar nicht mehr, dass sie irgendwelche Werbeunterlagen von uns erhalten haben. Das ganze Prozedere dauert viel zu lang, ist viel zu umständlich und auch viel zu zeit- und kostenaufwändig.

Darüber hinaus lehne ich auch die vorgeschriebene langatmige Ist-Aufnahme bei einem neuen Kunden ab, denn sie gleicht mehr einem polizeilichen Verhör als einer schnellen Bedarfsqualifikation."

So hat Kurt Bohlmann sich geweigert, die konservative Akquisemethode seiner Bank zu verfolgen, und hat sich eine andere, viel bessere und erfolgreichere Strategie zurechtgelegt. Und der Erfolg gibt ihm Recht!

Strategie Nr. 2: Gute Methoden zahlen sich mit der Zeit immer mehr aus!

Bohlmann: „Meine Planung für das nächste Jahr beläuft sich auf fünf Millionen Euro. Das ist eine Summe, die andere erst nach fünf Jahren mit vielen Kontakten erreichen. Mein Ziel ist es, bei den Altkunden durch eine schnelle, hoch qualifizierte und intensive Betreuung einen **Schneeballeffekt** zu erreichen! Das heißt, dass sie sowohl ihre nächste Finanzierung unbedingt mit mir machen, als auch mich aktiv an ihre Geschäftspartner weiterempfehlen.

Dieser Ansatz hat sich gelohnt: Früher erhielt ich acht Anrufe pro Tag von Altkunden, heute sind es ca. 30. Statt jeden Tag neu zu akquirieren, kann ich jetzt immer mehr auf Kundenanfragen reagieren, die obendrein auch noch eine sehr lukrative Aussicht bieten.

Für mich heißt das heute konkret: Früher habe ich jeden Tag so lange telefoniert, bis ich fünf interessierten Kunden ein Schnellangebot machen konnte. Dazu brauchte ich etwa 70 Anrufe. Heute schaffe ich diese Anzahl Telefonate nicht mehr, denn sie kosten mich rund fünf Stunden und die Zeit habe ich nicht mehr! Durch die **zunehmende Zahl von Altkunden,** die von sich aus zurückrufen, kann ich mich jetzt vielmehr der Ausarbeitung der attraktivsten Angebote widmen.

Dennoch werde ich versuchen, eine Halbtagskraft für die Administration zu bekommen, um mich weiter der Kaltakquise widmen zu können.“

Bohlmanns Prinzip lautet: **Man muss seine Organisation immer wieder umstellen und dem Arbeitsaufwand**

anpassen! Viele seiner Kollegen glauben dagegen, dass es eine endgültige „Orga-Lösung" gibt – doch das ist ein Fehler.

Strategie Nr. 3: Kompetenz macht stets einen guten Eindruck!

Bohlmann: „Ich weiß, dass ich meine Aufgabe gut beherrsche. Und ich weiß, dass ich sehr kompetent bin. Auch die anderen Kollegen, die in ihre Kompetenz investiert haben, konnten im letzten Jahr alle eine Umsatzsteigerung verzeichnen.

Zu der Kompetenz gehört auch meine Fähigkeit, schnell zu arbeiten. Das kommt bei den Kunden gut an. So mache ich heute zwei Finanzierungsangebote in einer Stunde. Und ich traue mir aufgrund meiner Erfahrung in Zukunft auch zu, Finanzierungen über 300.000 Euro am Telefon abzuschließen."

Hier gilt die Regel: Wer so schnell wie möglich zu Erfolgen kommen möchte, muss auch schneller an die Sache herangehen – und das zahlt sich dann auch aus.

Strategie Nr. 4: Nur eine hohe Motivation bewirkt planmäßige Erfolge!

Bohlmann: „Meine Motivation beruht auf den folgenden sechs Säulen:

1. Säule: meine ständig wachsende Kompetenz. Ich fokussiere meine ganze Kraft auf meine Tätigkeit. Und ich suche ständig nach Verbesserungen, um noch kompetenter und schneller zu werden.

2. Säule: die guten Verdienstchancen. Das bedeutet für mich: Ich weiß, dass mein Einkommen von meinem Fleiß abhängt.

3. Säule: das zunehmende Potenzial an Alt- und Stammkunden. Das gibt mir ein beruhigendes Gefühl und zugleich einen echten Anstoß, heute noch mehr zu akquirieren. Denn ich weiß: Je mehr Kaltakquise ich heute mache, desto weniger muss ich später tun. Und je mehr Kunden mit Empfehlungspotenzial ich heute habe, desto sicherer sind meine Umsätze.

4. Säule: das Vertrauen in meine Arbeitsweise und Planung. Ich weiß, dass meine Methode funktioniert. Und ich weiß, dass ich so später auch ein relativ leichtes Leben im Außendienst haben werde. Andere Kollegen fahren dagegen den ganzen Tag herum, sind am Abend total erledigt und haben keine Freizeit (und Erholung) mehr – weder für sich noch für die Familie.

5. Säule: die Freiheit, so zu handeln, wie ich möchte. Das war schon immer mein Wunsch als Verkäufer. Durch meinen Erfolg unterstützt mich auch der Innendienst so, dass dies wiederum meinen Erfolg optimal begünstigt.

Dabei merkte ich mir das Wort meines besten Kollegen. Als ich einmal kurzzeitig in einer Krise steckte, sagte mir dieser Folgendes: ,Ich sehe, du hast im Augenblick wenig Lust. Merk dir eines: Überdurchschnittlich erfolgreichen Verkäufern geht es gut – ihnen wird der rote Teppich ausgelegt, sie verdienen mächtig Kohle und bekommen null Kritik. So ist der Außendienst wirklich schön! Unterdurchschnittlich erfolgreiche Verkäufer erleben stattdessen permanenten Druck, Stress und Ärger. Also entscheide dich, was du willst!'

6. Säule: die ständige Anpassungsbereitschaft. Ich frage mich immer wieder: Was muss, ja, was will ich erreichen? Wie schaffe ich das? Wie passe ich mich optimal an? Wie kann ich noch besser werden? Und: Wie erreiche ich zwischen 8:00 und 17:00 Uhr den maximalen Erfolg? Und mit jeder neuen Erkenntnis, jeder neuen Strategie steigt meine Motivation wieder an, denn ich will sie ja mit Erfolg einsetzen!"

Strategie Nr. 5: Durchdachte Telefonakquise ermöglicht jeden Tag einen Abschluss!

Bohlmann: „Mein Telefonskript ist darauf ausgerichtet, einerseits ganz schnell Kunden zu qualifizieren und andererseits spätere Geschäfte vorzubereiten. Ich sage zum Kunden: ‚Hier ist die ABC-Bank. Mein Name ist Kurt Bohlmann. Es geht um Folgendes ... und ich mache es auch ganz kurz. Die ABC-Bank ist Ihnen wahrscheinlich noch nicht bekannt?‘

In der Regel wird der Kunde Ja sagen, wobei es mir darauf ankommt, wie freundlich und interessiert dieses Ja klingt. Dann fahre ich fort: ‚Ich rufe Sie bzw. alle meine Kunden grundsätzlich vorher an und frage sie, ob überhaupt Bedarf an dem besteht, was ich anzubieten habe – bevor ich Ihnen irgendeine Werbung zusende.‘

An dieser Stelle mache ich eine Pause, um dem Kunden eine Frage zu entlocken.

Kunde: ‚Worum geht es denn?‘

Mit dieser Frage soll der Kunde ein gewisses Interesse signalisieren. Außerdem soll sie sein Vertrauen stärken, weil sie ihm das Gefühl gibt, das Gespräch unter Kontrolle zu haben. Gleichzeitig erkenne ich an dem Tonfall, wie groß sein Interesse ist.

Ich: ‚Es geht um die Finanzierung von Investitionen – sprich Autos, Maschinen, EDV ...‘

(Pause, damit er sich geistig auf dieses Thema einstellen kann.)

Ich: ‚Und da ich hier ein neues Büro habe und meine Geschäftsleitung daran interessiert ist, neue Kunden zu gewinnen, kann ich Ihnen eine Finanzierung ab vier Prozent anbieten.‘

... Peinliche Stille! (Ich bleibe absichtlich still, damit dem Kunden das Thema Finanzierung oder Investitionen voll bewusst wird.)

Kunde: ‚Wir haben keinen Bedarf! Das macht unsere Konzernmutter.‘

Ich: ‚Dann brauchen Sie mich ja gar nicht?' Damit provoziere ich ein Lachen des Kunden. ‚Dann gibt es höchstens noch einen **Berührungspunkt,** an dem wir zusammenkommen könnten: Autos mit Großabnehmer-Nachlässen. Die ABC-Bank hat durch Rahmenabkommen mit den großen Herstellern Sonderkonditionen erreicht, die in jedem Fall besser sind als die Konditionen, die ein Einzelner von dem Händler vor Ort bekommt. Ist das ein Thema von Interesse für Sie?'

Wenn sich gar keine Berührungspunkte mit dem Kunden finden oder er z. B. alles über den Verband einkauft, verabschiede ich mich schnell und höflich. Ansonsten setze ich das Akquisegespräch folgendermaßen fort:

Kunde: ‚Ja ... das klingt interessant mit den vier Prozent, aber im Augenblick steht nichts an.'

Ich: ‚Es ist also aktuell nicht interessant, aber generell schon?'

Kunde: ‚Ja.'

Ich: ‚Gut, dann geben Sie mir kurz Ihre Faxnummer und ich schicke Ihnen sofort ein Dokument zu, aus dem Sie ersehen, welche Konditionen wir Ihnen anbieten können. Die können Sie dann – wenn später Bedarf auftaucht – mit anderen vergleichen und mich zurückrufen.'

Bohlmanns Spezialmethode: Er setzt das Faxgerät ein, wodurch der Kunde bereits nach eineinhalb Minuten das Dokument und den Anforderungsschein für später vorliegen hat. Der Vorteil: Durch den Einsatz dieses „Win-Fax" bekommt der Kunde das Angebot innerhalb kürzester Zeit und legt es in seinem Ordner „Finanzen" ab. Er wirft es also nicht in den Papierkorb, sondern verwahrt es, sodass es selbst nach Monaten noch präsent ist, wenn plötzlich Bedarf besteht.

Außerdem ist der Erinnerungswert dadurch viel höher! Bohlmann: „Viele Kollegen machen den Fehler, dass sie sich nur auf den aktuellen Bedarf konzentrieren, aber den generellen Bedarf überhaupt nicht abchecken – mit der Folge, dass der Kunde sie schon nach einem Tag wieder vergessen hat."

Strategie Nr. 6: Die Fokussierung auf die erfolgversprechendsten Zielgruppen zahlt sich in höheren Abschlusssummen aus!

Bohlmann: „Ich qualifiziere alle meine Kunden zuerst nach der Bonität, dann nach der Firmengröße und zuletzt nach dem Empfehlungspotenzial. Für die Bonitätsprüfung habe ich die Branchen-CD der Kreditreformanstalt für 400 Euro gekauft. Das ist eine Datenbank mit kreditgeprüften Unternehmen, die man darüber hinaus auch noch nach bestimmten Kriterien selektieren kann.

Außerdem habe ich auch eine Bonitätsprüfung bei der Controlling-Abteilung meiner Bank durchgeführt. Ich habe nachgeforscht: **Welche Kunden aus welchen Branchen passieren die Kreditprüfung am problemlosesten?** Das Ergebnis: Vor allem bei den Branchen Laser, Metall und Kunststoff belief sich die Ablehnungsquote auf unter zehn Prozent!

Darüber hinaus akquiriere ich natürlich auch in anderen Branchen, wenn Not am Mann ist – z. B. im Bereich des verarbeitenden Gewerbes, der Feinmechanik, der Optik, der Elektrotechnik, der Büromaschinen und des Landmaschinenhandels. Im Transportwesen und Gebrauchtwagenbereich war die Bonität dagegen schlecht. Diese Ergebnisse können sich natürlich von Monat zu Monat ändern!

Außerdem habe ich mich bei der Neukundenakquise darauf konzentriert, die Finanzierung neuer Fertigungsmaschinen anzusprechen. Denn sie ergeben in der Regel die größten Finanzierungen und sagen sehr viel darüber aus, welches Potenzial dieses Unternehmen in der Zukunft hat.

Meine drei weiteren Kriterien für die Kundenqualifikation sind die **Größe** der Firmen – wobei ich von mindestens zehn bis 20 Mitarbeitern ausgehe –, die durchschnittliche **Finanzierungssumme**, die ich pro Auftrag bei 70.000 Euro ansetze (meine Kollegen erreichen einen durchschnittlichen Finanzierungsbetrag von 30.000 bis 40.000 Euro) und das Empfehlungspotenzial. Mein Ziel sind Kunden mit hohem

Empfehlungspotenzial. Dazu gehören zum Beispiel Meinungsführer oder Kunden, die Funktionen in Verbänden oder in der Industrie- und Handelskammer ausüben.

Viele Kollegen machen dagegen zwei Fehler. Erstens: Sie kennen das Instrument des Win-Fax nicht und fahren stattdessen in der Gegend herum. Statt direkte Kundenkontakte zu pflegen, achten sie nur darauf, wo die meisten Pkws herumstehen, um dann ein Angebot zu machen.

Zweitens verteilen viele Kollegen in den Industriegebieten wahllos ihre Werbeunterlagen und rufen dann ebenso wahllos – also ohne jede Qualifikation der Kunden – eine Woche später dort an."

Strategie Nr. 7: Die permanente, tägliche Quotenkontrolle hält einen auf Erfolgskurs!

Bohlmann: „Mein erstes Ziel ist es, mit administrativer Unterstützung weiterhin pro Tag fünf Stunden zu telefonieren, rund 70 Kunden anzusprechen und daraus fünf Schnellangebote unterbreiten zu können. Das ist meine erste Kontrollzahl.

Mein zweites Ziel besteht darin, die tägliche Anzahl der Anrufe durch Altkunden, denen ich ein ausführliches Angebot machen soll, kontinuierlich zu steigern. Denn wenn der Altkunden-Rücklauf zufrieden stellend ist, dann weiß ich, dass ich gute Vorarbeit geleistet habe. Auf diese Weise hoffe ich auch bei den Altkunden einen Schneeballeffekt zu erreichen – also dass mich immer mehr Altkunden wegen neuer Finanzierungen anrufen und mir gleichzeitig auch Empfehlungsadressen mitteilen. Diese Altkunden-Rückrufe und die Empfehlungen kontrolliere ich ebenfalls jeden Tag.

Ziel drei und vier betreffen dagegen den Tagesumsatz in Euro und die Anzahl der persönlichen Termine beim Kunden, denn mein Ziel ist ganz klar: nach Möglichkeit dieses ,Rausfahren' bzw. Autotermine allein auf die AAA-Kunden zu beschränken.

Darüber hinaus versende ich weder Werbeunterlagen noch verteile ich sie in irgendwelchen Industriegebieten. Ich schicke auch keine Briefe oder Faxe an unbekannte Kunden, weil das Ergebnis viel zu gering ist.

Die letzte Kontrolle betrifft meine **Arbeitszeit,** und hier vor allem die Zeit, die ich direkt mit Kundentelefonaten und der Ausarbeitung von Angeboten verbringe."

Strategie Nr. 8: Die besten Überzeugungsmethoden erfolgen aus dem Bauch *und* aus dem Kopf heraus!

Bohlmann weiß genau, dass die Überzeugung eines Kunden umso eher gelingt, je schneller er das dominierende Hauptmotiv des Kunden erkennt und anspricht. Im Wesentlichen sind es drei Topvorteile, die die Kunden überzeugen:

1. **Der Zinsvorteil:** Die vier Prozent sind mit den attraktiven Niedrigstpreisen von ALDI zu vergleichen und werden von 75 bis 80 Prozent der Kunden sehr positiv bewertet und akzeptiert.
2. **Die Gesamtrückzahlung:** Durch die Flexibilität bei der Laufzeit kann man dem Liquiditätswunsch des Kunden entgegenkommen.
3. **Die Kompetenz:** Bei Finanzierungssummen von 500.000 Euro und mehr geht es neben den Konditionen auch immer um die Kompetenz.

Das heißt: Wenn z. B. ein Kunde die Zusage der Finanzierung innerhalb einer Woche braucht, dann muss in dieser Zeit nicht nur die Bonitätsprüfung durchgeführt, sondern auch genau festgelegt werden, wer wo wann welche Zahlung bekommt. Hier gilt auch ganz allgemein: Selbst bei komplizierten Fragen und Finanzierungsvorhaben erwartet der Kunde die Antwort in 30 Sekunden – sonst zweifelt er an der Kompetenz und der Leistungsfähigkeit der Bank.

**Außerdem muss jede Erklärung so klar und einleuch-
tend sein, dass der Kunde sie sofort versteht:** ohne dass
man stottert! Immer aus dem Stegreif! Und genau auf den
Kunden und seine Situation zugeschnitten. Sonst hat man
verloren! Doch das hat auch seinen Vorteil, denn durch diese
Kompetenz, die manchen Kunden geradezu verblüfft, entsteht in der Regel auch ein hohes Empfehlungspotenzial."

Strategie Nr. 9: Hohes Einfühlungsvermögen und richtige Motivansprache schaffen am schnellsten Kundenakzeptanz!

Bohlmann: „Wenn ein Kunde eine Finanzierung über eine
Laufzeit von 60 Monaten möchte, dann sage ich zu ihm:
,Herr Kunde, mit Sicherheit werden Sie unser Angebot mit
anderen Konkurrenzangeboten vergleichen, und deshalb
müssen wir in jedem Fall günstiger sein, nicht wahr?'"

**Bohlmann verdrängt also die Wettbewerbssituation
nicht, sondern spricht sie offen an.** Er argumentiert quasi
aus dem Blickwinkel des Kunden und denkt so, wie auch der
Kunde selbst die Situation, seine Vorteile und seine Bedenken betrachten würde.

Wie schwer sich damit selbst manche Verkaufstrainer tun,
zeigte ein Rollenspiel beim letzten betriebsinternen Ver-
kaufsseminar. Da sagte der Berater, der den Kunden spielte:
„Ich möchte noch meinen Steuerberater hinzuziehen", worauf der Verkaufstrainer demjenigen, der den Verkäufer
spielte, zuflüsterte: „Jetzt müssen Sie alles tun, um dem Kunden diese Idee auszureden und den Steuerberater aus dem
Geschäft herauszuhalten!"

Bohlmann: „Das ist doch glatter Unfug! Kein Kunde lässt
sich bei einer größeren Finanzierung davon abhalten, seinen
Steuerberater um Rat zu fragen – im Gegenteil: Ein solches
Verhalten eines Finanzberaters macht den Kunden nur misstrauisch!"

Zum Einfühlungsvermögen gehört auch, dass Bohlmann die **Motive seiner Kunden** schnell erkennt. Das geschieht zum Beispiel durch die verschiedenen Laufzeiten, die sich der Kunde im Hinblick auf die Finanzierung wünscht. Daran kann Bohlmann erkennen, ob der Kunde lieber einen günstigeren Zinssatz oder geringere monatliche Belastungen möchte, und dementsprechend ist er auch in der Lage, seine finanzielle Stärke zu berücksichtigen.

Strategie Nr. 10: Die Suche nach selbstbewussten Kunden, die wissen, was sie wollen, ist Gold wert!

Bohlmann: „Ich bin davon überzeugt, dass ich eine gute Finanzierung anbieten kann. Und daher will ich auch nur die Kunden, die selbst ganz genau wissen, was sie wollen! Das erspart mir Zeit und aufwändige Überzeugungsarbeit."

Bohlmann hütet sich auch vor Illusionen – zum Beispiel vor der so oft gehörten Aufforderung von Trainern und Vorgesetzten, den Kunden zu einer neuen Investition zu überreden, für die er dann die Finanzierung übernimmt.

Bohlmann: „Ich kann doch nicht als Außenstehender und Fremder einen mir unbekannten Unternehmer zu irgendwelchen Investitionen überreden. Das ist doch nicht korrekt! Manche meiner Kollegen tun das und merken nicht, wie sie in den Augen der Kunden sofort an Glaubwürdigkeit und Seriosität verlieren."

Strategie Nr. 11: Wer gewichtige Entscheider überzeugen will, muss ebenso einfallsreich wie flexibel sein!

Bohlmann zieht bei Bedarf das ganze Register seiner Schauspielkunst. So behandelte er erst kürzlich die Einkaufsleiterin einer europäischen Konzern-Holding am Telefon zunächst ganz bewusst und sehr höflich als Chefsekretärin, bis sie sich dann selbst als europäische Einkaufsleiterin outete. Seine

„Bewunderung" mit nachfolgender Entschuldigung scheint ihr geschmeichelt zu haben, denn sie lud ihn daraufhin ein, nach Frankfurt zu kommen, wo die Holding ihren Sitz hat.

Diese Form der Kundenbehandlung zeigt einmal mehr, wie schnell und geschickt es Topverkäufer verstehen, selbst unbewusste Wünsche ihrer Kunden zu erspüren und erfolgreich anzusprechen.

Strategie Nr. 12: Man muss bewusst, aber geschickt, auf einen hohen Anteil an Empfehlungsgeschäft hinarbeiten!

Bohlmann sagt über Empfehlungen: „Schnelle, sorgfältige und günstige Angebote stellen Topchancen für künftige Empfehlungsgeschäfte dar, denn der Kunde erlebt mit eigenen Augen, wie kompetent, schnell und äußerst flexibel der Berater reagiert – ganz besonders, wenn er schon fünf Minuten nach seinem Anruf ein günstiges Angebot vorliegen hat. In diesem Moment denkt der Kunde: ‚Dieser Berater ist nicht nur kompetent, er hält auch sein Wort. Den kannst du auch deinen Geschäftsfreunden empfehlen.'

Das Gleiche gilt, wenn der Berater z. B. eine Finanzierung über 200.000 Euro innerhalb einer Woche problemlos festmachen kann. Dann folgen Empfehlungen geradezu automatisch. So hat mir eine schnelle und korrekte 100.000-Euro-Finanzierung in der Metallbranche eine Empfehlung an den Verbandspräsidenten eingebracht.

Allerdings bin ich selbst mit direkten Empfehlungsaufforderungen eher zurückhaltend, denn ich weiß, dass dadurch nur allzu leicht die Provisionsgier des Kunden geweckt wird. Das aber führt dann bei dem Empfehlungskunden unweigerlich zu höheren Raten – und das ist nicht positiv. Außerdem bringen Empfehlungsaufforderungen auch das Problem der **Bonitätsprüfung** mit sich. Sie kosten mich in der Regel mindestens 30 Minuten. Und sie haben den Nachteil, dass etwaige Schwierigkeiten bei dem Geschäft sofort eine **negative Mundpropaganda** nach sich ziehen. Daher sind mir unaufgeforderte Empfehlungen guter Kunden in jedem Falle lieber."

Dennoch arbeitet Bohlmann bei guten Kunden ganz gezielt auf solche Empfehlungen hin: „**Ich rufe gute Kunden in der heißen Phase der Kreditbewilligung wegen jeder Kleinigkeit an** – oft sogar alle zwei bis drei Tage, sofern das für den Kunden kein Problem ist. Der Kunde merkt so, dass ich mich um ihn bemühe, dass ich ihn nicht vergessen habe, dass er mir sehr wichtig ist, dass ich alles im Griff habe und dass ich alles tue, damit er auch die gewünschten Termine und Konditionen bekommt.

Meine **Empfehlungsregel** lautet: Wenn man mit einem Kunden Geschäfte über 150.000 Euro und mehr abschließt, dann darf man ihn nicht direkt auf Empfehlungen ansprechen oder ihn in dieser Richtung beeinflussen. Das gehört sich nicht. Das muss man ihm überlassen. Aber meine günstigen Zinsen, die schnelle, flexible und kompetente Abwicklung bringen ihn sehr wohl zum Nachdenken! Sie haben Eindruck auf ihn gemacht, sodass er im Club davon erzählt, positive Zustimmung erfährt und mich denn wegen einer Empfehlung wieder anruft.

Zu meiner Kundenbetreuung gehört auch, dass ich ihn gelegentlich „**privat in seinem Büro**" anrufe und mit ihm über Basel II, die rot-grüne Regierung oder die dramatische Haushaltsverschuldung rede. Da ich jeden Tag die *Financial Time Deutschland* lese, bin ich auch tagespolitisch auf dem neuesten Stand. Außerdem kann ich dem Kunden jederzeit auch bei privaten Finanzfragen Auskunft geben oder ihn zumindest an andere gute Berater verweisen. All das führt dazu, dass mich der Kunde bei „Geldproblemen" immer wieder anruft. Und genau das ist mein Hauptziel: Wann immer beim Kunden ein Geldproblem auftaucht, soll er als Erstes an Herrn Bohlmann denken und mich anrufen. **So werde ich für ihn in puncto Geld mit der Zeit wirklich zur Nummer eins.**

1.3 Die zehn Siegerstrategien eines Topverkäufers

Die Strategien, die Kurt Bohlmann einsetzt, weisen ihn nicht nur als Topverkäufer, sondern auch als Sieger aus. Denn es sind seine **Siegerstrategien** – und nicht die einzelnen Verkaufsmethoden –, die letztlich dafür sorgten, dass Bohlmann so schnell an seinen Kollegen vorbeizog und Spitzenumsätze erreichte.

Die folgenden Charaktereigenschaften machen ihn zum Sieger, weil er:

1. immer ein klares Ergebnis anstrebt (das Zeichen der Dominanzinstruktion) und nicht aufhört, bis er es erreicht hat.
2. immer wieder neue, **kreative Methoden** und Techniken einsetzt (das Zeichen der Stimulationsinstruktion), um seine Effizienz und seine Erfolgschancen zu verbessern.
3. sich durch **Beharrlichkeit** und Einfühlungsvermögen auszeichnet (das Zeichen der Balanceinstruktion), was ihm optimale Kundenbeziehungen beschert.
4. in seinem Charakterprofil mit seinen besten Kunden **übereinstimmt**, die ebenfalls erfolgsorientiert, technisch aufgeschlossen und ebenso einfühlsam wie beharrlich sind.
5. als Siegertyp automatisch all die Kunden **anzieht**, die ebenso erfolgs- und wachstumsorientiert sind wie er.
6. sich nicht nur die erfolgversprechendsten **Branchen**, sondern auch die dynamischsten **Unternehmer** aussucht, die genau wissen, was sie wollen, und das auch umsetzen.
7. aufgrund seiner **täglichen Kontrolle** genau weiß, ob er auf Erfolgskurs ist oder ob er etwas verändern muss, und diese Erkenntnisse auch konsequent umsetzt.
8. immer wieder sein Verkaufsgespräch durchdenkt und nach neuen **Verbesserungen** sucht, um erfolgreicher zu werden.

9. sich jeden Tag auf die wichtigsten Aktivitäten **konzentriert** (Kunden anzurufen und Angebote auszuarbeiten) und sich durch eine hohe Selbstdisziplin auszeichnet.

10. sich aufgrund seiner täglichen Erfolge in der „**Siegerspirale**" befindet, was einerseits seinen Angriffsgeist für neue Ziele und andererseits seine Souveränität verstärkt.

Nicht immer geht es so schnell wie bei Kurt Bohlmann, mit neuen Kunden in Kontakt zu kommen. Auch sind die Angebote nicht jedes Mal so einfach zu vermitteln wie die aktuellen Kreditkonditionen. Falls Sie langfristige Geschäfte abschließen wollen, die eine gute Beziehung, ein hohes Maß an Vertrauen und Glaubwürdigkeit voraussetzen, dann ist die folgende Vorgehensweise für Sie ideal: Sie rufen zuerst die Sekretärin des potenziellen Kunden an, schicken ihr dann ein Win-Fax und rufen danach den potenziellen Kunden selbst an, um einen persönlichen Gesprächstermin zu vereinbaren.

Wie das am besten funktioniert, zeigen die folgenden Gespräche:

Gespräch Nr. 1: Erstanruf eines Finanzberaters bei einem Firmenkunden

Stufe A: Anruf bei der Sekretärin

Verkäufer: „Guten Tag. Mein Name ist Klaus Willmer von der Unternehmensgruppe TREU & EHRLICH. Wir sind Spezialisten auf dem Gebiet der Pensionskassen. Ich würde gerne den Vorstand sprechen, der für die Anlageentscheidungen Ihrer Pensionskasse zuständig ist. Wer ist das denn in Ihrem Haus?"

Sekretärin: „Das macht Herr Dr. Rainer. Seine Faxnummer ist ..." (*Lassen Sie sich Titel, Vorname, Name, Funktion und Durchwahl-Faxnummer geben.*)

Willmer: „Können Sie mich jetzt bitte mit Herrn Dr. Rainer verbinden?"

Sekretärin: „Worum geht es denn?"

Willmer: „Es geht um die betriebliche Altersvorsorge Ihrer Firma, speziell um Anlage- und Investitionsentscheidungen im Rahmen Ihrer Pensionskasse."

Sekretärin: „Können Sie uns vorab schon einmal Unterlagen dazu schicken?"

Willmer: „Das mache ich gerne. Aber ich möchte Herrn Dr. Rainer nicht mit unerwünschten Prospekten und Anlagen belästigen, sondern ihn zuerst fragen, ob an diesem Thema überhaupt ein grundsätzliches Interesse besteht. Das lässt sich in zwei Minuten klären. Einverstanden? ... Kann ich ihn gleich sprechen? Oder, da Sie seinen Terminkalender am besten kennen, wann ist die beste Zeit dafür?"

Sekretärin: „Nein, das geht im Augenblick nicht. Senden Sie uns doch lieber als Erstes ein Kurzexposee zu."

Willmer: „Gerne. Sie erhalten mein Kurzexposee innerhalb der nächsten Minuten auf Ihrem Fax. Ich rufe Sie dann um 13:00 Uhr wieder an."

Stufe B: Schnell-Fax an den Kunden

Sehr geehrter Herr Dr. Rainer,
in Absprache mit Ihrer Sekretärin, Frau Schüssler, erlaube ich mir, Ihnen kurz unser Unternehmen und unsere Idee vorzustellen.
TREU & EHRLICH ist eines der führenden Vertriebsunternehmen auf dem Finanzsektor. Wir sind auf anspruchsvolle private und institutionelle Anleger spezialisiert. Dazu gehören auch Pensionskassen.

Unser neuestes Angebot ist ein Projekt der welt-
größten Hotelkette, das sich durch erstklassige
Lage, hohe Sicherheit und überdurchschnittliche
Rendite auszeichnet. Die wichtigsten Highlights
sind:

- Jährliche Ausschüttung von 6,75 Prozent,
  wobei die ersten zehn Jahre fast völlig steuerfrei sind
- Patronatserklärung des Freistaates Bayern
- 20-jähriger Vertrag mit dem ABC-Konzern,
  dem größten Hotelbetreiber in Deutschland
- Sofortiger Vermögenszuwachs durch einen
  nicht rückzahlbaren Zuschuss des Freistaates
  Bayern

Ich würde gerne mit Ihnen einen Termin vereinbaren, um Ihnen unsere Referenzen vorzulegen und gemeinsam festzustellen, ob bei Ihnen
die Voraussetzungen für eine optimale Nutzung
unseres Angebotes gegeben sind.
Falls Sie Interesse an einem Gespräch oder weiteren Informationen haben, bitte ich Sie, uns
den unteren Coupon ausgefüllt als Fax zuzusenden.

Mit freundlichen Grüßen
Klaus Willmer

PS: Informationsanforderung per Fax:
- Bitte informieren Sie mich über Ihr neues Angebot im
  Bereich der betrieblichen Altersvorsorge.
- Bitte rufen Sie mich wegen weiterer Informationen
  an.

Tipp: Sie brauchen nicht unbedingt auf die Gesprächseinladung des Kunden zu warten. Sie können ihn auch von sich aus anrufen, wenn Ihr Angebot zum Beispiel zeitlich oder volumenmäßig begrenzt ist.

Das folgende Gespräch ist auch für den Erstkontakt mit einem Firmenkunden mit und auch ohne vorheriges Fax geeignet. Hier geht es darum, ihn ganz schnell von den wichtigsten Punkten in Kenntnis zu setzen, um ihn hinsichtlich Interesse und Bedarf zu qualifizieren und eine spätere Zusammenarbeit vorzubereiten.

Gespräch Nr. 2: Erstanruf eines Finanzberaters bei einem Unternehmer oder Geschäftsführer

Willmer: „Guten Tag, Herr Dr. Rainer, mein Name ist Klaus Willmer. Ich bin für die Unternehmensgruppe TREU & EHRLICH tätig. Es geht um Anlageentscheidungen für Ihre Pensionskasse. Ich mache es auch ganz kurz: Ist Ihnen TREU & EHRLICH bereits bekannt?"

Dr. Rainer: „Nein."

Willmer: „TREU & EHRLICH ist eines der führenden Vertriebsunternehmen auf dem Finanzsektor. Wir sind auf anspruchsvolle private und institutionelle Anleger spezialisiert. Dazu gehören auch Pensionskassen. Wir sind in der Öffentlichkeit durch unsere Aktionen für testgeprüfte Kapitalanlagen bekannt geworden.

Herr Dr. Rainer, ich rufe Sie bzw. meine Kunden grundsätzlich vorher an und frage sie, ob überhaupt Bedarf an dem besteht, was wir anzubieten haben, bevor ich Ihnen ausführlichere Unterlagen zusende."

(... Pause ...)

Dr. Rainer: „Worum geht es denn?"

Willmer: „Es geht um geeignete Anlageobjekte für Ihre Pensionskasse. Und da meine Firma daran interessiert ist, neue Kunden zu gewinnen, kann ich Ihnen heute auch ein sehr interessantes Angebot zu Vorzugskonditionen machen.

Sind neue Anlageentscheidungen im Bereich Ihrer Pensionskasse ein aktuelles Thema für Sie?"

Dr. Rainer: „Nein, wir haben im Augenblick kein Interesse."

Willmer: „Darf ich Sie fragen: Bezieht sich das nur auf die augenblickliche Situation oder gilt das generell? Steht bereits ein Zeitpunkt fest, zu dem Sie neue Anlageentscheidungen treffen?"

Dr. Rainer: „Nein, den gibt es noch nicht."

Willmer: „Herr Dr. Rainer, darf ich Ihnen einen Vorschlag machen? Sind Sie damit einverstanden, dass ich Ihnen ein nur eine Seite umfassendes Kurzexposee unseres neuesten Angebots mit den wichtigsten Highlights zusende, damit Sie in jedem Fall auch bei späteren Anlageentscheidungen ein Vergleichsangebot vorliegen haben? ... Wie ist Ihre Fax-Durchwahlnummer?"

...

Willmer: „Herr Dr. Rainer, ich danke Ihnen für das Gespräch. Das gewünschte Exposee haben Sie bereits in den nächsten Minuten auf dem Tisch."

Und so versucht Klaus Willmer per Telefonakquise einen privaten Kunden anzusprechen, für den dasselbe Angebot von Interesse sein könnte.

Gespräch Nr. 3: Erstanruf eines Finanzberaters bei einem Privatkunden

Willmer: „Guten Tag, Herr Röder. Mein Name ist Klaus Willmer von TREU & EHRLICH. Wir sind Spezialisten auf dem Gebiet der Kapitalanlagen und der Altersvorsorge. Kennen Sie TREU & EHRLICH bereits?

...

Willmer: „Wir sind durch unsere Vorträge zum Thema ‚Was wird mit unserer Rente? – Alternativen für eine optimale Altersversorgung' bekannt geworden. Haben Sie schon davon gehört?"

...

Willmer: „Interessiert Sie das Thema? Dürfen wir Sie das nächste Mal dazu einladen? Für normale Besucher kostet es 15 Euro, für unsere Gäste ist es gratis."

Röder: „Ich weiß nicht, ob das für mich infrage kommt."

Willmer: „Wir machen das, weil wir unsere Kunden stets umfassend und aus erster Hand über die besten Möglichkeiten zur Altersvorsorge informieren wollen. Ist das überhaupt ein Thema für Sie? Würden Sie gerne mehr darüber hören?"

Röder: „Nein, ich habe im Augenblick kein Interesse."

Willmer: Herr Röder, damit ich Sie nicht unnötig mit Werbung oder Anrufen belästige, darf ich Sie kurz nach dem Grund fragen? Haben Sie bereits einen Berater? Oder verfügen Sie im Augenblick nicht über die liquiden Mittel, die Sie anlegen wollen? Oder schließen Sie eine Beratung durch TREU & EHRLICH grundsätzlich aus?"

Röder: „Nein, es liegt im Augenblick nur kein Bedarf vor."

Willmer: „Vielleicht gibt es noch einen anderen Berührungspunkt, Herr Röder. Engagieren Sie sich in Aktien oder Aktieninvestmentfonds? Sind Sie mit der Performance zufrieden oder haben Sie vielleicht die Absicht, hier etwas zu verändern, zu verkaufen oder umzuschichten? Würden Sie bei der Gelegenheit gerne mehr darüber erfahren, was heute Experten raten, welche verlustreichen Aktien man weiter halten und welche man lieber verkaufen sollte und was man dafür alternativ anlegen sollte?"

Röder: „Grundsätzlich ja."

Willmer: „Herr Röder, darf ich Ihnen einen Vorschlag machen:

Ein persönlicher Gesprächstermin kostet Sie nichts und ist für Sie völlig unverbindlich. In 20 Minuten haben Sie so viele Informationen, dass Sie selbst entscheiden können, ob Sie noch mehr hören wollen."

Röder: „Ich weiß noch nicht …"

Willmer: „Gibt es Ihnen vielleicht ein zusätzliches Gefühl der Sicherheit, wenn Sie zuvor jemanden anrufen können, der erst vor einigen Tagen ein erstes Gespräch mit mir geführt hat? Dann können Sie erfahren, wie dieses Gespräch verlaufen ist und ob es sich für denjenigen gelohnt hat."

Röder: „Das würde ich gerne tun."

Willmer: „Hier ist die Telefonnummer …" (Achtung: Das dürfen Sie natürlich nur mit dem Einverständnis des Kunden tun!) „Darüber hinaus würde ich mich freuen, Sie auch persönlich kennen lernen zu dürfen, um gemeinsam festzustellen, ob und wie ich Ihnen helfen kann.

Würden Ihnen ein Termin am … passen?"

Röder: „Nicht so schnell. Ich weiß noch nicht, ob das für mich sinnvoll ist."

Willmer: „Herr Röder, wenn Sie noch Bedenken haben: Was riskieren Sie dabei? Maximal 20 Minuten Zeit. Aber dafür erhalten Sie in jedem Fall nützliche Informationen und das Gefühl der Sicherheit: entweder bereits optimal investiert zu haben oder neue, bessere Möglichkeiten kennen zu lernen. Und zusätzliche Alternativen können doch nie schaden, nicht wahr, Herr Röder? Da ich am 17. gerade in Ihrer Gegend zwei Termine habe – wäre Ihnen der nächste Donnerstag um 19:00 Uhr recht?"

Bei der Kaltakquise gibt es eine ganz wichtige Regel: **Setzen Sie nur Wohlfühlstrategien ein – also Strategien, bei denen Sie sich wohl fühlen.**

Doch auch wenn Ihnen die telefonische Terminierung nicht gefällt, brauchen Sie nicht unbedingt darauf zu verzichten. Auch viele Topverkäufer sind keineswegs davon begeistert, am Telefon fremde Kunden zu terminieren. Daher tun sie es auch nicht, sondern lassen diese Termine von einem Dritten (der Sekretärin, einer Hilfskraft oder einem Terminleger) nach einem bestimmten Konzept vereinbaren.

Wie dieses Konzept zum Beispiel für einen Trainer, Unternehmensberater oder Dienstleister aussehen könnte, der neue Kunden sucht, zeigen Ihnen die folgenden drei Beispielgespräche, von denen Sie sich das aussuchen sollten, das Ihnen am besten entspricht.

Übrigens: Sie können auch – wenn Sie wollen – Ihre eigene Sekretärin „spielen", also als Ihr eigener Mitarbeiter auftreten und für sich selbst Termine ausmachen. Manchen fällt das wesentlich leichter, als sich selbst mit Lobeshymnen verkaufen zu müssen. Haben Sie keine Sorge, dass der Kunde beim persönlichen Gespräch Ihre Telefonstimme wiedererkennt. Das passiert im Verhältnis 1:100, wenn Sie nicht gerade sehr auffällige Sprachmerkmale besitzen.

Gespräch Nr. 4: Erstanruf eines Terminlegers für einen Trainer, Unternehmensberater oder Dienstleister

Terminleger: „Guten Tag, mein Name ist Florian König. Ich arbeite mit Herrn Andreas Klug zusammen. Kennen Sie Herrn Klug bereits – zum Beispiel von seinen Artikeln und Büchern oder von seinen Veranstaltungen her? Er hat unter anderem das Buch ‚Topverkäufer verkaufen einfach alles' geschrieben, das in kurzer Zeit bereits drei Auflagen erreicht hat. Er hat sich vor allem auf das Thema Neukundengewinnung spezialisiert. Ist dieses Thema für Sie interessant?"

Kunde: „Im Augenblick nicht."

König: „Ich verstehe und ich fasse mich auch ganz kurz: Planen Sie für die nächste Zeit eine Veranstaltung oder ein Seminar für Ihre Verkäufer?"

Kunde: „Nein!"

König: „Sind Sie vielleicht daran interessiert – für den Fall, dass Sie wieder eine Veranstaltung planen –, ein Alternativangebot mit Referenzen von Herrn Klug vorliegen zu haben?"

Kunde: „Wir haben zwar schon einen Trainer, aber Sie können uns ja Ihre Unterlagen zusenden."

König: „Wie lautet Ihre Faxnummer? In zwei Minuten haben Sie ein Kurzexposee auf dem Tisch. Ich rufe Sie dann noch einmal kurz an, um zu fragen, ob alles vollständig angekommen ist. Einverstanden?"

2. Fall: Der Kunde ist an einem Referenten für eine Veranstaltung interessiert.
König: „Haben Sie bereits einen Referenten dafür verpflichtet?"

Kunde: „Nein, wir haben noch keinen Referenten für unsere nächste Veranstaltung verpflichtet."

König: „Darf ich Sie dann fragen: Was ist das Thema Ihrer nächsten Veranstaltung? Worauf legen Sie bei einem Trainer heute besonderen Wert? Dass er Ihre Verkäufer zum Lachen bringt oder dass er ihnen klare praktische Tipps gibt und Wege aufzeigt, wie sie auch in schwierigen Zeiten erfolgreich neue Kunden gewinnen können?"

Kunde: „Natürlich brauchen wir einen Trainer, der uns zu neuen Kunden und besseren Umsätzen verhilft."

König: „Genau das hat Herr Klug bereits mehrfach bewiesen und kann Ihnen das auch durch entsprechende Referenzen bekannter Firmen wie ... belegen. Ich würde daher gerne einen Termin mit Ihnen vereinbaren, damit wir gemeinsam feststellen können, ob und in welcher Form Herr Klug Ihren Verkäufern bei der Neukundengewinnung wirkungsvoll helfen kann. Wann passt es Ihnen am besten? Oder darf ich Ihnen einen Vorschlag machen ...?"

Gespräch Nr. 5: Zweiter Anruf eines Terminlegers für einen Trainer, Unternehmensberater oder Dienstleister

König: „Herr Kunde, ich mache es kurz: Ich rufe Sie bzw. meine Kunden grundsätzlich vorher an und frage sie, ob überhaupt Bedarf an dem besteht, was wir anzubieten haben, bevor ich Ihnen irgendeine Werbung zusende."

Kunde: „Worum geht es denn?"

König: „Es geht um Vorträge und Seminare zum Thema ‚Wie gewinne ich auch in schwierigen Zeiten neue Kunden' – also darum, wie Ihre Verkäufer trotz der schwierigen Zeiten erfolgreich neue Kunden gewinnen und ihre Umsätze steigern können. Klingt das interessant für Sie?"

Kunde: „Grundsätzlich ja."

König: „Glauben Sie auch, dass neue, praxisbewährte Methoden Ihre Verkäufer wieder motivieren, mit neuem Schwung an die Neukundenwerbung heranzugehen?"

Kunde: „Das mag schon sein, aber wir haben im Augenblick kein Budget und keine Zeit dafür."

König: „Sie sehen also im Augenblick keinen konkreten Bedarf, aber generell – für später – schon? Darf ich Ihnen einen Vorschlag machen, Herr Kunde? Geben Sie mir Ihre Durchwahl-Faxnummer und ich schicke Ihnen sofort eine nur eine Seite umfassende Kurzfassung der wichtigsten Highlights unseres Seminars zur Neukundengewinnung. Wenn Sie weitere Informationen oder ein Gespräch mit mir oder Herrn Klug wünschen, bitte ich Sie um Rücksendung des ausgefüllten Coupons auf diesem Fax. Wir reagieren sofort. Unabhängig davon haben Sie so, wenn Sie wieder einmal ein Seminar oder eine Veranstaltung planen, ein Alternativangebot vorliegen. Einverstanden? Sie erhalten das Fax bereits in den nächsten Minuten."

Gespräch Nr. 6: Alternativer Anruf eines Terminlegers für einen Trainer, Unternehmensberater oder Dienstleister

Vorstellung: „Herr Kunde, wir sind darauf spezialisiert, den Verkäufern zu helfen, mit neuen Informationen den aktuellen Herausforderungen des Marktes zu begegnen und ihre Umsätze auch in schwierigen Zeiten zu steigern."

Angebot: „Ich rufe Sie heute an, weil ich wichtige Informationen für Sie habe. Es geht um ein Seminar, das Ihren Verkäufern zeigt, wie sie trotz der dramatischen Veränderungen am Markt von heute mit neuer Motivation und zündenden Ideen neue Kunden gewinnen und ihre Umsätze sogar noch steigern können."

Interessenqualifizierung: „Ist Ihnen das eine Überlegung wert? Wollen Sie noch mehr hören?"

Der Kunde ist nicht interessiert:
König: „Nichts für ungut, Herr Kunde. Nur noch eine letzte Frage, dann verabschiede ich mich sofort: Sind Sie grundsätzlich nicht an einem solchen Seminar interessiert oder gilt das nur für den Augenblick? Welches Thema würde Sie denn mehr interessieren? Darf ich Sie wieder anrufen, wenn ich in dieser Richtung ein neues Angebot machen kann?"

Der Kunde ist interessiert:
König: „Sehr schön. Ich werde die Zusendung der Unterlagen so schnell wie möglich veranlassen. Wenn ich sie Ihnen heute zusende, müssten Sie sie bis zum … haben. Könnten Sie sie bis zum … anschauen? Ich rufe Sie dann wieder wegen eines Termins an, damit wir gemeinsam feststellen können, ob und wie wir Ihnen und Ihren Verkäufern bei der Neukundenakquise am besten helfen können. Einverstanden?"

Bedarfsqualifizierung: „Bevor ich Ihnen diese Unterlagen zusende, darf ich kurz ein paar Fragen an Sie richten? Planen Sie in nächster Zeit eine Veranstaltung – ein Meeting oder ein Seminar für Ihre Verkäufer? Wie viele Verkäufer umfasst Ihr Außendienst? Haben Sie bereits mit Topreferenten zusammengearbeitet? Mit wem?"

Problem- und Nutzenbewusstmachung: „Eine andere Sache, die ich Ihnen noch sagen möchte: Wir wollen Ihnen kein Seminar verkaufen, solange wir nicht glauben, dass es für Sie wirklich von Nutzen ist. Darf ich daher ein paar Fragen mit Ihnen durchgehen?

- Wie hat sich die Erfolgsquote zwischen Anrufen und Terminen sowie zwischen Terminen und Abschlüssen in letzter Zeit verändert? Sind Sie damit noch zufrieden?
- Welche Akquisemethoden setzen Ihre Verkäufer bisher bevorzugt ein?
- Haben Sie auch das Gefühl, dass die konservativen Akquisemethoden wie ... immer weniger Erfolg haben?"

Preis-Budget-Qualifizierung: „Noch eins, Herr Kunde: Wenn Ihnen die Themen von Andreas Klug gefallen, die Sie in einem persönlichen Gespräch mit ihm auf die Belange Ihrer Verkäufer zuschneiden können, würde dann ein Betrag von 3.000 Euro pro Seminartag in Ihr Budget passen?"

Referenzangebot: „Herr Kunde, ich könnte mir vorstellen, dass Sie den Wunsch haben, vielleicht mit einem unserer Kunden in Ihrer Branche zu sprechen, bevor Sie mit uns zusammenarbeiten wollen. Habe ich Recht? Ich würde mich freuen, wenn ich Ihnen einige Namen dazu mitteilen dürfte, die Sie gerne anrufen können, um dort Referenzen einzuholen." (Das Einverständnis Ihrer Kunden vorausgesetzt!)

ABC-Abschluss: „Wenn Sie Interesse an einer Zusammenarbeit haben, Herr Kunde, dann machen wir das folgendermaßen:

- Ich schicke Ihnen als Erstes ein Kurzexposee mit den wichtigsten Angaben über Andreas Klug und sein Thema ‚Wie gewinne ich auch in schwierigen Zeiten neue Kunden‘ nebst einigen Referenzen. **(Aktion)**
- Dann sehen Sie auch am besten, welche aktuellen Akquisitionsmethoden Andreas Klug behandelt und wie Ihre Verkäufer davon im Alltag mit sofort anwendbaren Tipps

profitieren können. Darüber hinaus können Sie sich über Referenzen ein Bild von der Arbeit Herrn Klugs machen. **(Bonus/Vorteil)**

◎ Falls Ihnen dieses Exposee zusagt und die Referenzen Sie überzeugen, haben Sie die Möglichkeit, direkt mit Herrn Klug zu sprechen, um ihn persönlich kennen zu lernen und betriebsspezifische Fragen mit ihm zu besprechen. Das kann telefonisch geschehen. Herr Klug ist aber auch gerne bereit, das Gespräch in Ihrer Firma zu führen. Das Exposee müssten Sie bis zum ... vorliegen haben. Ich rufe Sie dann am ... wieder an, um einen Termin zu vereinbaren. Einverstanden?" **(Commitment)**

Schlussformulierung:
◎ „Können Sie mir Ihre Durchwahl-Faxnummer geben?"
◎ „Für heute einen schönen Tag und auf Wiederhören."

2. Die Chancen am Telefon

Je schnelllebiger die Märkte und je vielseitiger die Angebote, desto höher sind auch die Informationsbedürfnisse der Kunden.

2.1 Gigantische Geschäfte per Telefon

Genau darin liegen heute für Sie als Verkäufer die größten Chancen: dem interessierten Kunden zum richtigen Zeitpunkt die notwendigen Informationen zu liefern.

Bleibt als einzige Aufgabe noch, den interessierten Kunden zu finden. Das ist einfacher, als Sie denken, denn hinter jedem großen Erfolg stecken ganz klare Regeln und Methoden. Genauer gesagt:

Es gibt keinen Erfolg ohne Erfolgsgrundsätze! Und es gibt keine Erfolgsgrundsätze, die man nicht lernen und übernehmen kann!

2.2 Das Telefon – der schnellste Weg zum Erfolg

Warum ist die „Neukundengewinnung per Telefon" für jeden Verkäufer so wichtig? – Die einfache Antwort:

Weil man am Telefon am schnellsten seine Chancen ausloten und wahrnehmen kann. 105 Euro kostet durchschnittlich der Besuch eines Außendienstlers. Etwa fünf Cent kostet eine Cityverbindung über die Telekom.

Eine Stunde und zehn Minuten verbringt der Außendienstler durchschnittlich auf der Fahrt zum Kunden und zurück. Nur 30 Sekunden dauert es dagegen in der Regel, bis man gewählt, die Sekretärin gesprochen und den Kunden am Apparat hat.

Natürlich klappt es nicht immer so schnell am Telefon. Aber gegenüber Staus und Umleitungen, Parkplatzsuche und Wartezeiten kommt der Mann am Telefon geradezu mit Lichtgeschwindigkeit voran!

Zur Einstimmung in das Thema „Verkaufen per Telefon" möchte ich Ihnen eine fast unglaubliche Erfolgsgeschichte vorstellen:

2.3 Wie man selbst in Hollywood per Telefon erfolgreich wird

Hollywood ist heute nicht nur der Ort, an dem spektakuläre Filme, sondern an dem auch atemberaubende Geschäfte gemacht werden[1] – vor allem, wenn es darum geht, Stars und Drehbücher als so genanntes „Paket" an den Mann zu bringen, also an einen Produzenten zu verkaufen.

Einer der ganz großen Macher in diesem Geschäft ist heute Michael Ovitz. Als Akio Morita, der Chef von Sony, merkte, dass man ohne gute Videos und Spielfilme keine Videorekorder verkaufen kann, da wandte er sich an Michael Ovitz. Der reagierte prompt und verkaufte ihm die Filmgesellschaft Columbia – mit all ihren Kinorechten. Sein Honorar: zehn Millionen Dollar.

Heute ist Ovitz ein Gigant, ohne den in Hollywood nichts mehr läuft. Aber angefangen hatte alles mit einem „Telefonanruf".

Hier die Geschichte: Mitte der Siebzigerjahre hatte sich Ovitz mit zwei Kollegen und geliehenen 21.000 Dollar selbstständig gemacht. Kunden hatte er keine. Er hatte etwas Besseres: eine Idee.

Also nahm er den Telefonhörer in die Hand und rief eine Reihe von New Yorker Literaturagenten an, bis er schließlich bei Morton Janklow landete. Der Anruf wurde ein Volltreffer!

So, und jetzt aufgepasst! Verfolgen Sie genau, wie dieser Ovitz sich und sein Angebot verkaufte. **Dieses Beispiel enthält alles, was erfolgreiches Verkaufen am Telefon ausmacht.**

Zuerst stellte er sich vor: „Guten Tag, Mr. Janklow, mein Name ist Michael Ovitz – Sie werden mich nicht kennen. Ich bin 28 Jahre alt. Mit vier anderen zusammen habe ich William Morris verlassen und einen eigenen Laden aufgemacht. Ich will nicht lügen – wir haben Bridgetische als Büromöbel und unsere Frauen bedienen die Telefone. Aber ich sage Ihnen, dass ich in den nächsten zwei Jahren die größte Agentur aufbauen werde, die die Welt je gesehen hat. Und Sie sind der Schlüssel zu meinem Erfolg! Alles, was ich jetzt brauche, ist ein Termin, um Ihnen diese Idee vorstellen zu können."

Janklow war beeindruckt. – Kurze Zeit später kam Ovitz in sein Büro, nahm seine Uhr ab, legte sie auf den Tisch und sagte: „Mr. Janklow, ich werde Ihre kostbare Zeit nur eine halbe Stunde beanspruchen!"

Dann legte er los und schlug Janklow vor, ihn die unveröffentlichten Romane seiner Klienten (also der Romanautoren) lesen zu lassen. Er würde dann die passenden Schauspieler, Drehbuchautoren und Regisseure für die Stoffe zusammenstellen und das Ganze als Paket verkaufen.

Das Neue daran – und das war der Schlüssel zum Erfolg – war die Tatsache, dass derjenige, der die guten Bücher hatte, auch die guten Stars bekam, und wer die guten Stars hatte, bekam automatisch auch die guten Produzenten!

Als sich Janklow skeptisch zeigte, schlug ihm Ovitz vor, einen Beweis für den Erfolg seiner Idee zu liefern.

„Geben Sie mir ein Buch, das schon von mehreren Seiten abgelehnt worden ist, und ich bringe es an den Mann. Als Paket. Genau so, wie ich es Ihnen soeben erklärte."

Janklow war einverstanden. Zum Abschluss fragte ihn Ovitz noch: „Wären Sie bereit, jeden Donnerstag um 10.30 Uhr einen Anruf von mir entgegenzunehmen?"

Janklow bejahte und die Donnerstaganrufe wurden zu einem Gag. Konditioniert wie die Pawlowschen Hunde kicherten an jedem Donnerstag Vormittag die jungen Sekretärinnen: „Gleich wird Mr. Ovitz anrufen!" Das tat er dann auch, um seine Erfolgsberichte abzuliefern. Zwei Jahre später war er Hollywoods Agent Nummer eins.

2.4 Zehn Erfolgsregeln – wie sich Profis am Telefon durchsetzen

Nun – haben Sie die einzelnen Erfolgsregeln erkannt? Sie wirken wie aus einem Lehrbuch der Verkaufspsychologie:

1. Ovitz stellte zuerst **sich selbst** und dann seine Firma vor.
2. Er log und **übertrieb nicht**. Er sagte die Wahrheit („Bridgetische als Büromöbel"!).
3. Er stellte sich als **Spezialist** vor und sprach von Zukunftsaussichten („Ich werde in den nächsten zwei Jahren die größte Agentur aufbauen ...").
4. Er **wertete** den Anrufer auf („Sie sind der Schlüssel zu meinem Erfolg") und suggerierte ihm gleichzeitig einen möglichen Vorteil.
5. Er konzentrierte sich bei dem Erstgespräch nur darauf, einen **Gesprächstermin** zu verkaufen.
6. Er wertete den Kunden erneut auf, indem er dessen kostbare Zeit durch eine **Zeitbegrenzung** und die Abnahme seiner Uhr würdigte.
7. Er stellte dem Kunden eine **Idee** vor (unveröffentlichte Romane zusammen mit Schauspielern und Drehbuchautoren als „Paket" zu verkaufen).
8. Er machte dem Kunden einen ganz persönlichen **Vorteil** bewusst (nur auf diese Weise würde er von den bisher unveröffentlichten Romanen noch profitieren können).
9. Er war bereit, sofort den **Beweis** für den Erfolg seiner Idee anzutreten.

10. Er bat den Kunden **höflich** um weitere Telefontermine. (Was wie ein Gag aussah, war in Wirklichkeit eine raffinierte Methode um sicherzustellen, dass ein so viel beschäftigter Mann wie Mr. Janklow auch tatsächlich jeden Donnerstag um 10.30 Uhr zu sprechen war.)

Jetzt fehlen nur noch zwei Regeln für die komplette Erfolgsphilosophie. Sie lernen durch den erfolgreichsten Kollegen von Mr. Ovitz – den Agenten Ed Limato – kennen.

Limato hatte einst als Fahrer des berühmten Regisseurs Franco Zeffirelli angefangen. Eines Tages wurde ihm klar, was man tun musste, um mehr Geld zu verdienen: Agent werden. Und auf die Frage, was man tun müsse, um ein besonders erfolgreicher Agent zu werden, meinte er: „Nichts. Eines Tages hebt man den Telefonhörer ab und weiß, wie es geht."

2.5 Große Ziele erfordern 110 Prozent Motivation!

Hat Limato Recht? Ist es wirklich so einfach, Geld zu verdienen? Braucht man wirklich nur den Telefonhörer abzuheben – und es auszuprobieren?

Sehen wir uns doch einfach Limatos Erfolgsstory etwas genauer an. Sein Erfolgsgeheimnis war, den Telefonhörer abzunehmen. Und da er sehr erfolgreich war, nahm er ihn sehr oft ab – genauer gesagt: bis zu 200 Mal am Tag. Um durchzuhalten, verwendete er ein äußerst zupackendes Motto: „Kill, maim and package!" Was auf Deutsch so viel heißt wie: „Mach sie nieder, verstümmle sie und pack sie ein!"

Leicht schockiert? – Das ist unnötig! Denn hier geht es nicht um ein moralisches Verhaltensprinzip, sondern um einen persönlichen Motivationspush!

200 Anrufe pro Tag hält man nicht mit einem lauen „Ich versuch's jetzt mal!" durch. Da bedarf es schon eines stärkeren Motivationsfeuers – eines, das die letzten Energien, die stärksten Gefühle und die äußersten Willenskräfte mobilisiert.

Entscheidend ist dabei die Regel:

Sie dürfen alles zu sich sagen, um sich in Schwung zu bringen. Aber Sie dürfen dem Kunden nichts sagen, was ihn aus dem Gleichgewicht bringt!

Wann immer Sie also merken, dass sich negative Stimmungen in Ihnen breit machen wollen, dann gehen Sie nach Limatos Motto vor: Machen Sie diese Negativstimmungen nieder, verstümmeln Sie sie und packen Sie sie ein! Und schicken Sie sie an diejenigen, die so sehr an ihnen hängen: an die Pessimisten, Neinsager und Berufsnörgler!

Erfolgreiche Profis gehen anders vor. Sie geben sich und ihren Ideen zuerst einmal eine Chance!

Und selbst wenn sie von einer Sache noch nicht so hundertprozentig überzeugt sind, dann sind sie zumindest auf ihre Chancen und Möglichkeiten neugierig.

Dann fragen sie sich: „Wie wäre es denn, wenn ich das einmal ausprobieren würde? ... Wenn ich statt drei Anrufen pro Tag zehn, 20 oder gar 50 machen würde? Und wenn es nicht klappt, was würde ich dann schon verlieren? Aber wenn es klappt, dann könnte ich meine Umsätze glatt verdoppeln. Also nichts wie ran an diese Sache!"

So spricht ein Profi. **Und Profis sind immer Optimisten!** Denn sie kennen das älteste Erfolgsgesetz der Welt: das Gesetz der großen Zahl. Und das lautet:

Je mehr Kontakte, desto mehr Kontrakte!

Probieren Sie es selbst aus! Verdoppeln, ja verdreifachen Sie Ihre täglichen Anrufe und Sie werden den Erfolg sehen!

Geben Sie Ihren Träumen eine echte Chance!

Jetzt wissen Sie auch um das komplette Erfolgsgeheimnis am Telefon: Die zehn Regeln des Mr. Ovitz, die Sie bereits kennen, und die zwei Regeln des Mr. Limato:

Regel Nr. 11: Je mehr Telefonate Sie machen, desto größer sind Ihre Erfolgschancen – wobei die Erfolgskurve nach 40 Anrufen pro Tag erst so richtig ansteigt! (Das hat eine Reihe von Untersuchungen bewiesen.)

Regel Nr. 12: Bringen Sie sich vor Ihren Anrufen in eine Top-Motivationsstimmung, damit Sie auch die hohe Zahl von Anrufen durchhalten. Denn nur motivierte Verkäufer können auch ihre Kunden erfolgreich motivieren.

3. Das Geheimnis hoch motivierter Verkäufer

In einem Buch über Telefonmarketing las ich folgende sinnige Widmung:

„Dieses Buch widme ich den Millionen von Verkäufern, die sich lieber eine halbe Stunde unter die kalte Dusche stellen, als am Telefon neue Kunden zu akquirieren." [2]

Da stellt sich doch die Frage:

3.1 Warum „flüchten" so viele Verkäufer vor der Telefonakquisition?

Der Autor kannte seine „Pappenheimer". In der Tat scheint es keine Tätigkeit zu geben, die vielen Verkäufern so unangenehm und so verhasst ist wie der Griff nach dem Telefonhörer, wenn es gilt, zehn, 20, 30 oder noch mehr kalte Adressen anzurufen. Selbst wenn es um ihre Existenz geht oder die Kündigung wie ein Damoklesschwert über ihnen schwebt, tun 70 Prozent der Verkäufer noch alles, um sich vor dieser verhassten Aufgabe zu drücken. Alles nach dem Motto: **Lieber die Pest am Hals als den Telefonhörer am Ohr!**

So wenig den Pessimisten am Telefon einfällt, so fantasiereich sind sie bei ihren **„Fluchtbewegungen"**:

- ☺ Da versteckt sich der erste hinter einer gigantischen Briefaktion, die er niemals mehr in seinem Leben nachtelefonieren kann.
- ☺ Da belegt der zweite jedes Seminar über Verkaufspsychologie, um nur ja nicht selbst angreifen zu müssen.

● Da bastelt der dritte mit seinem Lieblingsspielzeug, dem Personalcomputer, an Super-Präsentationsunterlagen, ohne sie jemals einem Kunden vorzulegen.

● Und da weiß der vierte nach drei vergeblichen Versuchen, dass die Telefonakquisition absolut nichts einbringt!

All diese Reaktionen sind jedoch nur „Fluchtbewegungen", hinter denen sich ein einziges Problem versteckt: die Angst!

Doch so logisch die Ausreden und Entschuldigungen auch klingen, sie haben nichts mit der Lösung unseres Problems – der Akquisition neuer Kunden – zu tun! Gehen wir deshalb positiv vor! Fragen wir uns: Was können wir gegen die Angst tun?

Psychologen sagen: Wer die Angst überwinden will, muss sich zuerst mit ihr beschäftigen. Untersuchen wir daher als Erstes die Frage:

3.2 Woher kommt die Angst vor dem Telefon – und wie kann man sie überwinden?

Hier die vier wichtigsten Ursachen:

Ursache Nr. 1: Der Mangel an Kompetenz

Wer nicht weiß, woher er neue Adressen bekommt, wie er das Interesse gleichgültiger Kunden erweckt, wie er mögliche Interessenten schnell qualifiziert (statt mit „hohlen Nüssen" stundenlang umsonst zu quasseln) und wie er mit Einwänden erfolgreich umgeht, der hat ein ernsthaftes Problem. Und das geht tiefer, als er denkt! Warum?

Wer einen Mangel an Fähigkeiten fühlt, der fühlt auch einen Mangel an Selbstvertrauen!

Und ohne Selbstvertrauen kann man nicht erfolgreich verkaufen. Doch dem Mangel an Kompetenz kann man am leichtesten abhelfen. Hier meine Empfehlungen:

◎ Lesen Sie dieses Buch gründlich durch und streichen Sie die Punkte an, die für Sie wichtig sind.
◎ Probieren Sie sie in der Praxis aus und fragen Sie sich nach jedem Gespräch: Was kann ich daraus lernen? Wie kann ich noch besser und effizienter werden?
◎ Versuchen Sie drei Wochen lang mindestens eine Stunde pro Tag neue Kunden per Telefon zu akquirieren. Denn nur durch diese tägliche Übung werden Sie selbstsicherer!
◎ Schauen Sie guten Telefonverkäufern zu und fragen Sie sich: Warum sind die so gut? Was kann ich von ihnen lernen? – Und dann: Machen Sie es ihnen nach![3]

Ursache Nr. 2: Das Bedürfnis nach Akzeptanz

Wir alle wollen, dass die Leute nett zu uns sind. Dass sie uns aufmerksam zuhören und dass sie auf unsere Ideen eingehen. Leider sind manche Kunden am Telefon gar nicht nett. Im Gegenteil, sie sind kurz angebunden, desinteressiert und unhöflich, manchmal sogar grob und beleidigend!

Und die Folge: Viele Verkäufer lassen sich davon einschüchtern, werden mutlos und verlieren ihren Schwung.

Schuld daran ist ihre falsche Erwartungshaltung.

Fragen wir uns doch mal ganz ehrlich: Ist es denn realistisch anzunehmen, dass:

◎ jeder Kunde sofort seine Arbeit unterbricht und uns freundlich anhört,
◎ er uns sofort Vertrauen und Zeit schenkt,
◎ er sogleich unser Angebot akzeptiert?

Nein! Sonst würden viele Kunden bald Pleite gehen oder den Rest des Tages nur noch am Telefon verbringen.

Also: Ändern wir unsere Erwartungen! Lassen wir uns von solchen Illusionen nicht an der Nase herumführen! Machen wir uns nicht so verwundbar!

Was können Sie tun?

- Erwarten Sie in der Regel einen neutralen Empfang, weder zu warm noch zu kalt.
- Gehen Sie von vornherein von einer realistischen Erfolgsquote aus: z. B. von 30 Anrufen für *einen* qualifizierten Gesprächstermin.
- Sehen Sie die Gleichgültigkeit oder das Desinteresse eines Kunden nie als persönliche Ablehnung, sondern immer nur als spontane Schutzhaltung an.
- Verzichten Sie darauf, von jedem Menschen anerkannt, bewundert und akzeptiert zu werden! Wer es allen recht machen will, macht es niemandem recht.
- Gehen Sie davon aus, dass Sie in Wirklichkeit für den Widerstand der Kunden bezahlt werden. Ohne diesen Widerstand könnte Ihr Chef per Brief verkaufen und Sie wären aus dem Geschäft.

Denken Sie daran:

So wie uns nur realistische Ziele motivieren, so bringen uns auch nur realistische Erwartungen voran!

Ursache Nr. 3: Die zu geringe Selbsteinschätzung

Hintergrund der Selbsteinschätzung ist das Selbstbild. Es ist genau das Bild, das Sie von sich selbst – von all Ihren Fähigkeiten und Eigenschaften – haben. Es ist andererseits auch das unbestechliche Ergebnis all Ihrer bisherigen Erfahrungen, zum Beispiel Ihrer Erfahrungen mit der Telefonakquisition.

Ist Ihr Selbstbild in diesem Punkt schwach, dann befällt Sie beim Stichwort Telefonakquisition mit Sicherheit sogleich ein unangenehmes Gefühl.

Denn das Selbstbild äußert sich immer in einem bestimmten Gefühlszustand! Zum Beispiel in Angst vor einer neuen Herausforderung oder in Mut.

Doch Kopf hoch! Sie können sehr wohl Ihr Selbstbild verändern. Und das ist wichtig!

Denn Sie sind am Telefon immer nur so gut, wie es Ihnen Ihr Selbstbild erlaubt!

Das heißt:

Alle Methoden, alle schönen Redewendungen, alle ausgearbeiteten Telefonskripte wirken nicht, wenn dahinter nicht ein positives Selbstbild mit einem hohen Selbstvertrauen steht. Eines, das weiß: Ich kann es!

Wie erreicht man nun ein positives Selbstbild am Telefon?

Drei Voraussetzungen brauchen Sie dafür:

1. Sie müssen sich als *Experte* auf Ihrem Gebiet sehen (also als Verkäufer, der genau weiß, worüber er spricht).
2. Sie müssen sich als *Ideengeber* betrachten (also als Berater, der dem Kunden zuerst nützliche Informationen anbietet, bevor er auf sein Produkt zu sprechen kommt).
3. Sie müssen sich als kompetenter *Problemlöser* fühlen (also als Fachmann, der dem Kunden zuerst ein Problem bewusst machen und ihn dann von seiner Problemlösung überzeugen kann).

Wenn Sie diese drei Voraussetzungen mitbringen, dann sind Sie unschlagbar! Warum sind diese Punkte so wichtig? Ganz einfach: Wann immer Sie einen Kunden anrufen, dann stellt der sich bewusst oder unbewusst sofort die Frage: „Ist dieser Anruf Zeitverschwendung oder hat der Anrufer wirklich wertvolle Informationen, die ich mir anhören sollte?" Das ist die entscheidende Frage!

Wenn Sie dann dem Kunden innerhalb der ersten 20 Sekunden (mehr Zeit haben Sie in der Regel nicht!) suggerieren können, dass Sie für ihn eine nützliche Idee haben, dann sind Sie sein Mann! Dann hört er Ihnen zu! Dann akzeptiert er Sie!

Aber es geht noch weiter!

Wenn Sie von sich überzeugt sind, ein Experte, ein Mann mit nützlichen Ideen und ein kompetenter Problemlöser zu sein, dann gehen Sie auch ganz anders an das Gespräch heran. Dann sind Sie jemand! Dann klingen Sie auch wie jemand, der weiß, worüber er spricht. Dann überzeugen Sie durch Ihre Stimme. Und auf die kommt es vor allem an! Hier gilt die Regel:

> **Am Telefon überzeugen wir zu 12 Prozent durch das, was wir sagen, und zu 88 Prozent durch die Art, wie wir es sagen!**

Aber Vorsicht, wenn Sie jetzt glauben, die Worte vernachlässigen zu können! Ein falsches Wort an der falschen Stelle kann Sie sofort aus dem Gespräch katapultieren. Das heißt im Klartext: Die 12 Prozent entscheiden oft darüber, ob die anderen 88 Prozent zur Wirkung kommen!

Der amerikanische Telefonspezialist Lee Boyan hat das in einem ausgezeichneten Kernsatz zusammengefasst. Er sagte: All Ihre Türöffner, Interessenwecker und Vorteilsargumente werden nur bis zu dem Grad für Sie effektiv sein, bis zu dem Sie das folgende Konzept verstehen und in die Praxis umsetzen:

> Es ist absolut zwingend, dass Sie sich als kompetenten, fähigen Experten auf Ihrem Gebiet sehen und dass Sie Informationen und Ideen haben, die für die Kunden, die Sie anrufen, von echtem Nutzen sind. Aber nicht nur Ihr Produkt oder Ihr Service muss den Kunden nützen, sondern auch Sie persönlich müssen ihnen durch den Gedankenaustausch einen konkreten Nutzen bringen![4]

Dieses Selbstbild brauchen Sie! Dann werden Sie auch am Telefon erfolgreich sein.

Nur mit diesen drei Voraussetzungen vermeidet ein Verkäufer das **Bittstellersyndrom** – also sich zuerst wie ein Bittsteller zu fühlen, dann wie ein Bittsteller aufzutreten und zuletzt wie ein Bittsteller behandelt zu werden. Das ist das Ende jeder Überzeugungskraft. Deshalb ist für alle erfolgreichen Telefonverkäufer der nächste Satz genauso wichtig wie der § 1 der Straßenverkehrsordnung für alle Autofahrer:

Alle Worte und Techniken sind nicht annähernd so wichtig wie der Klang des Selbstvertrauens in Ihrer Stimme, der signalisiert, dass Sie ein Fachmann auf Ihrem Gebiet sind!

Prüfen Sie doch einmal schnell nach:

1. Auf welchem Gebiet fühlen Sie sich als Experte?

_____

_____

2. Welche wertvollen Informationen oder Ideen können Sie dem Kunden anbieten?

_____

_____

3. Welche Probleme können Sie Ihrem Kunden bewusst machen?

_____

_____

4. Welche Problemlösungen können Sie dem Kunden anbieten?

_____

_____

Ursache Nr. 4: Das negative Selbstgespräch

Beobachtet man erfolgreiche Verkäufer, stellt man drei bemerkenswerte Fähigkeiten fest:

Erstens die Fähigkeit, sich vor schwierigen Herausforderungen optimal motivieren zu können.

Zweitens die Fähigkeit, trotz aller Schwierigkeiten weiter an eine erfolgreiche Zukunft zu glauben.

Drittens die Fähigkeit, sich – auch nach schweren Niederlagen – durch einen positiven Dialog immer wieder aufrichten zu können.

Diese dritte Fähigkeit ist die wichtigste. Dadurch beweisen Sie, dass Sie die Kontrolle über Ihre Gedanken haben und dass Ihre Gefühle nicht mit Ihnen Achterbahn fahren. Niemals lassen Sie so demotivierende Aussagen zu wie z. B.:

● Ich hasse Kaltanrufe!
● Ich mag mich den Kunden nicht anbiedern!
● Ich habe kein Talent, Kunden am Telefon zu überzeugen!

Warum tun Sie das nicht? Weil Sie ein fundamentales Gesetz der Motivationspsychologie kennen, und das heißt:

Unsere Leistungsfähigkeit hängt von unserer Stimmung ab!

Und weiter: Unsere Stimmung hängt wiederum von unserer Wahrnehmungsfähigkeit ab – also davon, wie wir eine Situation interpretieren. Mit welchen Worten wir sie in unserem inneren Dialog beschreiben. Auf diese Worte kommt es an. Und deshalb achten Topverkäufer darauf, dass sie gerade in schwierigen Situationen so viele positive Wörter wie möglich gebrauchen.

Auch dazu ein Beispiel:

Wie spricht ein Telefonprofi nach einem Misserfolg zu sich selbst – um sich wieder aufzubauen?

Er sagt dann zu sich: „Dieser Interessent ist trotz meiner Versuche im Augenblick nicht an den Vorteilen meines Angebotes interessiert. Vielleicht klappt es, wenn ich ihn nach sechs Monaten wieder anrufe. Statt hoffnungslosen Fällen nachzulaufen oder der Sache nachzutrauern, konzentriere ich mich jetzt auf den nächsten Anruf – und höre nicht eher auf, bis ich einen Kunden gefunden habe, dem es Spaß macht, mir zuzuhören, und der an meinem Angebot interessiert ist."

4. Die alte Verkaufsphilosophie – die Ursache so vieler Misserfolge am Telefon

Beginnen wir mit einer ganz wichtigen Frage:

4.1 Welches ist das schwierigste Problem beim Verkaufen?

Ist es das Qualifizieren oder das Abschließen? – Keines von beiden. Es ist die Suche nach neuen Kunden. Es ist die Schwierigkeit, zu einem qualifizierten Termin zu kommen!

Und das Kernproblem der Kundensuche besteht für die meisten Verkäufer im *Mangel*. Sie glauben, dass es einfach zu wenige Kunden gibt. Und deshalb befürchten sie, auch zu wenige Kunden zu bekommen. Also:

Nicht das Verkaufsgespräch selbst, sondern die Suche nach neuen Terminen ist das Hauptproblem!

Aber es gibt noch einen zweiten Irrtum:

Die Mehrzahl der Verkäufer glaubt auch, dass das größte Problem bei der Neukundenansprache die **Ablehnung durch den Kunden** sei.

Doch auch das ist nur die halbe Wahrheit.

Ablehnung tut nur den Verkäufern besonders weh, die sehr wenige Kunden haben. Die auf jeden Kunden angewiesen sind. Und die daher bewusst oder unbewusst befürchten, dass jede Ablehnung ihre Existenz bedroht.

Das allein macht sie nervös, niedergeschlagen und frustriert! Und wenn dann die paar Adressen, die sie haben, zu Bruch gehen, dann geht ihnen das psychisch wie geistig an den Nerv! Oder an die Nieren!

Doch für all diese Verkäufer gibt es eine echte Hoffnung. Denn der Grund für diese demotivierenden Wirkungen – und jetzt komme ich zu meiner Kernaussage – liegt nicht in ihnen selbst, sondern in einer veralteten Verkaufsphilosophie!

4.2 Die längst überholten „Gesetze" der alten Verkaufsphilosophie

Diese Philosophie lässt sich vereinfacht so ausdrücken:

Erstens: Jede Adresse, die ich habe, ist ein potenzieller Kunde.

Zweitens: Jeder potenzielle Kunde, den ich anrufe, wird auch ein echter Kunde, wenn ich ihn nur intensiv genug bearbeite!

Weitere Aussagen dieser Philosophie, die auch heute noch in vielen Seminaren geradezu gebetsmühlenartig wiederholt werden, sind:

- Jedes Nein bringt dich dem Abschluss einen Schritt näher!
- Die meisten Abschlüsse erfolgen erst nach dem fünften Nein des Kunden.
- Der Verkauf beginnt erst, wenn der Kunde Nein gesagt hat.
- Kunden-Neins sind nichts anderes als eine Aufforderung zu mehr Informationen!
- Glaube keinem Kunden, bevor er nicht mindestens zehnmal Nein gesagt hat.
- Ein Kunde, dessen Nein man respektiert, ist für immer verloren!

Was steckt hinter all diesen Aussagen? Eine deprimierende Botschaft. Und die lautet: Zwischen dem Kunden und dem Verkäufer findet ein permanenter Krieg statt. Und da die meisten Kunden lügen, muss der Verkäufer, der erfolgreich sein will, die Einwände des Kunden, die ja zu 99 Prozent nur lausige Vorwände sind, einfach hinwegpusten. Er muss sie entweder völlig ignorieren oder rücksichtslos niederwalzen – alles nach dem Motto: „I shall overcome!"

Und die Folgen dieser antiquierten Steinzeitphilosophie? Der Verkäufer versucht mit aller Macht, am Telefon gleich zu einem Abschluss, zumindest zu einer Terminvereinbarung zu kommen. Mag der Kunde auch noch so viele Wenn und Aber vorbringen, all das interessiert unseren Rambo nicht. Er will sie weder wissen noch auf sie eingehen!

Da interessierte Kunden außerdem echte Mangelware sind, kämpft er um jeden Termin wie der Teufel um die arme Seele. Mit der Folge, dass solche Anrufe eher einer Zahnextraktion als einem Verkaufsgespräch ähneln. Ja, noch schlimmer: Spätestens nach zehn Minuten geht es nicht mehr um die Sache selbst, sondern nur noch um die Behauptung des eigenen Egos: Wer ist der Stärkere?

Statt den Kunden vernünftig zu qualifizieren (ob er überhaupt Interesse, Geld und Entscheidungsbefugnis hat), wirft der Verkäufer auch noch sein Prestige und seine Selbstbehauptung in die Waagschale. Das Ergebnis solcher Ringkämpfe? Entweder legt der Kunde nach der fünften Ignorierung seiner Meinung einfach auf, oder er lässt den „vereinbarten" Termin drei Tage später wieder stornieren.[5]

4.3 Die alte Verkaufsphilosophie zerstört jede Motivation

Ist das motivierend? Für uns, für den Kunden? Ist es das, was wir am Telefon erreichen wollen? Alle Menschen als Lügner oder Ignoranten zu behandeln? Mit dem Kopf gegen die Wand zu rennen und die Telefonakquisition auf diese Weise zum Ringkampf zu machen?

Wie sehen denn die **Auswirkungen** einer solchen Brech-stangenmethode auf die Motivation eines Verkäufers aus? Nach zehn solchen „Telefonschlachten" am Telefon:

- ist er physisch und psychisch fix und fertig. Kaputter, als wenn er drei Stunden lang Steine geklopft hätte;
- hat er das Gefühl, eher einem Phantom als einem Termin hinterherzujagen;
- beginnt er, diese Kaltanrufe, die seinem Ego so schlimm zusetzen, genauso zu hassen wie Pickel in seinem Gesicht;
- bekennt er sich in der Öffentlichkeit zu allem, nur nicht zu seinem Beruf (z. B. Versicherungsvertreter), weil sonst jeder vor ihm Reißaus nimmt!

Ist das motivierend?

4.4 Das Märchen von der „falschen" Ausdauer

„Gut", werden Sie sagen, „das klingt logisch! Aber gibt es nicht auch andere Verkäufer? Solche, denen es wirklich erst gelingt, nach dem siebten Nein eines Kunden zu einem Termin zu kommen und das Geschäft nach dem zehnten Einwand abzuschließen?

Sind es nicht die ‚Siege', die zählen? Machen sich Ausdauer und Hartnäckigkeit nicht doch auf Dauer bezahlt?"

Um es ganz klar zu sagen:

Natürlich lohnen sich Ausdauer und Hartnäckigkeit! Aber nur unter einer Voraussetzung: wenn der Kunde zuvor von dem Verkäufer klar qualifiziert wurde.

Aber um einen Kunden zu werben, der nicht einmal diese Grundvoraussetzungen mitbringt – also aus einer völlig tauben Nuss nach unendlich zähem Ringen eine reife Kirsche zu machen –, das steht in keinem Verhältnis zum Aufwand!

72

Warum also aus Steinen Wasser schlagen, wenn man viel leichter sprudelnde Quellen finden kann?

Das ist ja gerade das Problem dieser „Ringkämpfer am Telefon", dass sie nach einer 20-minütigen Redeschlacht noch nicht einmal ihre wichtigste Aufgabe erledigt haben: den Kunden als Erstes klar zu qualifizieren, also festzustellen, ob:

1. er sich für ihr **Angebot interessiert** (ob er also einen Bedarf hat);
2. er es sich **leisten kann** (ob er also das Geld dafür hat);
3. er allein die **Entscheidung trifft** (oder ob er sie zusammen mit anderen trifft) und
4. er jetzt kaufen möchte (ob er also seinem Bedarf die höchste Priorität einräumt).

Darüber hinaus laden sich diese Hochdruckverkäufer noch eine Reihe weiterer Probleme auf den Hals:

Erstens: Sie schaden der ganzen Branche und beschädigen das Image und den guten Ruf aller seriösen Verkäufer.

Zweitens: Sie handeln sich damit eine weit überdurchschnittliche Stornorate ein.

Und drittens: Der Kunde zahlt ihnen diese Brechstangenmethoden zurück, indem er sich bei jeder weiteren Kontaktaufnahme bis zum Jüngsten Tag verleugnen lässt.

Wenn der Kunde wirklich etwas will, dann sind das gute „**Entscheidungshilfen**"! In diesem Fall können Sie ihn ruhig mehrmals anrufen und ihm mit sanftem Nachdruck sein Problem und die passende Problemlösung bewusst machen. Aber das hat nichts mit dem Niederwalzen jeglichen Kundenwiderstands zu tun!

Noch eine Gewissensfrage an Sie persönlich: Haben Sie jemals ein Produkt gekauft, nachdem Sie vorher gegenüber dem Verkäufer siebenmal Nein gesagt haben? – Sie auch nicht? Ich auch noch nicht. Und in meinen Seminaren hat diese Frage auch noch niemand bejaht. Sie sehen: Es gibt

Ratschläge, die nicht nur unseriös, sondern auch unrealistisch sind.

Kleine Quizfrage: Glauben Sie noch daran, dass sich die Sonne um die Erde dreht? Mit Sicherheit nicht, obwohl die Wissenschaftler das jahrhundertelang behauptet haben. Genauso ist es mit den alten Methoden. Irgendwann einmal muss man sie durchdenken – und dann als Irrtum vergessen! Deshalb Schluss mit diesen antiquierten Brechstangenmethoden! Nutzen Sie lieber die neue Verkaufsphilosophie, die ich Ihnen jetzt vorstelle.

5. Die neue Verkaufsphilosophie, die Spaß macht und motiviert

Nun – wie sieht die neue Verkaufsphilosophie aus? Sie ist vor allem „menschlicher" und damit nicht nur viel realistischer, sondern auch viel motivierender als die alte Philosophie.

5.1 Die zwei wichtigsten Grundsätze der neuen Verkaufsphilosophie

Grundsatz Nr. 1:
Es gibt (normalerweise) genügend Kunden am Markt.

Also lautet die erste Maßnahme jeder Telefonakquisition: sich zuerst einmal einen Überblick über sein Kundenpotenzial zu verschaffen und sich dann möglichst umfangreiches Adressenmaterial zu besorgen. Hier liegt ja der Hase im Pfeffer: Man hat zu wenige Adressen!

Auf diese Weise kommt man niemals in Schwung oder in den richtigen Rhythmus. Und so erreicht man auch nie das Können und die Sicherheit, die eine Telefonakquisition zur „lustvollen" Herausforderung statt zur stressigen Höchstbelastung machen.

Eine gezielte Telefonakquisition ist von vornherein zum Scheitern verurteilt, wenn man nur 20 Adressen vorliegen hat oder sie sich vor jedem Anruf einzeln aus der Zeitung oder dem Branchenbuch heraussuchen muss. Hier gilt das alte Motivationsgesetz:

> **Eine Herausforderung ist nur dann motivierend, wenn man sie auch bewältigen kann!**

Wenn man also das Gefühl und die Chance hat, sie meistern zu können. Die Beschaffung eines großen Adressenvorrats hat daher die oberste Priorität.

Grundsatz Nr. 2:
Die meisten Kunden sagen die Wahrheit, wenn man sie richtig qualifiziert.

Das heißt: Die Kunden sagen in der Regel am Telefon nur dann mehrmals Nein, wenn sie zurzeit absolut keinen Bedarf, wenn sie kein Geld haben oder wenn sie an dem Angebot nicht innerhalb von 20 Sekunden einen besonderen Vorteil für sich entdecken können.

Also geht es im Wesentlichen bei der neuen Philosophie darum:

1. sich zuerst einen möglichst **großen Adressenvorrat** zu verschaffen;
2. den Kunden möglichst schnell hinsichtlich Bedarf, Geld, Entscheidungsbefugnis und Priorität zu **qualifizieren**;
3. ihm ein oder zwei besondere **persönliche Vorteile** vorzustellen (ohne das Angebot selbst zu beschreiben);
4. sich nach einer entschiedenen Ablehnung („Nein danke, ich habe kein Interesse, keinen Bedarf, kein Geld, keine Zeit dafür …") höflich zu **verabschieden**;
5. ablehnende Kunden in x Monaten auf **Wiedervorlage** zu legen und sofort den nächsten Kunden anzurufen!

Das ist das ganze Geheimnis der neuen Verkaufsphilosophie.

Statt sich sinnloserweise an hohlen Nüssen die Zähne auszubeißen, nach den „reifen Kirschen" zu suchen!

76

5.2 Was macht die neue Verkaufs-philosophie so motivierend?

Wie sehen die Vorteile für Ihre persönliche Motivation am Telefon dabei aus?

Hier die wichtigsten:

- Sie können am Telefon alles viel lockerer, leichter und gelassener nehmen, denn Ihr Erfolg hängt nicht mehr von einigen wenigen Adressen ab.
- Sie brauchen sich nicht mehr an jeder Adresse festzubeißen wie ein Bluthund an seinem Opfer, denn es gibt in der Regel genügend andere potenzielle Kunden.
- Sie brauchen nicht mehr bei jedem Anruf um Ihre Existenz zu kämpfen, denn Sie haben nicht zehn, sondern Hunderte von Chancen.
- Sie können auf Prestige-Duelle und Machtkämpfe verzichten, denn sie sind nach der klaren Qualifizierung überflüssig geworden. Und:
- Sie brauchen auch nicht mehr um Ihre Selbstachtung zu kämpfen, denn nun sind Sie es, der das Gespräch beendet, wenn der Kunde Ihrer Qualifizierung nicht standhält.

Kurzum: Wann immer der Kunde auf Ihre Qualifizierungsfragen mit *Nein* antwortet, beenden Sie höflich das Gespräch, zucken nur leicht mit der Schulter – und wählen die nächste Nummer.

Echte Profis zucken nicht einmal mehr mit der Schulter. Sie machen einen Haken hinter die Adresse und wählen gleich die nächste Nummer. Sie legen nicht einmal den Hörer aus der Hand.

Merken Sie den enormen Unterschied? Sie sind es jetzt, der dem Kunden klare Fragen stellt, und wenn sie der Kunde nicht positiv beantwortet, dann sind Sie es, der *Nein* sagt und sich verabschiedet.

Die neue Philosophie gibt Ihnen also die Kontrolle über das Verkaufsgespräch zurück!

So werden Sie vom Zufall oder der Laune der Kunden unabhängig. Sie sind künftig wieder der (höfliche) Chef im Ring!

Spüren Sie, wie diese Freiheit, diese Entscheidungsfähigkeit, diese hundertfach größere Chance Sie motiviert?

Und ist es nicht viel motivierender und für den Kontakt mit dem Kunden besser, wenn Sie jemanden finden, der *wirklich* an Ihrem Angebot interessiert ist? Statt dass Sie sich wie ein Bittsteller aufdrängen müssen?

Und fühlen Sie sich nicht wesentlich besser, wenn Sie durch diese schnelle Verabschiedung total desinteressierter Kunden „beweisen", dass Ihr Angebot und Ihre Beratung wirklich wertvoll sind? Glauben Sie mir, Kunden wissen das zu schätzen! Künftig mehr denn je! Denn nicht der Hochdruckverkäufer ist der Verkäufer der Zukunft, sondern der Experte, der Ideengeber, der Problemlöser. Kurzum: der Verkäufer, der auf den Kunden eingeht und ihn versteht.

5.3 Die vier Prinzipien der neuen Verkaufsphilosophie

Fassen wir die vier wichtigsten Prinzipien dieser neuen Philosophie kurz zusammen:

Prinzip Nr. 1: **Wenn der Kunde nach der Qualifizierung und der Vorstellung von ein oder zwei Vorteilen nochmals sagt: „Ich bin nicht interessiert!", dann glauben Sie ihm, verabschieden Sie sich höflich und rufen Sie den nächsten Kunden an!**

☻ Verzichten Sie auf den einen „Glory-Halleluja-Sieg" nach sieben Neins und heben Sie sich Ihre Kraft und Motivation lieber für die nächsten 20 Anrufe auf.

Prinzip Nr. 2: Wenn Sie den Kunden beim ersten Mal nicht bedrängt haben, können Sie ihn sehr wohl mehrmals anrufen!

- Sie können eine Adressenliste bis zu *siebenmal* anrufen.
- Sie können Ihre Adressen im Durchschnitt *nach 30 bis 90 Tagen* wieder anrufen: z. B. Kapitalanleger nach 45 bis 60 Tagen, Immobilieninteressenten nach 60 bis 90 Tagen, Autokunden nach 60 bis 90 Tagen, Seminarkunden nach drei bis vier Monaten.
- Rufen Sie Ihre Adressenliste so lange an, wie sie profitabel ist. Das heißt: solange Sie damit Ihre *Erfolgsquote* für einen qualifizierten Termin schaffen (zum Beispiel 30 Anrufe für einen Termin).
- Ergänzen Sie aber ständig Ihre Adressenliste.

Prinzip Nr. 3: Wenn Sie den Kunden mehrmals anrufen, dann werden nicht nur Sie mit den Verhältnissen Ihres Kunden vertrauter, sondern auch der Kunde fasst zu Ihnen mehr Vertrauen!

Die drei wichtigsten Voraussetzungen für die Gewinnung von Vertrauen lauten: Wiederholung, Wiederholung und nochmals Wiederholung! Die meisten Menschen müssen einen Namen *sechsmal* hören, bevor sie sich an ihn erinnern können. Seien Sie deshalb nicht überrascht, wenn es auch beim zweiten Anruf noch nicht so harmonisch funktioniert. Neue Kunden brauchen Zeit – Eingewöhnungszeit. Erst wiederholte Anrufe mit neuen, guten Informationen signalisieren dem Kunden ehrliches Bemühen und schaffen Vertrauen.

- Verwenden Sie daher Ihre Motivation lieber für Wiederholungsanrufe in zeitlichen Abständen und nicht für „Hochdruckanrufe".
- Geben Sie dem Kunden aber immer das Gefühl – und das ist das Allerwichtigste –, dass die Kommunikation mit Ih-

nen ungefährlich ist! Dass Sie also weder für sein Ego noch für seine Zeit oder für seine Brieftasche eine *Bedrohung* darstellen.

● Wählen Sie anfangs einen *begrenzten Markt bzw. eine bestimmte Zielgruppe* aus und versuchen Sie, sich dort einen Namen zu schaffen. Das heißt: Wenn Sie sich als Anlageberater z. B. auf die Gärtner (ein relativ enger Markt) konzentrieren, dann haben Sie so die beste Chance, dass den Gärtnern bei dem Stichwort „Anlageberatung" zu allererst *Ihr* Name einfällt. Diese Technik nennt man die **„Positionierung als Nummer eins".**

● Nutzen Sie aufgrund des begrenzten Marktes den Effekt der Mundpropaganda für sich!

Prinzip Nr. 4: **Wenn Sie Adressen als „hohle Nüsse" qualifiziert haben, dann suchen Sie sofort weiter nach „reifen Kirschen", lassen aber die „hohlen Nüsse" auf Ihrer Adressenliste! Denn sie können später einmal zu „reifen Kirschen" werden.**

Eine „reife Kirsche" ist der Kunde, der *interessiert* ist, der das nötige *Geld* hat und der auch die Fähigkeit besitzt, *jetzt eine Entscheidung* zu treffen.

● **Qualifizieren Sie zuerst das Interesse, dann die Entscheidungsfähigkeit und zuletzt das Geld!**

Dazu das Beispiel eines Computerverkäufers:

Interessenqualifizierung: „Würden Sie sich gerne einmal einige Informationen über den neuen Computer ansehen?"

Entscheidungsqualifizierung: „Angenommen Ihnen gefallen diese Informationen und unsere Vorschläge, wären Sie dann in der Lage, allein die Entscheidung zu treffen, oder sind daran noch andere beteiligt?"

Geldqualifizierung: „Die Leasingrate dieses Modells beträgt ca. 335 Euro pro Monat. Wenn Ihnen das Modell gefällt, würde das in Ihr Budget passen?"

- Stellen Sie Kunden, die zwar Interesse, aber kein Geld und auch keine Entscheidungsbefugnis haben, als „unreife Kirschen" zurück. Qualifizieren Sie sie jedoch zuvor noch enger. Beispiel:

Geldproblemqualifizierung bei einem privaten Anlage-Kunden: „Rechnen Sie in den nächsten drei, sechs, zwölf Monaten mit weiteren Einnahmen?"

Weitere Tipps:
- Schreiben Sie nie hinter eine Adresse „hohle Nuss" oder eine andere negative Bemerkung. Da die meisten Adressen hohle Nüsse sind, bekommen Sie auf diese Weise sehr schnell eine Adressenkartei voller hohler Nüsse zusammen. Und wer möchte schon gerne Listen mit lauter hohlen Nüssen abtelefonieren? Das wirkt absolut demotivierend!
- Schreiben Sie nur die positiven Informationen hinter eine Adresse. So sparen Sie sich viel Zeit.
- Entfernen Sie nur die echten „Nervensägen", die sofort auflegen oder aggressiv werden, von der Liste oder Personen, die für Ihr Angebot absolut nicht infrage kommen (z. B. 70-Jährige für Lebensversicherung).
- Pflücken Sie aber vorerst nur die „reifen Kirschen"!
- Halten Sie sich auch bei Misserfolgen immer an die Regel: **Nur gute Manieren bringen gute Geschäfte.**

Beweis: Warum verkaufen so viele unseriöse Anlageberater mit Hochdruck? – Weil sie weder gute Manieren noch gute Geschäfte anzubieten haben!

Zum Schluss noch fünf Spezialtipps:
- Gehen Sie an Ihre Telefongespräche mit einer **„Es-macht-mir-nichts-aus-wenn-der-Kunde-nicht-interessiert-ist-Haltung"** heran. Also mit einer absolut lockeren Einstellung.

- Sagen Sie in solchen Fällen zu sich: „Lieber Kunde, ich stelle dir mein Angebot vor, von dem ich überzeugt bin, dass es dir hilft, deine Probleme zu lösen. Wenn es sich aber herausstellen sollte, dass es für dich nicht infrage kommt, dann macht mir deine Absage nichts aus. Dann versuche ich es später vielleicht noch einmal."

- **Beherzigen Sie die alte Goldgräberregel: „Nicht alles, was glitzert, ist Gold. Aber wenn es *nicht* glitzert, dann ist es auch nicht Gold."**

- Gehen Sie am Telefon wie ein echter Profi vor. Bleiben Sie cool und locker. Profis engagieren sich nicht emotional, wenn ein Kunde Ja oder Nein sagt. Sie wissen, dass auf bestimmte Aktionen ganz bestimmte voraussehbare Resultate folgen, alles andere interessiert sie nicht!

- Strahlen Sie das aus, was die Profis ausstrahlen: Dass Sie genügend Kunden haben. Ja, dass Ihnen zu viele Kunden gar nicht angenehm wären! Diese *Tatsache des Überflusses* und das dadurch erzeugte Gefühl der Sicherheit sind es, die auf den Kunden ausstrahlen und ihn beeindrucken. Mit der Folge, dass er schließlich glaubt, dass er es sei, der sich für das Geschäft mit dem Profi qualifizieren müsse. Schauen Sie sich doch nur einmal an, welche verzweifelten Anstrengungen Patienten unternehmen, um bei einem „bekannten Arzt" zu einem (baldigen) Termin zu kommen.

> **Die besondere Herausforderung für neue Verkäufer besteht darin, eine professionelle Haltung einzunehmen, obwohl sie noch keine Profis sind.**

Für diesen Zweck habe ich die wichtigsten Erkenntnisse unserer neuen Telefonphilosophie in 15 einprägsamen Regeln zusammengefasst.

5.4 Die 15 wichtigsten Regeln der neuen Verkaufsphilosophie, mit denen Sie garantiert am Telefon durchhalten und Ihr Ziel erreichen

1. **Stärken Sie Ihr Selbstbewusstsein.** Machen Sie sich bewusst, dass Sie kein Bittsteller sind, sondern ein Experte auf Ihrem Gebiet, der für die Kunden wertvolle Informationen hat und der ihnen helfen kann, ihre Probleme zu lösen – und dass Ihre Zeit genauso viel wert ist wie die des Kunden.

2. **Erkennen Sie Ihre Chancen.** Denken Sie nur eine Sekunde daran, dass Sie in 20 Minuten und mit ca. 1 Euro zehn Adressen anrufen und qualifizieren können. Keine Methode ist schneller, einfacher und preiswerter. Seien Sie sich bewusst, dass alle Chancen dieser Welt hinter Ihrer Telefonsteckdose liegen.

3. **Bereiten Sie genügend Adressen vor.** Fangen Sie erst an, wenn Ihnen mindestens 100 Adressen vorliegen. Je mehr Adressen Sie haben, desto motivierter fühlen Sie sich und desto lockerer gehen Sie vor.

4. **Schauen Sie auf die „reifen Kirschen".** Konzentrieren Sie sich vorerst nur auf die „reifen Kirschen", also auf die Interessenten, die gerne mit Ihnen Geschäfte machen wollen, und polieren Sie keine hohlen Nüsse. **Hohle-Nüsse-Polieren ist der schlimmste, weil demotivierendste Einzelfaktor bei einer Telefonaktion.**

5. **Stellen Sie die Qualifizierung vorne an.** Stellen Sie als Erstes fest, ob der Kunde Interesse bzw. Bedarf hat, ob er die Entscheidungsbefugnis besitzt und ob er das nötige Kleingeld hat. Wenn nicht, dann sind Sie es, der „good bye" sagt.

6. **Gehen Sie im Schritttempo vor.** Überfordern Sie den Kunden nicht. In 90 Prozent aller Fälle ist es schon ein Er-

folg, wenn ein qualifizierter Kunde zustimmt, sich eine Information zusenden zu lassen und sie bis zu Ihrem zweiten Anruf durchzulesen. Vertrauen kommt durch Wiederholung.

7. **Drängen Sie nicht auf einen Gesprächstermin.** Wenn Sie sichergehen wollen, dann verkaufen Sie dem Kunden erst im zweiten Gespräch einen persönlichen Gesprächstermin. Zeigen Sie keine Hast und überfordern Sie den Kunden nicht. Nur Höflichkeit, Rücksichtnahme und Respekt schaffen Vertrauen und zahlen sich auf Dauer aus!

8. **Bleiben Sie cool.** Gehen Sie wie ein Profi los, der nicht vor Glück in Tränen ausbricht, wenn der Kunde endlich Ja sagt, und der auch nicht tödlich getroffen zu Boden sinkt, wenn er nur Nein sagt. Bleiben Sie cool, locker und selbstbewusst. Denken Sie immer: „Es macht mir nichts aus, wenn dieser Kunde Nein sagt. Ich habe noch viele andere Chancen (Adressen)!"

9. **Akzeptieren Sie Absagen.** Lassen Sie ebenso Ihr Ego und Ihr Prestige wie Ihre Machtgelüste und Ihr Selbstmitleid aus dem Spiel. Spielen Sie niemals den Beleidigten, Gekränkten oder Verärgerten, wenn der Kunde Nein sagt. In einer Demokratie hat jeder Mensch das Recht, Nein zu sagen.

10. **Legen Sie genaue Ziele fest.** Legen Sie vor jedem Gespräch fest, wie viel *Zeit* Sie am Telefon verbringen wollen, wie viele *Anrufe* Sie machen wollen und welches *Ergebnis* Sie erreichen wollen.

11. **Seien Sie gut vorbereitet.** Fragen Sie sich: Welche neuen Ideen und persönlichen Vorteile kann ich dem Kunden anbieten? Neue Kunden ohne wertvolle Informationen oder echte Vorteile anzurufen ist eine Beleidigung für den Kunden und zwingt einen Verkäufer automatisch in die Bittstellerrolle.

12. **Verzichten Sie auf Redeschlachten.** Sehen Sie es als einen Vorteil an, wenn Sie schnell herausbekommen haben,

dass der Kunde wirklich kein Interesse (oder kein Geld) hat. Respektieren Sie es und lassen Sie sich auf keinen Fall auf sinnlose „Redeschlachten" ein. Sie haben es doch gar nicht nötig, dem Kunden etwas aufzudrängen. Sie bieten doch wirklich etwas Wertvolles an!

13. **Bereiten Sie den Wiederholungsanruf vor!** Stellen Sie sicher, dass Sie den Kunden nach 90 Tagen wieder anrufen dürfen. Das gestattet er Ihnen, wenn er spürt, dass Sie für sein Ego, seine Zeit und sein Geld keine Bedrohung darstellen.

14. **Fassen Sie sich kurz.** Sprechen Sie im Minutentakt. Reden Sie sich nicht den Mund fusselig! Drei Minuten genügen in der Regel, um einen Kunden zu qualifizieren. Länger sprechen Sie nur, wenn es sich rentiert: wenn der Kunde Interesse, Entscheidungsbefugnis und Geld hat.

15. **Ran an den Feind!** So lautete das berühmte Kommando von Admiral Nelson vor seiner siegreichen Schlacht bei Trafalgar. Das heißt: Für uns ist der Kunde natürlich kein Gegner, sondern eine Chance. Aber auch wir können nichts gewinnen, wenn wir uns vor den Anrufen drücken und uns ängstlich in Scheinaktivitäten flüchten. Nichts da! Gehen Sie ran ans Telefon und nehmen Sie Ihre Chancen wahr! Dann gewinnen Sie auch! Hundertprozentig. Denn das älteste Erfolgsgesetz der Welt steht dann auf Ihrer Seite: das Gesetz der Wahrscheinlichkeit.

Sie kennen es bereits:

Je mehr Kontakte, desto mehr Kontrakte!

Nun wird es ernst! Zwei Fragen wollen wir in den beiden nächsten Kapiteln untersuchen:

1. Wie können Sie sich einen guten, persönlichen Telefonleitfaden aufbauen?

85

2. Wie sehen die kompletten Telefonleitfäden von Profis aus und wie können Sie davon profitieren?

Die Beispiele stammen aus den verschiedensten Branchen. Daraus ersehen Sie, dass sie sich beinahe für jedes Angebot eignen.

6. Das Erfolgskonzept für die Gewinnung neuer Kunden am Telefon

6.1 Die zehn wichtigsten Schritte zum Aufbau eines Telefonleitfadens

Sie sind die Grundlage für den Aufbau Ihres eigenen Gesprächsleitfadens am Telefon.

1. Schritt: Wie stellt man fest, wer der Entscheider ist?

Nichts demotiviert Sie mehr, als eine halbe Stunde lang mit Eifer und Nachdruck Ihr Angebot in den höchsten Tönen zu loben, auf großes Wohlwollen zu stoßen, um dann am Ende zu hören: „Sehr schön, aber das kann nur mein Chef entscheiden." Wie können Sie hier am besten vorgehen?

- Wenden Sie sich bei einem neuen Kunden an die Telefonistin und fragen Sie sie: „Können Sie mir bitte helfen? Wer ist verantwortlich für ...?"
  Oder: „Ich möchte gerne den Herrn oder die Dame sprechen, die in Ihrer Firma die Büroausstattung (bzw. Computer, Kopierer) einkauft. Können Sie mir bitte ihren Namen sagen?" (Bei den folgenden Beispielen gehen wir der Übersichtlichkeit halber immer von einem „Herrn" aus. Ich bitte die Leserinnen um Verständnis dafür.)
- Wenn Sie es (wie in unserem Fall) für sinnvoll halten, der Entscheidungsperson vor dem ersten persönlichen Gespräch einen Brief zu schreiben, dann verlangen Sie nach der Namensnennung *nicht,* durchgestellt zu werden.

- Wenn Sie aber sichergehen wollen, dass der angegebene Name auch richtig ist, dann verlangen Sie, die Sekretärin des Betreffenden zu sprechen, und fragen Sie sie: „Ich habe gehört, dass Herr ... für den Einkauf der gehobenen Büroausstattung wie z. B. für Kopierer ab 25.000 Euro verantwortlich ist. Ist das korrekt? ... Ich möchte ihm einen Brief schreiben: Wie lautet bitte seine korrekte Anschrift? ... Hat er auch eine Durchwahlnummer? ... Wann ist er gewöhnlich am besten zu erreichen?"

- Notieren Sie sich dabei auch den Namen der Sekretärin.

- Wenn Sie aber das Gefühl haben, dass der Betreffende nicht allein entscheidet (oder die Sekretärin es nicht genau weiß), dann rufen Sie den Betreffenden direkt an: „Mein Name ist ... von der Firma ... Ich habe gehört, dass Sie für alle Einkaufsentscheidungen von Büroausstattungen über 25.000 Euro verantwortlich sind und darüber auch alleine die Entscheidung treffen. Ist das korrekt?"

  Oder: „Sind Sie allein für den Einkauf von Kopierern über 25.000 Euro zuständig oder sind daran auch noch andere Personen (oder Abteilungen) beteiligt?"

2. Schritt: Wie bereitet man den Kunden auf seinen Anruf vor?

Wenn Sie dem Kunden zuerst einen Brief schreiben wollen, dann berücksichtigen Sie bitte folgende Regel:

Der wichtigste Zweck dieses Briefes besteht darin, das nachfolgende Telefongespräch zu verkaufen – und nicht das Angebot!

Genauso, wie Sie im folgenden Telefongespräch auch nur den persönlichen Gesprächstermin verkaufen sollten (und nicht das Angebot).

Hier gilt die Regel:

Verkaufen Sie immer nur eine Sache!

◎ Stellen Sie Ihr Angebot nur so weit vor, dass Sie mit ein oder zwei entscheidenden Vorteilen das Interesse des Kunden wecken.

◉ **Senden Sie immer nur so viele Briefe aus, wie Sie auch in den nächsten drei bis fünf Tagen nachtelefonieren können.**

Zur Orientierung für Ihren eigenen Briefentwurf stelle ich Ihnen hier den Kontaktbrief eines Anlageberaters vor. Weitere Musterbriefe finden Sie im Kapitel über die Mailingstrategie.

Sehr geehrter Kunde,
da Sie mich noch nicht kennen, darf ich mich kurz vorstellen: Mein Name ist Christian Schmitz von der Firma XY.
Wir sind als Finanzsachverständige darauf spezialisiert ... (Spezialisierung nennen).
Der Zweck meines Briefes ist es, Sie darüber zu informieren, dass wir im Rahmen unseres Angebotes eine neue Idee entwickelt haben, die für Sie von großem Nutzen sein könnte.
Es handelt sich um ... (hier ein oder zwei Vorteile nennen).
Da ich zu diesem Zeitpunkt noch nicht weiß, inwieweit diese Idee für Sie persönlich von Nutzen ist, werde ich Sie innerhalb der nächsten Tage anrufen.
Bei der Gelegenheit könnten wir dann – Ihr Interesse vorausgesetzt – einen Gesprächstermin vereinbaren.
Auf diese Weise können Sie sich selbst am besten ein Bild von den Vorteilen unseres Angebotes machen.
Ich freue mich, Sie zu sehen, und verbleibe
mit freundlichen Grüßen

Dieser Brief, der hier nur vereinfacht wiedergegeben wurde, berücksichtigt dennoch eine ganze Reihe von psychologischen Regeln. Zum Beispiel:

- **Vergessen Sie nie**, sich selbst und Ihre Firma vorzustellen (wenn sie nicht gerade Weltruf hat). Diese Vorstellung ist zusammen mit der in Aussicht gestellten Problemlösung das Wichtigste, das den Kunden interessiert.
- **Stellen Sie sich als Spezialist oder Experte vor. Das klingt Vertrauen erweckend!**
- Beschreiben Sie auf keinen Fall Ihr komplettes Angebot oder Produkt.
- Erwähnen Sie dafür einen wirklich interessanten Vorteil.

Dazu zwei Beispiele:

„Wir können Ihnen aufgrund unserer umfassenden Marktanalyse 20 Prozent mehr Versicherungsschutz bieten – bei gleich bleibenden Prämien." Oder:
„Wir haben einen neuen Service entwickelt, der die Verwaltungskosten Ihrer Immobilien um 15 Prozent senken könnte."

Zum Schluss noch einige Tipps:

- Je kürzer, konkreter, interessanter und je höflicher Ihr Brief ist, desto eher wird der Kunde bereit sein, Sie am Telefon anzuhören – auch wenn er den Brief gar nicht vollständig gelesen hat.
- Wenn Sie aber bereits in Ihrem Brief mit Übertreibungen und Hochdruck arbeiten, bauen Sie schon die erste Abwehrhaltung beim Kunden auf.
- Arbeiten Sie nicht mit Behauptungen, Versprechungen und Zusagen, die Sie nicht einhalten können.
- Weisen Sie bereits im Voraus auf das nachfolgende Telefongespräch hin.

3. Schritt: Wie stellt man sich bei der Sekretärin vor?

Nach drei bis fünf Tagen, spätestens nach sieben Tagen, rufen Sie den Kunden an (sonst erinnert er sich nicht mehr an Ihr Schreiben). Denken Sie dabei an den Hauptzweck Ihres Anrufes: Sie sollen nicht Ihr Angebot, sondern „nur" einen Gesprächstermin verkaufen.

Versuchen Sie daher nicht, am Telefon Einzelheiten zu besprechen. Es sei denn, Sie können in Ihrer Branche bereits wirklich am Telefon abschließen.

☺ Wenn die Sekretärin fragt: „Worum geht es?", sagen Sie: „Es geht um einen Brief, den ich Herrn ... geschrieben habe."

☺ Zur Verstärkung Ihres Wunsches fügen Sie nach jeder Auskunft den Satz dazu: „Bitte verbinden Sie mich (jetzt) mit Herrn ..."

☺ **Als Anlageberater sollten Sie immer das Stichwort „Geld" erwähnen.** Es zieht am meisten: „Guten Tag, mein Name ist ... von ... Ich möchte mit Herrn ... sprechen. Es geht um ‚sein' Geld. Bitte verbinden Sie mich." Die beiden Sätze „Es geht um ‚sein' Geld. Bitte verbinden Sie mich." können Sie auch wiederholen, wenn die Sekretärin fragt, worum es geht.

☺ Eine andere Möglichkeit besteht darin: Machen Sie die Sekretärin auf eine Problemlösung aufmerksam, die sie nicht „unterschlagen" darf. Beispiel: „Es geht um die Steigerung der Produktionseffizienz, die Ihrer Firma eine Reihe von Kosteneinsparungen ermöglicht."

☺ Stellen Sie sich bei der Sekretärin nur kurz vor: „Guten Tag, Frau ..., mein Name ist ... Bitte verbinden Sie mich mit Herrn Schmidt."

☺ **Vermeiden Sie es, Ihren Firmennamen zu nennen, wenn Sie befürchten müssen, dass der Name sofort negative, also abwehrende Reaktionen auslöst.** Das ist z. B. dann der Fall, wenn der Firmenname Begriffe wie

„Versicherung" oder „Anlageberatung" enthält. Verwenden Sie dann lieber Umschreibungen wie „Wirtschaftsdienst", „Wirtschaftsberatung" o. Ä.

Weitere Tipps aus der Praxis:

- Verlieren Sie keine Zeit mit überflüssigen oder zu freundlichen Worten wie z. B. „Würden Sie bitte so freundlich sein und mich mit Herrn Schmidt verbinden?" – Allzu freundliche (oder leicht unterwürfige) Aussagen provozieren geradezu Gegenfragen und Einwände.
- Wählen Sie die Nummer immer selbst. Lassen Sie sie nicht durch eine Mitarbeiterin wählen.
- Nennen Sie auch den Vornamen des Kunden: „Bitte Herrn Joachim Schmidt."
- Wenn die Sekretärin fragt, wer anruft, sagen Sie: „Fritz Klein" oder: „Mein Name ist Fritz Klein."
- Stellen Sie sich nie als „Herr Klein" vor.
- Wenn der Kontakt im Augenblick nicht möglich ist, sagen Sie, dass Sie nochmals anrufen werden, und erkundigen sich nach der günstigsten Zeit.
- **Akzeptieren Sie Rückrufangebote der Sekretärin nur, wenn der Kunde Sie bereits gut kennt.**
- Wenn es länger als 30 Sekunden dauert, bis Sie mit der entsprechenden Person verbunden sind, sollten Sie aus der Leitung gehen. Die Chance, dass Sie den Kunden dann gerade bei einer wichtigen Besprechung oder außerhalb seines Büros antreffen, ist sehr groß. Machen Sie eine Ausnahme nur bei schwer erreichbaren Personen.

4. Schritt: Wie eröffnet man das Gespräch beim Kunden?

Gehen Sie davon aus, dass der Kunde Ihr Schreiben nicht oder nur oberflächlich gelesen hat. Oder dass er es überhaupt nicht bekommen hat. Es ist für Ihre Eröffnung gleichgültig.

- Stellen Sie sich zuerst vor: „Herr Kunde, mein Name ist ... von ... Wir sind darauf spezialisiert ... Wir haben bereits mit Firmen wie ... zusammengearbeitet."
- Kommen Sie dann auf den Zweck des Anrufes zu sprechen: „Bekamen Sie meinen Brief? ... (unabhängig von der Antwort fahren Sie fort:) Der Zweck meines Anrufes ist, wie ich bereits in meinem Brief erwähnte, dass wir ein neues Angebot entwickelt haben, das für Sie von großem Interesse sein könnte."

5. Schritt: Wie gewinnt man die Aufmerksamkeit und das Interesse des Kunden?

Jetzt kommt einer der wichtigsten Punkte:

Der Kunde möchte jetzt einen Angebotsvorteil hören, der ihn wirklich interessiert.

Das erreichen Sie am besten durch bestimmte Vorabinformationen. Wenn sich der Kunde davon nicht beeindruckt zeigt, dann sollten Sie – statt weitere Vorteile zu erwähnen – zu Schritt 6 übergehen: also zuerst sein Problembewusstsein wecken.

Beispiele für bestimmte **Angebotsvorteile**:

- Bei einem Verkauf von **Versicherungen**: „Aufgrund einer umfassenden Marktanalyse sind wir in der Lage, Ihnen im Einzelfall bis zu 20 Prozent mehr Versicherungsschutz zu bieten – und das bei gleicher Prämie."
- Beim Verkauf von **Autotelefonen**: „Ich habe einige interessante Informationen für Sie, wie unsere Autotelefone Ihnen helfen können, Zeit und Geld einzusparen."
- Beim Verkauf von **Telefonseminaren**: „Wie würde Ihnen ein kostenfreies Miniseminar über die Neukundengewinnung per Telefon gefallen? Eine Sache, die nicht nur Ihre

Verkäufer fit macht, sondern sie auch mit Sicherheit motiviert, neue Kunden anzurufen."

- Beim Verkauf **neuer Maschinen**: „Herr Kunde, ich möchte Ihnen gerne anhand eines kleinen Experiments zeigen, wie unser neues Modell 120 die Arbeitsstunden im Durchschnitt um 15 Prozent reduziert."
- Beim Verkauf spezieller **Direktversicherungen**: „Herr Kunde, haben Sie einmal nachgerechnet, was es Sie wirklich kostet, wenn einer Ihrer besten Mitarbeiter von heute auf morgen kündigt und Sie dann gezwungen sind, einen geeigneten Ersatzmann zu finden?"
- Beim Verkauf von **Anzeigen**: „Guten Tag, Herr Kaiser, ich habe soeben mit einigen Ihrer Kollegen aus dem Schwarzwald telefoniert. Sie haben nur 38 Prozent Belegung. Ist das bei Ihnen auch so?"
- Beim Verkauf von **Reinigungsmitteln und Reinigungsdienstleistungen:** „Herr Kunde, die neuen, hoch konzentrierten Reinigungs- und Desinfektionsmittel haben einen 20 Prozent größeren Wirkungsgrad. Ähnlich ist auch die Kostenersparnis. Ich möchte Ihnen das gerne einmal in einem praktischen Test vorführen."
- Beim Verkauf von **optischem Material**: „Herr Kunde, wir haben gerade eine außergewöhnliche Sonderaktion laufen. Sie gilt für die Zeit vom ... bis ... und bietet Ihnen neben Sonderpreisen bei ... auch noch einen Naturalrabatt von ... Interessieren Sie weitere Einzelheiten?" – Hier gilt:

Der Interessenwecker entscheidet über die Akzeptanz am Telefon!

Denken Sie daran:

- Den Kunden interessiert jeder Interessenwecker, der mit **Einsparungen** zu tun hat, z. B. mit Kostenreduzierungen, Zeiteinsparungen, Personalreduzierungen, Materialeinsparungen, Lagerkostenabbau.

- Den Kunden interessiert aber genauso jeder Interessenwecker, der mit **Erhöhungen und Steigerungen** zu tun hat, z. B. mit Gewinnsteigerungen, Umsatzsteigerungen, Produktionssteigerungen, Produktivitätssteigerungen, Liquiditätssteigerungen, Kapazitätssteigerungen, sowie mit einer Erhöhung des Return on Investment.
- Je mehr Sie sich auf etwas ganz **Kundenspezifisches** beziehen und dabei einen besonderen Kundenvorteil erwähnen können, desto interessanter sind Sie für den Kunden und desto eher wird er bereit sein, zuzuhören und sich mit Ihnen zu treffen.

6. Schritt: Wie verabschiedet man sich von einem desinteressierten Kunden?

Falls der Kunde nach zwei Vorteilen noch immer kein Interesse zeigt und Ihr Angebot nachdrücklich ablehnt, sollten Sie sich höflich verabschieden:

- „Herr Kunde, entschuldigen Sie die Störung. Noch einen schönen Tag und auf Wiedersehen!"
  Oder: „Herr Kunde, ich respektiere Ihre Entscheidung und lasse Sie sofort in Ruhe. Nur noch eine Frage: Falls ich wieder ein neues Angebot habe, wären Sie an einer kurzen Information interessiert? ... Noch einen schönen Tag und auf Wiedersehen."

7. Schritt: Wie erfährt man die Probleme oder Wünsche des Kunden?

Nur wer das Problem des Kunden kennt, kann ihm sein Angebot als die optimale Problemlösung präsentieren!

- Stellen Sie jedoch keine Fragen, ohne um Erlaubnis dafür zu bitten.
- Stellen Sie die ersten Fragen sehr zurückhaltend, sodass sie der Kunde gerne und problemlos beantworten kann.

⊚ **Stellen Sie vor den „eigentlichen" Fragen dem Kunden immer einen speziellen Angebotsvorteil vor!** Nur so weiß er, dass sich das Zuhören lohnt.

⊚ Zeigen Sie dem Kunden auch, dass Sie seine Zeit respektieren und ihn in die Entscheidung miteinbeziehen wollen.

Dazu einige Beispiele:

„Bevor ich auf meinen Vorschlag zurückkomme, würde ich gerne ein paar Fragen mit Ihnen besprechen. Haben Sie einen Moment Zeit dafür?"

Oder: „Um meine Aufgabe gut machen zu können, würde ich gerne ein wenig mehr über Ihre finanzielle Situation bzw. über Ihre persönlichen Vorstellungen wissen. Zum Beispiel: Wie ist Ihre jetzige Situation? Wo wollen Sie in der Zukunft stehen? Ist Ihnen das recht? – Wir können das auf zwei verschiedene Weisen tun: Wir können uns zusammensetzen oder ich kann Ihnen gleich hier am Telefon diese Fragen stellen. Was ist Ihnen lieber?"

Oder als Autoverkäufer: „Um sicherzustellen, dass unser neues Modell genau der richtige Wagen für Sie ist, würde ich mit Ihnen gerne ein paar Fragen durchgehen, wenn es Ihnen recht ist. Wir können das auf zwei Arten machen: Wir können eine Zeit vereinbaren, zu der Sie in unseren Schauraum kommen. Oder wir können diese Fragen gleich am Telefon durchgehen. Was ist Ihnen lieber?"

Das beste Problembewusstsein schaffen Sie durch eine ganze „Batterie" von Fragen!

Das nächste Beispiel zeigt das sehr anschaulich. Hier möchte ein Anlageberater durch eine Reihe gezielter Fragen nicht nur die Situation, also die Probleme und die Wünsche des Kunden kennen lernen, sondern ihm gleichzeitig auch die Bedeutung einer professionellen Beratung bewusst machen. In diesem Fall lauten seine speziellen Fragen:

„Herr Kunde, wie würden Sie Ihre Investmentphilosophie beschreiben?"

„Wie würden Sie selbst Ihre Fähigkeiten als Kapitalanleger auf einer Skala von 0 = sehr schlecht bis 10 = ausgezeichnet beurteilen?"

„Worauf haben Sie Ihre Investitionen bisher vor allem konzentriert?"

„Hatten Sie schon jemals ganz besonders hervorragende Anlageergebnisse? ... Wie? ... In welcher Form?"

„Haben Sie auch schon einmal viel Geld bei bestimmten Investitionen verloren?"

„In wie vielen Jahren wollen Sie in Rente gehen?"

„Welche monatliche Summe brauchen Sie als Rente aus Ihren Kapitalergebnissen?"

All diese Fragen haben nur einen Zweck: dem Kunden ein Problem bewusst zu machen und ihm gleichzeitig eine bessere Problemlösung in Aussicht zu stellen.

Hier noch ein Beispiel dafür, wie Sie nach der Eröffnung durch einen „allgemeinen Vorteil" zu der Erforschung der speziellen Kundensituation überleiten können:

„Herr Kunde, meine Firma hat eine Idee entwickelt, von der unsere Kunden sagen, dass sie die Arbeitskosten in ihrem Herstellungsprozess nachhaltig reduziert. Der spezielle Zweck meines Anrufes heute ist es, herauszufinden, ob es auch in Ihrer Firma dafür eine Möglichkeit gibt. Würden Sie mir dazu ein paar Fragen beantworten?"[7]

8. Schritt: Wie qualifiziert man den Kunden?

In vielen Fällen kann es sinnvoll sein, die Qualifizierung des Kunden schon viel früher zu machen – um sich unnötige Erklärungen zu ersparen.

Falsche Scheu ist hier ebenso unprofessionell wie demotivierend. Auch dazu ein Beispiel:

Bedarfsqualifizierung eines Anlageberaters: „Haben Sie bereits Erfahrungen mit geschlossenen Immobilienfonds? ... Inwieweit passt das zu Ihrer Anlagephilosophie? ... Angenommen wir haben ein sehr attraktives Angebot, wären Sie dann an näheren Einzelheiten (oder schriftlichen Informationen) interessiert?"

Geldqualifizierung: „Die Mindestanlagesumme bei dieser geschlossenen Fonds-Anlage beträgt 25.000 Euro. Wenn Ihnen dieser Fonds gefällt, wäre dieser Betrag dann ein Problem für Sie? ... Hätten Sie diesen Betrag jetzt zur Verfügung?"

Falls der Kunde das Geld nicht flüssig hat: „Können Sie schon absehen, ob Sie in nächster Zeit wieder die Mittel für eine größere Investition zur Verfügung haben? ... Sehr gut! Dann werde ich etwa am ... wieder anrufen."

Entscheidungsqualifizierung: „Angenommen dieser Fonds gefällt Ihnen, treffen Sie dann diese Entscheidung allein ... oder gemeinsam mit Ihrer Frau?"

Falls der Kunde die Entscheidung allein trifft, sollten Sie der Sicherheit halber nochmals nachfragen: „Erledigen Sie auch den Bankverkehr und die sonstigen Formalitäten allein, oder unterstützt Sie Ihre Frau dabei?"

Im zweiten Fall sollte die Ehefrau immer am Beratungsgespräch teilnehmen. Ihr Argument für den Kunden: „Das ist allein schon wegen der Vollmachten für entsprechende Überweisungen oder Abhebungen notwendig."

Auf diese Weise verhindern Sie, dass der Kunde später die Entscheidung wegen der Rücksprache mit seiner Frau hinauszögert oder dass sich seine Frau dagegen sperrt.

Neben den Qualifizierungsfragen nach Bedarf/Interesse, Entscheidungsbefugnis und Geld des Kunden sollten Sie immer auch noch für sich selbst folgende Frage prüfen:

Rechtfertigt das mögliche Auftragsvolumen Ihren voraussichtlichen Zeit- und Kostenaufwand (z. B. die Anfahrten oder die Ausarbeitung von Angeboten)?

9. Schritt: Wie geht man mit den Einwänden des Kunden um?

◉ Wenn der Kunde im Gespräch sagt: „Können Sie mir das noch genauer erklären?", sagen Sie: „Herr Kunde, ich wünschte, ich könnte Ihnen das alles in ein oder zwei Sätzen sagen. Aber Sie werden diese Idee viel genauer beurteilen können, wenn Sie sie sehen. Sie brauchen nicht mehr als 20 Minuten dafür. Dann wissen Sie selbst, ob die Sache für Sie interessant ist."[8]

◉ Wenn der Kunde auf weiteren Informationen besteht, dann nennen Sie ihm lieber mehr Produktvorteile (für ihn) als einzelne Produktmerkmale. Sagen Sie ihm, was das Produkt für ihn tun wird, aber geben Sie ihm keine Produktbeschreibung.

Wenn der Kunde dennoch weiter danach fragt, was es ist, dann könnte das ein sehr direkter Hinweis darauf sein, dass er in Wirklichkeit gar nicht an Ihrem Angebot interessiert ist.

Denn wirklich Interessierte wollen immer mehr über die persönlichen Vorteile und nicht über die Produktmerkmale erfahren.

◉ Wenn der Kunde fragt: „Können Sie mir das nicht per Post zusenden?", dann sagen Sie: „Herr Kunde, der Zweck meines Anrufes ist es, Sie persönlich zu treffen. Denn nur wenn ich Ihre spezifischen Daten vorliegen habe, kann ich Ihnen auch die Antworten geben, an denen Sie wirklich interessiert sind. Darüber hinaus würde ich mich freuen, Sie persönlich kennen zu lernen."

◉ Wenn Sie dem Kunden dennoch Unterlagen zusenden, dann heften Sie Ihre **Visitenkarte** auf die Unterlage und schreiben auf die Rückseite: „Hier die Informationen, die ich Ihnen versprach! Fritz Müller."

◉ Konzentrieren Sie dabei die Aufmerksamkeit des Kunden auf ganz **spezielle Informationen**, indem Sie z. B. die

Unterlage mit Pfeilen, Kreisen oder Doppelstrichen versehen.

- Markieren Sie die **wichtigsten Stellen** auch mit einem Leuchtstift.
- Schreiben Sie in einem Begleitbrief: „Lesen Sie bitte als Erstes auf Seite 2 den Punkt 5!"

Die letzte Chance

- **Geben Sie noch nicht auf**, wenn der Kunde an Ihrem vorliegenden Angebot nicht interessiert ist. Versuchen Sie noch ein oder zwei andere Alternativen auszuloten. Beispiel:

„Nur noch eine schnelle Frage: Welche Art von Kapitalanlagen haben Sie zuletzt gemacht? ... Sehr gut. Wenn ich dafür ein gutes Angebot habe, würde es Sie dann stören, wenn ich Sie wieder anrufe?"

Oder die letzte Frage eines Versicherungsverkäufers, dessen Gesprächspartner nicht an Lebensversicherungen interessiert war: „Nur noch eine kurze Frage, und ich verabschiede mich. Meine Gesellschaft ist sehr stark bei Auto- und Hausratversicherungen. Sagen Sie mir, bin ich zu früh oder zu spät dran, um Ihnen eine hervorragende Hausratversicherung anzubieten? ... Wann läuft denn Ihre Versicherung aus? ... Sehr schön. Dann würde ich gerne bei Ihnen kurz vorbeischauen, um mir eine schnelle Übersicht zu machen ... Ich bin am ... in Ihrem Gebiet ... Ich habe noch einen Termin um ... frei. Würde das passen?"

Sie können auch einen Wiederholungsanruf vorbereiten: „Angenommen ich habe in ein paar Monaten ein neues Angebot, wären Sie daran interessiert? Kann ich Sie dann kurz anrufen?"
Beachten Sie aber: Wenn ein Kunde zum zweiten Mal sagt: „Ich habe kein Interesse!", sollten Sie sich ohne jeden Groll verabschieden. Am besten sogar mit einer ausgesprochen freundlichen Stimme.

Sagen Sie zu dem Kunden: „Ich respektiere Ihren Wunsch. Danke für das Gespräch und noch einen schönen Tag. Auf Wiedersehen."

Je schneller und je höflicher Sie sich verabschieden, desto eher werden Sie auch bei späteren Anrufen wieder akzeptiert werden.

Beherzigen Sie als Regel:

Lieber 20 kurze Gespräche als drei lange, erschöpfende!

Lieber die schnelle und höfliche Verabschiedung eines total desinteressierten Kunden als das frustrierende Festbeißen an einer hohlen Nuss.

10. Schritt: Wie vereinbart man mit dem Kunden einen Termin?

Um den Kunden zu einem Gesprächstermin zu bewegen, kann es sehr wohl notwendig sein, ihn noch gezielter, also noch motivierender, anzusprechen. Eine gute Chance bietet hierfür die **ABC-Formel**:

A steht für Aktion. Das heißt: Sie sollten den Kunden zu einer Handlung bewegen.
B steht für Bonus. Sie sollten dem Kunden einen Bonus, also einen Vorteil oder Nutzen, anbieten. Kaltanrufe ohne erkennbaren Nutzen sind eine Beleidigung für den Kunden.
C steht für Commitment. Also dafür, dass Sie den Kunden irgendwie in die Verpflichtung nehmen.

ABC-Formel-Beispiel für einen Versicherungsverkäufer:
A (Aktion): „Herr Schmidt, warum stellen Sie nicht all Ihre Versicherungsunterlagen zusammen und kommen damit in mein Büro?"

B (Bonus): „Das wäre eine ausgezeichnete Gelegenheit, bei der ich Ihnen dann auch gleich zeigen könnte, wie Sie bei gleichen Beiträgen Ihren Versicherungsschutz ganz wesentlich erhöhen könnten."

C (Commitment): „Ich hätte nächsten Mittwoch um 17.15 Uhr und dann wieder um 20.15 Uhr Zeit. Wann ist es Ihnen lieber?"

Wenn der Kunde dem Termin zustimmt, dann ist die Sache perfekt, der Anruf abgeschlossen. Um die Sache jedoch absolut wasserdicht zu machen, sollten Sie den Kunden noch mit ein paar Fragen verabschieden:

„Ich habe hier Ihre Adresse ... Stimmt die so?"

„Haben Sie einen Kugelschreiber zur Hand? Nur zur Sicherheit: Mein Name ist Fritz Müller. Meine Adresse ist ... Telefonnummer ... Wenn es wegen dem nächsten Mittwoch irgendwelche Probleme gibt, rufen Sie mich bitte an. Geht das?"

„Wann kann ich Sie tagsüber am besten erreichen? Haben Sie eine direkte Durchwahlnummer in Ihrer Firma? Kann ich Sie auch abends zu Hause anrufen? ... Bis wann? Wie lautet Ihre Nummer?"

„Die Adresse meines Büros ist ... Wissen Sie, wo das liegt? Ich beschreibe Ihnen kurz den Weg (bzw. sende Ihnen eine kleine Skizze zu)."

„Vielen Dank. Wir sehen uns also am nächsten Mittwoch um 17.15 Uhr in meinem Büro. Noch einen schönen Tag. Auf Wiedersehen."[9]

7. Komplette Gesprächsleitfäden für die Gewinnung neuer Kunden

In diesem Kapitel möchte ich Ihnen einige vollständige Telefonskripte in Kurzfassung vorstellen, damit Sie sich selbst überzeugen können, wie schnell man neue Kunden qualifizieren und Termine erreichen kann. Sie sollen Ihnen außerdem weitere Anregungen und Ideen für Ihr eigenes Telefonskript liefern.

7.1 Gespräch Nr. 1: Erstanruf eines Verkäufers von Autotelefonen

Gesprächsziel: den Kunden nach Bedarf, Interesse und Preis zu qualifizieren und ihm eine Information zusenden zu „dürfen". Bei dieser Aktion handelt es sich um den Anruf von Inhabern oder Geschäftsführern kleiner und mittlerer Betriebe, deren Adressen – gegliedert nach Branchen – von jedem Adressenverlag zu beziehen sind.

Vorstellung: „Kann ich bitte Herrn ... sprechen. Herr Kunde, mein Name ist ... von der Firma ... Kennen Sie uns bereits?"

Wenn nicht: „Wir gehören zum ... Konzern. Unsere Aufgabe ist die Herstellung und der Vertrieb hoch leistungsfähiger Autotelefone."

Angebot mit Kundenvorteil: „Herr Kunde, ich habe einige interessante Informationen darüber, wie unsere Autotelefone Ihren Verkäufern helfen können, Zeit und Geld und überflüssigen Stress zu sparen."

Interessenqualifizierung: „Soll ich Ihnen darüber einige Unterlagen zusenden?"

Kunde überhaupt nicht interessiert: „Nichts für ungut, Herr Kunde. Ich bedanke mich, dass Sie mir dennoch zugehört haben. Noch einen schönen Tag und auf Wiedersehen!"

Bedarfsqualifizierung: „Bevor ich Ihnen dazu einen Vorschlag mache, darf ich kurz ein paar Fragen an Sie richten? ... (Pause)

Wie viele Kilometer fahren Ihre Verkäufer pro Jahr mit dem Auto? ... Wie viele Termine haben sie dabei pro Tag im Durchschnitt zu erledigen? ... Was haben sie bisher getan, wenn sie eine Panne auf der Straße hatten? ... Wie verständigen sie ihre Kunden, wenn sie durch einen Stau aufgehalten werden? Wie viele Verkäufer/Mitarbeiter haben Sie, die Geschäftsreisen unternehmen?"

Verstärkte Interessenqualifizierung: „Sehr schön, Herr Kunde. Ich werde Ihnen die gewünschten Unterlagen sogleich zusenden. Wenn ich sie heute noch zur Post gebe, müssten Sie sie morgen haben. Können Sie sich die Unterlagen bis zum ... ansehen? ... Prima. Noch eins: Wann ist die beste Zeit am Tag, um Sie zu erreichen? Wie lautet Ihre direkte Durchwahlnummer?"

Preisqualifizierung: „Eine letzte Frage noch, und ich verabschiede mich: Unsere Autotelefone kosten – je nach Modell – zwischen ... und ... Euro. Die Leasinggebühr liegt etwa zwischen ... und ... Euro. Ich kann mir nicht vorstellen, dass dieser Betrag ein Problem für Sie darstellt. Nicht wahr?"

Verpflichtung: „Ich werde Sie am ... um ... zurückrufen. Geht das? Wir können dann schnell herausfinden, welche speziellen Wünsche Sie haben und welche Lösung für Sie infrage kommt. Sind Sie damit einverstanden?"

Kunde nicht interessiert: „Ich verstehe Sie, Herr Kunde. Zuletzt nur noch eine Frage: Sind Sie grundsätzlich gegen ein Autotelefon, schließen Sie es also völlig aus, oder wären Sie in einem halben Jahr an neuen Informationen interessiert?"[10]

Erklärungen zu diesem Gespräch

- Stellen Sie zuerst immer sich und Ihre Firma vor.
- Entscheiden Sie je nach Situation und Stimmung, wie viele Bedarfsfragen Sie bereits beim Erstanruf stellen wollen.
- **Je besser die Stimmung des Kunden ist, desto mehr Fragen können Sie stellen.**
- Auch bei totalem Desinteresse können Sie den Kunden nach einem halben Jahr erneut anrufen. Vorausgesetzt, Sie haben sich schnell und (sehr) höflich verabschiedet, haben neue Informationen anzubieten und haben durch gute Bedarfsfragen beim ersten Anruf bereits ein gewisses Problembewusstsein geweckt.

7.2 Gespräch Nr. 2: Zweitanruf eines Verkäufers von Autotelefonen

Gesprächsziel: dem Kunden die Vorteile bewusst zu machen und einen Termin mit ihm zu vereinbaren.

Einführung: „Kann ich bitte Herrn ... sprechen? ... Herr Kunde, mein Name ist ... von ... Ich sandte Ihnen letzte Woche einige Unterlagen über Autotelefone zu. Falls Sie die Sache nicht von vornherein völlig ausschließen ... (Pause, um die Antwort des Kunden abzuwarten), würde ich gerne ein paar Punkte mit Ihnen besprechen. Haben Sie einen Moment Zeit?"

Vorstellung der Firma: „Da Sie uns noch nicht so genau kennen, gestatten Sie mir, dass ich Ihnen unsere Firma kurz näher vorstelle. Wir gehören innerhalb des Y-Konzerns zu dem Bereich ‚Telekommunikation', der sich auf moderne Kommunikationsgeräte spezialisiert hat. So haben wir zum Beispiel Autotelefone bei Firmen wie ... eingerichtet."

Referenzangebot: „Ich könnte mir vorstellen, dass Sie den Wunsch haben, vielleicht mit einem dieser Kunden in Ihrer Branche zu sprechen, bevor Sie mit uns zusammenarbeiten wollen. Habe ich Recht? Ich würde mich freuen, wenn ich Ihnen einige Namen angeben dürfte, die Sie als Referenzen anrufen können." (Das Einverständnis dieser Kunden vorausgesetzt!)

Problem- und Nutzenbewusstmachung: „Eine andere Sache, die ich Ihnen noch sagen sollte: Wir wollen Ihnen keine Autotelefone verkaufen, solange wir nicht glauben, dass sie für Sie wirklich von Nutzen sind. Darf ich daher ein paar Fragen mit Ihnen durchgehen?" (Natürlich nur dann, wenn sie nicht schon beim ersten Anruf besprochen wurden.) Sie beziehen sich diesmal auf den Geschäftsführer als „ersten" Kunden.

„Haben Sie schon einmal einen Wagen mit Autotelefon gefahren? ... Wenn ja, welche Erfahrungen haben Sie damit gemacht? Wie viel Zeit verbringen Sie täglich auf der Fahrt zu Ihrer Firma und zurück?"

„Wie oft kommt es vor, dass Sie im Stau stecken bleiben und zu spät zum Kunden oder nach Hause kommen?"

„Können Sie sich vorstellen, dass Sie in Ihrem Auto Geschäfte oder Arbeiten erledigen, die Ihnen mehr Geld einbringen als die paar Euro, die Sie in ein Autotelefon investieren?"

ABC-Abschluss: „Herr Kunde, darf ich Ihnen einen Vorschlag machen? – Was halten Sie davon, wenn wir Ihnen für ein paar Tage einen Wagen mit Autotelefon zur Verfügung stellen? So können Sie selbst erleben, wie es funktioniert. Auf diese Weise bekommen Sie auch eine Vorstellung davon, wie Sie die Sache nutzen und am besten von ihr profitieren können. Ich könnte am ... mit einem entsprechenden Wagen bei Ihnen sein. Würde Ihnen Montag, der ..., um ... Uhr zusagen? Oder lieber ... Zuletzt noch zwei Fragen: Stimmt die Adresse, die ich vorliegen habe? ... Wie kann ich Sie am besten erreichen? ..."[11]

Erklärungen zu diesem Gespräch

- Fragen Sie den Kunden nicht lange danach, ob er Ihre Unterlagen gelesen hat oder nicht. Sie bringen ihn dadurch meistens in Verlegenheit. Seine Antwort ist auch unwichtig, denn Sie müssen ihm alle wichtigen Details in jedem Fall selbst sagen.
- Erwähnen Sie Referenzkunden.
- Stärken Sie das Vertrauen, indem Sie neuen Kunden die Rücksprache mit Referenzkunden anbieten (deren Einverständnis vorausgesetzt).
- Machen Sie dem Kunden das „Problem" und dann die Problemlösung sowie weitere Nutzenvorteile Ihres Angebotes vor allem durch ganz praxisnahe Fragen bewusst. Hier gilt die Regel:

Nur wenn Sie dem Kunden ein Problem und damit einen Bedarf bewusst machen können, können Sie ihm auch Ihre Problemlösung, also Ihr Angebot, verkaufen!

Das bedeutet:

Ohne Problembewusstsein des Kunden gibt es keinen Bedarf. Ohne Bedarf gibt es keinen Verkauf.

- Stellen Sie vor diesen Problemfragen dem Kunden immer einen Vorteil vor (hier z. B. das Referenzangebot), sonst entsteht bei ihm eine Abwehrhaltung.
- Fragen Sie zuvor auch den Kunden (höflich) um Erlaubnis für Ihre Fragen.
- Bieten Sie als besonderen Vertrauensbeweis dem Kunden an, Ihr Angebot/Produkt in einer Minidosierung ausprobieren zu dürfen. Nichts wirkt vertrauenerweckender!

7.3 Gespräch Nr. 3: Erstanruf eines Anlageberaters

Gesprächsziel: den Kunden nach Interesse und Geld zu qualifizieren und ihm eine Information zusenden zu „dürfen". Bei dieser Aktion geht es darum, Geschäftsinhaber, Geschäftsführer, Freiberufliche, Prokuristen oder Abteilungsleiter anzurufen, deren Telefonnummern man von Adressenverlagen erhalten kann. Dieselbe Form kann natürlich auch bei Privatkunden verwendet werden, deren Adressen man z. B. über Vereine oder Clubs (z. B. Tennis- oder Golfclubs) erfahren kann.

Einführung: „Kann ich bitte Herrn ... sprechen. Herr Kunde, mein Name ist ... von ... Kennen Sie uns bereits?"

Vorstellung: „Wir sind darauf spezialisiert, unseren Kunden zu helfen, statt (immer mehr) Steuern zu zahlen, echtes, inflationsgeschütztes Vermögen aufzubauen. Wir sind bereits seit ... Jahren auf dem Markt für unsere Kunden tätig."

Angebot: „Ich rufe Sie heute an, weil ich eine wichtige Information für Sie habe. Es geht um eine Investition, bei der Ihnen Vater Staat ein echtes Geschenk macht: nämlich 50 Prozent Abschreibung schon im ersten Jahr! Und die bringt Ihnen außerdem noch eine attraktive, langfristige Rendite ein."

Erste Interessenqualifizierung: „Wollen Sie noch mehr hören? Ist Ihnen das eine Überlegung wert? ... Soll ich Ihnen einige Unterlagen darüber zusenden?"

Kunde nicht interessiert: „Nichts für ungut, Herr Kunde. Nur noch eine letzte Frage, dann verabschiede ich mich sofort. Sind Sie grundsätzlich nicht an Immobilien bzw. an solchen Immobilien mit hohen Steuervorteilen interessiert oder gilt das nur für den Augenblick? ... Welche Art von Kapitalanlage würde Sie mehr interessieren? (Hier Beispiele nennen.) ... Darf ich Sie wieder anrufen, wenn ich in dieser Richtung ein geeignetes Objekt habe? ... Besten Dank und noch einen schönen Tag. Auf Wiedersehen."

Kunde interessiert: „Sehr schön. Ich werde die Zusendung der Unterlagen so schnell wie möglich veranlassen. Wenn ich sie Ihnen heute noch zusende, müssten Sie sie bis zum ... haben. Könnten Sie sie bis zum ... anschauen?"

Geldqualifizierung: „Angenommen es gefällt Ihnen, wäre dann eine Investition in Höhe von ... Euro im Augenblick ein Problem für Sie? Bei der Gelegenheit: Wissen Sie, wie viel Steuern Sie letztes Jahr bezahlt haben? Oder wie hoch Ihre Steuerprogression ist? ... Sind Sie verheiratet? Mit Kindern?"

Kunde hat finanzielles Problem: „Trifft das nur für den Augenblick zu? Erwarten Sie in den nächsten Monaten wieder weitere Mittel? ... Sehr gut. Dann werde ich Sie am ... nochmals anrufen. Einverstanden?"

Schlussinformation: „Nur noch eine Frage, und ich verabschiede mich sofort. Falls ich Sie tagsüber nicht erreiche, darf ich Sie auch abends zu Hause anrufen? ... Welche Zeit ist Ihnen am angenehmsten? Ich habe hier noch Ihre Adresse ... Ist sie in Ordnung? ... Vielen Dank für Ihre Auskunft. Noch einen schönen Tag und auf Wiedersehen!"

Erklärungen zu diesem Gespräch

◉ Vermeiden Sie es nach Möglichkeit, sich sofort als Verkäufer einer Vermögens- oder Anlageberatungsfirma vorzustellen. Sie wecken damit beim Kunden Assoziationen, die Ihren Zielen eventuell entgegenarbeiten. (Deshalb sind Namen wie „Wirtschaftsberatung" und ähnliche so gut.)

◉ Vermeiden Sie es auch, sofort von dem Kauf von Immobilien oder Fonds zu sprechen, bevor Sie irgendwelche speziellen Vorteile genannt haben, sonst besteht die Gefahr, dass Ihnen der Kunde ganz schnell ein bestimmtes „Etikett" verpasst!

◉ **Sprechen Sie ganz allgemein von Ideen oder Investitionen.**

◉ Haben Sie keine Scheu, die Preis- und Geldqualifizierung durchzuführen. Sie ist notwendig. Genauso sollten Sie –

wenn auch mit den freundlichsten Worten – danach fragen, wie viel Steuern er (noch) zahlt. Was helfen Ihnen ein Steuersparmodell und ein Spitzenverdiener, wenn er durch andere Abschreibungen kaum noch Steuern bezahlt?

- ◉ Vermeiden Sie auf diese Weise, mit Kunden zu verhandeln, die so tun als ob, die aber zuletzt dann doch nicht können.
- ◉ **Konzentrieren Sie sich als Profi bei Ihren Anrufen immer nur auf ein Projekt!** – Zum Beispiel auf Ihre Immobilie. Machen Sie keinen „Gemischtwarenhändler" aus sich, der nebenbei auch noch Aktienfonds verkauft.
- ◉ Wenn Sie sagen, dass Sie sich „sogleich verabschieden", dann beantworten Ihnen – sofern Sie höflich waren – zum Dank dafür 99 Prozent aller Kunden Ihre „Abschlussfragen".
- ◉ **Denken Sie immer daran: Sie können den Kunden umso eher ein zweites Mal anrufen, je weniger Sie beim ersten Mal für ihn eine Bedrohung darstellten.**

7.4 Gespräch Nr. 4: Zweitanruf eines Anlageberaters

Gesprächsziel: die speziellen Kundenwünsche zu erfahren und einen Termin zu vereinbaren.

Einführung: „Herr Kunde, ich sprach letzte Woche mit Ihnen und Sie zeigten Interesse an einem inflationsgeschützten Vermögensaufbau durch Steuerersparnis. Bekamen Sie meine Unterlagen? ... Sehr schön."

Vorstellung: „Zuerst würde ich mich gerne noch etwas näher vorstellen, wer ich bin und was ich tue. Ich habe mich auf eine ganz bestimmte Art Steuer ersparender Investitionen spezialisiert, und das sind steuerbegünstigte Eigentumswohnungen in den neuen Bundesländern. Nur so kann ich meine Kunden kompetent beraten.

Aus diesem Grund biete ich auch meinen Kunden nur solche Objekte an, bei denen ich selbst alles geprüft habe: angefangen von der Lage bis hin zur späteren Vermietbarkeit. Klingt das so, als ob Sie einer solchen Person vertrauen könnten?"

Kunde ist nicht interessiert: „Heißt das, dass Sie grundsätzlich gegen den Kauf von ETWs sind, oder stört Sie der Standort in den neuen Bundesländern?" (Bei weiterem Desinteresse höfliche Verabschiedung.)

Analyse der Kundenwünsche: „Bevor ich Ihnen ein spezielles Angebot mache, das genau Ihren Vorstellungen entspricht, gestatten Sie mir einige Fragen ..."

„Sind Sie auf einen bestimmten Standort festgelegt oder ist für Sie vor allem ein wirtschaftlich günstiger Standort entscheidend?" (Damit sind Sie bei der Standortfrage wesentlich freier.)

„Für die bessere Vermietbarkeit empfehle ich meinen Kunden gewöhnlich eine Ein- oder Zwei-Zimmer-Wohnung. Welche Größe bevorzugen Sie?"

„Haben Sie auch schon daran gedacht, ob Sie die Wohnung später selbst verwalten oder lieber verwalten lassen wollen? Ich frage das, um auch die Reisemöglichkeiten zu berücksichtigen."

„Gibt es eine bestimmte Preisgrenze, die Sie nicht überschreiten wollen? ... Oder einen bestimmten Eigenkapitalbetrag? ... Welches ist der Höchstbetrag, den Sie einsetzen wollen? Haben Sie den Betrag bereits zur Verfügung oder wünschen Sie eine Finanzierung?"

Kunde hat kein oder zu wenig Geld: „Erwarten Sie in nächster Zeit weitere Mittel? ... Wie viel Eigenkapital können Sie im Moment maximal investieren?"

ABC-Abschluss: „Nun, Herr Kunde, wir arbeiten folgendermaßen:..."

Aktion: „Ich schlage vor, dass Sie Ihre letzte Steuererklärung (und/oder Ihre Lohnbescheinigung) heraussuchen und damit zu mir in unser Büro in ... kommen."

Bonus (Vorteil): „Dort zeige ich Ihnen dann verschiedene Objekte einschließlich der Fotos, Pläne, Baubeschreibungen und Ausstattungsdetails. Außerdem kann ich Ihnen dann anhand Ihrer Steuererklärung (oder der Lohnbescheinigung) genau ausrechnen, wie viel Steuern Sie sparen können, wie hoch Ihre monatliche Belastung ist und Ähnliches. Kurzum, wie sich die Anlage für Sie persönlich rentiert. Auf diese Weise stellen wir sehr zuverlässig fest, welche Lösung für Sie am günstigsten ist."

Commitment: „Um zu vermeiden, dass Ihnen andere Reservierungen zuvorkommen, schlage ich vor, dass wir uns noch in dieser Woche treffen. Wie wäre es mit Donnerstag um 18 Uhr? Geht das? Oder wäre Ihnen Freitagnachmittag lieber?"

Entscheidungsqualifizierung: „Noch eine wichtige Frage, Herr Kunde: Treffen Sie bei dem Kauf einer solchen Eigentumswohnung allein die Entscheidung – also ohne Ihre Frau? ... Machen Sie auch die Verwaltung der Wohnung ganz allein oder wird Ihnen dabei Ihre Frau helfen? ... In diesem Fall wäre es sehr gut, wenn Ihre Frau zu dem Termin in unserem Büro mitkommen könnte. Allein schon wegen der Regelung bestimmter Auskunfts- und Bankvollmachten."

Schlussfragen: „Haben Sie meine Unterlagen vorliegen? ... Darin finden Sie auch meinen Namen und unsere Büroanschrift mit Telefonnummer."

„Kennen Sie den Weg zu unserem Büro? ... Nicht besonders? ... Dann beschreibe ich ihn Ihnen kurz. Am besten erreichen Sie uns, wenn Sie ..."

„Falls es mit dem Termin Probleme gibt, rufen Sie mich bitte an. Für heute noch einen schönen Tag. Und auf Wiedersehen."

Im nächsten Beispiel möchte ich Ihnen ein Telefonskript vorstellen, bei dem der Verkäufer bereits beim ersten Anruf versuchte, den Kunden zu einem Termin zu bewegen. Voraussetzung ist auch hier, dass der Kunde zuerst entsprechend qualifiziert wird. Darüber hinaus muss es für den Kunden schon einen ganz besonderen Nutzen geben, der ihm seine Zustimmung leicht macht.

7.5 Gespräch Nr. 5: Einziger Anruf eines Verkäufers (Trainers) von Telefonseminaren

Gesprächsziel: den Kunden zu qualifizieren und zu einem kostenlosen Miniseminar einzuladen.

Einführung: „Guten Tag, mein Name ist ... von ... Kennen Sie uns bereits?"

Wenn nicht: „Darf ich mich kurz vorstellen: Ich bin Mitarbeiter einer Agentur für Telefonmarketing. Wir haben uns darauf spezialisiert, für die Verkäufer unserer Kunden maßgeschneiderte Telefonseminare zu entwickeln und durchzuführen."

Angebot mit Vorteil: „Wie würde Ihnen ein kostenfreies Miniseminar über die Neukundengewinnung per Telefon gefallen? Ich glaube, das würde Ihre Verkäufer bestimmt motivieren, wieder zum Telefonhörer zu greifen. Ja? ... Dann erlauben Sie mir ein paar Fragen: ..."

Bedarfsanalyse: „Wie viele Verkäufer haben Sie in Ihrem Büro in München? Und in den anderen Niederlassungen?"

„Wie viele Verkäufer sollten nach Ihrer Meinung mehr Anrufe machen und tun es nicht?"

ABC-Abschluss:
Aktion: „Hier ist mein Vorschlag für Sie: Unser Cheftrainer, Herr ..., wird in der Woche vom ... bis ... in Ihrer Stadt sein. Er hat am ... vormittags noch einen Termin frei. Ich würde deshalb gerne für ihn ein Meeting von ca. einer Stunde zusammen mit Ihren Verkäufern arrangieren."

Bonus (Vorteil): „Ich kann Ihnen versprechen, dass er Ihren Verkäufern einige Informationen geben wird, die sie sofort anwenden können."

Commitment: „Die einzigen Zeiten, die noch verfügbar sind, sind um ... und um ... Welche Zeit passt Ihnen besser?"

Interessenqualifizierung: „Damit die Sache für uns beide sinnvoll ist, brauchen wir ca. eine Stunde. Ihre Verkäufer sollten rechtzeitig da sein und vorher die Telefonistin verständigen, dass sie alle Anrufe notiert und zurückstellt. Ist das möglich?"

Preisqualifizierung: „Noch eins: Wenn Ihnen das gefällt, was unser Cheftrainer, Herr ..., bei diesem kostenfreien Miniseminar vorträgt, und wenn es auch Ihren Verkäufern zusagt, haben Sie dann auch ein Budget für das volle Seminar? Der Preis beträgt pro Teilnehmer ... Euro plus Spesen in Höhe von ca. ... Euro. Würde dieser Betrag in Ihr Budget passen?"

Entscheidungsqualifizierung: „Treffen Sie die Entscheidung für das vollständige Seminar allein oder sind daran noch andere Personen beteiligt?"

Schlussinformation: „Ich werde Ihnen in einem Brief alles bestätigen. Außerdem lege ich Ihnen noch einen ‚Waschzettel' bei, den Sie Ihren Verkäufern aushändigen können. Je mehr Verkäufer teilnehmen, desto mehr Kundenanrufe werden Sie als unmittelbares Resultat erleben."

„Würden Sie bitte in Ihrem Terminkalender notieren, dass Herr ... am ... ca. 15 Minuten vorher bei Ihnen sein wird, um Sie zu besuchen, und dass Sie dann pünktlich starten."

„Ich werde Sie kurz vorher noch einmal anrufen, um auch von unserer Seite her alles zu bestätigen."[12]

Erklärungen zu diesem Gespräch

◉ **Bieten Sie dem Kunden etwas an, das seine Neugierde reizt. Neugierde ist eines der wichtigsten Kaufmotive.**

- Vergessen Sie bei der Bedarfsanalyse nicht, festzustellen, ob das Auftragsvolumen (also die Gesamtzahl aller Verkäufer) überhaupt ein Miniseminar lohnt.
- Achten Sie auch besonders auf die organisatorischen Voraussetzungen für Ihr Miniseminar wie z. B. die Zurückstellung aller Anrufe und den pünktlichen Beginn. Sie können sonst Ihre Demonstration sehr schnell zum Scheitern bringen.
- Um den Kunden und seine Verkäufer noch stärker zu verpflichten, können Sie den Kunden bitten, Ihnen drei Tage vor Durchführung eine verbindliche Teilnehmerliste zuzusenden.

Auch im nächsten Gespräch versucht der Verkäufer, den Kunden bereits beim ersten Anruf zu qualifizieren und zu einem Termin zu motivieren. Dieses Telefonskript ist vor allem für Verkäufer von besonders hochwertigen und hochpreisigen Konsumgütern oder Anlageformen gedacht. Sie sollten jedoch nicht nur über eine langjährige Erfahrung, sondern auch über ein starkes Selbstvertrauen verfügen. Denn bei diesem Gespräch entscheidet – mehr als die Aussage – vor allem der Ton der Selbstsicherheit.

7.6 Gespräch Nr. 6: Einziger Anruf eines Finanzberaters

Gesprächsziel: den Kunden zu qualifizieren und einen Termin mit ihm zu vereinbaren.

Eröffnung: „Kann ich bitte Herrn ... sprechen?"
Vorstellung: „Herr Kunde, mein Name ist ... von ... Unsere Firma gehört zum Verband der Finanzsachverständigen. Das bedeutet, dass unsere Gutachten auch vor Gericht anerkannt werden. Wir sind auf exklusive Investments mit besonderen Steuerpräferenzen spezialisiert und betreuen im Rahmen unserer Tätigkeit ca. 5.700 Kunden."

Angebot mit Vorteil: „Herr Kunde, ich suche einen außergewöhnlichen Investor. Und dieser Investor müsste ca. 150.000 Euro für eine äußerst attraktive und rentable Anlage investieren."

Geldqualifizierung: „Spreche ich mit der richtigen Person, oder sollten wir hier unseren Kontakt beenden?"

Nutzenvorteil: „Sehr gut. Das Investment, das ich im Sinn habe, weist eine prognostizierte Rendite von 8,75 Prozent – nach Steuern – auf. Vergleichbare Objekte desselben Initiators haben bisher alle Rendite-Aussagen zu 100 Prozent erfüllt und zu 75 Prozent sogar übererfüllt."

ABC-Abschluss:

Aktion: „Da Sie nicht zu den Investoren gehören, die von der Idee einer 150.000-Euro-Investition geschockt sind ..."

Bonus/Vorteil: „... weiß ich auch, dass Sie zuvor erst einmal Einzelheiten wissen möchten, bevor Sie sich zu etwas entschließen."

Commitment: „Sagen Sie mir, wann ist die Wahrscheinlichkeit am größten, dass Sie tagsüber etwas freie Zeit haben? ... Haben Sie Ihren Terminkalender zur Hand? Ich habe noch einen Termin am ... um ... frei. Würden Sie lieber zu mir kommen oder soll ich Sie aufsuchen?"

Kunde fragt: „Um welche Art von Investment geht es?" Sie: „Genau das ist es, was ich Ihnen zeigen möchte. Falls diese Idee einer 150.000-Mark-Investition im Rahmen Ihrer Anlagedispositionen liegt, weiß ich, dass Sie dann auch konkrete Zahlen und exakte Renditebeispiele sehen wollen, die natürlich auch Ihre persönliche Einkommens- und Steuersituation mit einschließen. Nur dann kann ich ja auch exakte Aussagen über die Rendite nach Steuern machen. Sie sehen, das ist per Telefon nicht möglich. Und solche Daten sollten auch nicht gerade per Telefon ausgetauscht werden. Was ich Ihnen zusagen kann, ist Folgendes: Falls ich länger als 20 Minuten bleibe, dann nur, weil Sie selbst daran interessiert sind und einige Fragen haben. Wären Sie damit einverstanden?" [13]

Empfehlungen für Ihre persönliche Umsetzung

◉ Nennen Sie gerade bei hochkarätigen Kunden nicht genau die Art Ihres Investments. Sonst steckt Sie der Kunde beim Stichwort „Immobilie" oder „geschlossener Immobilienfonds" sofort in eine bestimmte (evtl. negative) Schublade.

◉ Versuchen Sie auf jeden Fall, die **Neugierde** des Kunden bis zu Ihrem persönlichen Treffen aufrechtzuerhalten.

◉ Sagen Sie deshalb auch dem Kunden, der auf weiteren Informationen besteht, nicht, was es ist. Liefern Sie ihm also keine Produktbeschreibung, sondern schildern Sie ihm nur die **Vorteile**, die es ihm einbringt.

Bieten Sie dem Kunden an, eine Referenzliste mitzubringen. Auf diese Weise hat er die Gelegenheit, mit einigen Ihrer Kunden zu sprechen, die bereits ähnliche Investitionsentscheidungen getroffen haben (deren Einverständnis vorausgesetzt). Und das – bevor er sich entscheidet.

Locken Sie den Kunden aus der Reserve, indem Sie ihn aufwerten: „Herr Kunde, Sie sind ein erfolgreicher Geschäftsmann, weil Sie schon immer bereit waren, etwas zu riskieren. Und sei es nur eine Viertelstunde für eine außergewöhnliche Idee. Gibt es einen Grund, warum Sie jetzt diese Viertelstunde nicht riskieren sollten? Was verlieren Sie dabei?"

7.7 Gespräch Nr. 7: Erster Anruf eines Finanzberaters und sein Umgang mit Kontakteinwänden

Gesprächsziel: Kontakt mit einem Geschäftsmann aufzunehmen, der sich nach dem ersten Brief nicht gemeldet hat, und trotz der üblichen Kontakteinwände zu einem qualifizierten Termin zu kommen.

Kunde ist nicht da.

Berater: „Guten Tag, hier spricht Fritz Reichmann von der ABC-Organisation. Ich möchte gern Herrn Haupt sprechen."

Sekretärin: „Tut mir Leid. Herr Haupt ist nicht da."

Berater: „Wann ist er wieder zurück? ... Wann soll ich am besten anrufen?" ... Hat Herr Haupt eine Durchwahlnummer?"

Kunde ist da, will aber später selbst zurückrufen.

Berater: „Es ist einfacher für Sie, wenn ich selbst zurückrufe. Ich bin sehr viel unterwegs. Wann kann ich Sie denn am besten erreichen? ... Auch nach 17 Uhr?"

Sekretärin fragt, worum es geht.

Berater: „Ich habe Herrn Haupt ein Angebot übersandt. Darüber möchte ich gerne mit ihm sprechen ... Es geht um Fragen seines Vermögens."

Oder: „Ich möchte mit Herrn Haupt einen Termin vereinbaren und hätte ihn dazu gerne selbst gesprochen. Wann kann ich Herrn Haupt erreichen?"

Oder: „Es geht um eine persönliche Empfehlung von ..."

Kunde fragt, worum es geht.

Berater: „Herr Haupt, die ABC-Organisation hat für die Beratung und Betreuung anspruchsvoller Privatkunden ein Konzept entwickelt, das wir Ihnen in unserem Schreiben vom ... kurz vorgestellt haben. Falls Sie der Meinung sind, Sie hätten als anspruchsvoller Kunde bei Ihren Anlage- und Vermögensdispositionen eine professionellere Beratung und einen exklusiveren Service verdient als bisher, würde ich Ihnen gerne unser Konzept und seine Vorteile in einem persönlichen Gespräch vorstellen."

Anmerkung

Sie merken, dass auf das Anschreiben kaum Bezug genommen wurde. Es wurde auch nicht gefragt, ob er es schon gelesen hat und welcher Punkt ihn eventuell besonders interessiert hat.

Warum nicht?

Erstens: Hätte den Kunden ein bestimmter Punkt interessiert, hätte er von sich aus zurückgerufen.

Zweitens: Es ist eine Illusion anzunehmen, dass ein Geschäftsmann heute noch die Zeit hat, einen Werbebrief aufmerksam zu lesen und sich auch noch bestimmte Details zu merken.

Das bedeutet: Das Schreiben dient nur als Anknüpfungspunkt. Der Berater muss in jedem Fall so argumentieren, als ob der Kunde den Brief überhaupt nicht gelesen hätte.

Die nächste Frage des Kunden lautet gewöhnlich:

„Können Sie mir nicht gleich am Telefon sagen, worum es geht?"

Berater: „Sicherlich ginge das zur Not auch am Telefon. Ich möchte jedoch, dass Sie eine Entscheidung treffen, die auf alle Fälle richtig ist. Und das geht bei einer so vertraulichen Angelegenheit nur, wenn man sich persönlich sieht. Darüber hinaus ist es für Sie sicher wichtig, wenn ich bei der Präsentation unseres Konzeptes mit dem in Deutschland einzigartigen ALPHA-Konto auch gleich alle Fragen beantworten kann. Außerdem sollte man bestimmte Dinge nicht am Telefon besprechen. Wie wäre es mit einem Termin am ... oder am ...?"

Oder:

„Gerne. Einen speziellen Vorteil kann ich Ihnen gleich nennen, damit Sie sehen, dass wir Ihnen wirklich mehr bieten können als eine normale Bank. Darf ich Sie fragen: Wie legen Sie bei Ihrer Bank Geld an, das Sie nicht gleich für ein, zwei oder drei Monate fest anlegen wollen, sondern unter

Umständen für sofortige günstige Kaufgelegenheiten einsetzen wollen? ... Wie viel Zinsen bekommen Sie dafür? ...

Wir bieten Ihnen zum Beispiel das ALPHA-Konto, auf dem auch täglich fällige Gelder mit x Prozent, also sechs Mal so hoch wie üblich, verzinst werden."

„Können Sie mir nicht Unterlagen darüber zusenden?"
Berater: „Das kann ich natürlich gerne tun. Wofür interessieren Sie sich denn besonders? (Berater nennt hier einige fachspezifische Anlageformen) ... Gut, darüber sende ich Ihnen gerne etwas zu. Den besten Eindruck bekommen Sie aber, wenn ich Ihnen unser Konzept persönlich erkläre und dabei auch gleich Ihre Fragen beantworten kann. Wie wäre es mit einem Termin am ... oder am ...?"

Berater möchte den Kunden – vor der Terminvereinbarung – noch qualifizieren.
Berater: „Zuletzt noch eine Frage, Herr Haupt. Die einzige Voraussetzung für diese professionelle Betreuung ist ein Mindestdepot von 150.000 Euro, wobei diese Summe keineswegs in bar eingezahlt zu werden braucht, sondern auch durch die Übertragung bestehender Depots erreicht werden kann. Zumindest sollte dieser Betrag innerhalb des nächsten halben Jahres erreicht werden. Gibt es in dieser Hinsicht ein Problem für Sie?"

Sehen wir uns jetzt die verschiedenen Kontakteinwände von Kunden an.

Wie man mit Kunden-Kontakteinwänden umgeht

Kunde: „Ich habe im Augenblick keine Zeit!"
Berater: „Das kann ich gut verstehen. Deshalb werde ich mich auch kurz fassen."

Oder: „Soll ich Sie lieber am Nachmittag anrufen? Oder nach 17 Uhr? Haben Sie eine Durchwahlnummer?... Wann passt es Ihnen von der Zeit her am besten?"

Kunde: „Ich habe im Augenblick kein Interesse!"
Berater: „Das kann ich gut verstehen. Interessieren kann einen ja nur, was man kennt. Deswegen möchte ich Sie ja gerne informieren ..."

Oder: „Darf ich fragen: Gibt es einen bestimmten Grund dafür?"

Kunde: „Ich bin mit meiner Bank sehr zufrieden und sehe keinen Grund zu wechseln."
Berater: „Herr Haupt, Sie wissen es aus eigener Erfahrung: Das Bessere ist der Feind des Guten. Und ich würde Sie nicht anrufen, wenn wir guten Kunden nicht etwas Besonderes anbieten könnten."

Oder: „Herr Haupt, mir geht es keineswegs darum, Ihre bestehende Bankverbindung zu beeinträchtigen. Wir wollen sie im Gegenteil auf dem Gebiet der Anlage- und Vermögensplanung durch einen exklusiven Service für Sie ergänzen."

Kunde: „Ich habe ein Anlagekonzept, mit dem ich sehr gut fahre."
Berater: „Herr Haupt, gerade den Kunden, die ihre eigene Anlagestrategie verfolgen, bieten wir mit dem in Deutschland einzigartigen ALPHA-Konto außergewöhnliche Vorteile. Das ist auch der Grund, warum eine Reihe von professionellen Vermögensverwaltern ihre Depots bei uns eingerichtet haben."

Kunde: „Ich habe noch nie von der ABC-Organisation gehört. Können Sie mir denn Erfolgsnachweise bieten?"
Berater: „Das will ich gerne tun. Wir betreuen bereits x Kunden mit einem Depotvolumen von x Millionen Euro. Um sich einen Eindruck von unserer Arbeit zu machen, können wir Ihnen gerne Referenzen zur Verfügung stellen. Noch mehr werden Sie allerdings die Erfolgsaussichten interessieren, die wir Ihnen bieten können."

Kunde: „Ich bin bereits bei einer anderen Vermögensverwaltung."

Berater: „Sehr gut, Herr Kunde. Dann können Sie selbst anhand ganz bestimmter Kriterien prüfen, ob Ihnen die ABC-Organisation noch zusätzliche Vorteile bieten kann. Eins kann ich hier schon sagen: Was uns von anderen Vermögensverwaltern unterscheidet, ist ..."

Kunde: „Ich bin im Augenblick eher überinvestiert, als dass ich neue Anlagen suche."

Berater: „Herr Haupt, dieses Problem hören wir relativ oft. Vor allem, wenn einseitig in Immobilien investiert wurde. Aber gerade diesem Kundenkreis können wir durch unser Konzept eine interessante Lösung anbieten. Würden Sie gerne mehr darüber erfahren?"

Kunde: „Ich habe kein Geld dafür."

Berater: „Bedeutet das, Herr Haupt, dass Ihnen das Konzept der ABC-Organisation nicht gefällt und dass Sie dafür kein Geld investieren wollen? Oder heißt das, dass Sie im Augenblick andere Investitionen vorziehen? Können Sie in diesem Fall schon den Zeitpunkt abschätzen, zu dem Sie wieder neu anlegen wollen?"

Kunde: „Woher haben Sie meine Adresse?"

Berater: „Herr Haupt, Sie wissen doch aus eigener Erfahrung: Erfolgreiche Personen sind nun mal bekannter als weniger erfolgreiche. Und ich kann Ihnen im Augenblick nicht einmal genau sagen, woher ich Ihre Adresse habe ... Oder muss ich Ihre Frage so interpretieren, dass Sie keinen Kontakt mehr wünschen? Dann werde ich mich selbstverständlich daran halten."

Zuletzt noch ein Wort zur **rechtlichen Situation** von Telefonanrufen:

Der BGH hat in einem neuen Urteil bestätigt, dass Sie als Verkäufer zwar einen Kunden jederzeit besuchen, jedoch den Besuch zuvor nicht telefonisch ankündigen dürfen. Bei

Gewerbetreibenden ist der Anruf dagegen erlaubt, wenn aufgrund objektiv erkennbarer Umstände von einem Einverständnis ausgegangen werden kann.

Ausnahmen von diesem Grundsatz bestehen nur dann,

◉ wenn der Kunde zuvor sein Einverständnis ausdrücklich erklärt hat, z. B. durch die Übergabe der Telefonnummer oder
◉ wenn der Kunde einen Vertrag nach den Vorschriften des Haustürwiderrufsgesetzes widerrufen hat.

In diesem Fall dürfen Sie den Kunden aufsuchen, um ihn über die Widerrufsgründe zu befragen. Das war bislang **nicht zulässig**. Aus diesen rechtlichen Gründen haben wir noch zehn weitere Strategien für Sie.

8. Erfolgsmethoden zur Optimierung Ihrer Telefonaktionen

Im Kapitel 6 haben wir bereits die zehn Schritte für den Aufbau Ihres persönlichen Gesprächsleitfadens am Telefon besprochen.

In diesem Kapitel wollen wir die einzelnen Schritte noch ergänzen und verfeinern. Sie stammen von den erfolgreichsten Telefonverkäufern oder Telefonagenturen der Welt. Es sind die Tipps, die sich für Sie in „barer Münze" auszahlen.

8.1 Wie erreicht man den Entscheider?

Wir haben es bereits gesagt: Nichts frustriert einen Verkäufer am Telefon so sehr, als sein Angebot mit Schwung und Nachdruck vorzustellen und dann am Ende bei der Abschlussfrage zu hören: „Tut mir Leid, das kann nur mein Chef entscheiden!"

Dafür nun weitere Tipps:

◎ **Versuchen Sie zu allererst immer, die Person zu sprechen, die auch die Entscheidung treffen wird!**

◎ Gehen Sie nie davon aus, dass ein „Untergebener" ohne Entscheidungsbefugnis den „Verkauf" für Sie bei seinem Boss machen wird. Dafür ist ihm das Risiko viel zu groß.

◎ Sprechen Sie deshalb auch nie einen untergeordneten Angestellten an, nur weil Sie glauben, dass es leichter sei. Oder dass Sie dabei weniger riskieren. Es gibt nur *eine* Ausnahme: wenn dieser Mitarbeiter Ihnen echte Vorteile (z. B. bestimmte Informationen) bringt.

◎ Wenn der betreffende (nicht entscheidungsbefugte) Angestellte Sie drängt, ihm Ihr Angebot vorzustellen, dann können Sie zu ihm sagen: „Es ist nicht fair von mir zu erwarten, dass Sie für mich verkaufen. Darf ich daher vorschlagen, dass Sie bei Ihrem Chef für uns alle drei einen Termin vereinbaren? Dabei können Sie die Idee empfehlen und ich kann meinen Job tun. Auf diese Weise sparen wir alle drei Zeit, da ich bei der Gelegenheit auch gleich über meine Erfahrungen berichten kann, wie dieses Gerät bei anderen Firmen funktionierte. Außerdem kann ich so auch gleich all Ihre Fragen beantworten."[14]

- Falls Sie der Boss an einen „Untergebenen" verweisen will, fragen Sie ihn, ob dieser auch befugt ist, die Entscheidung allein zu fällen. Wenn das nicht möglich ist bzw. er nur in Abstimmung mit diesem Boss entscheiden kann, dann sagen Sie zu dem Chef: „Ich werde natürlich gerne mit jedem in Ihrer Organisation sprechen, den Sie mir vorschlagen. Aber falls dieser Herr ... es für empfehlenswert hält, könnte ich dann noch einmal zurückkommen und es Ihnen persönlich vorstellen?"[15]

In der Regel werden Sie von den Entscheidern höflich behandelt, da sie selbst auf gute Umgangsformen achten und auch auf den guten Ruf ihrer Firma bedacht sind.

- Um den obersten Entscheider (z. B. im Einkauf) herauszufinden, sollten Sie es bei Schwierigkeiten auch mit der Pressestelle, der Fertigungsabteilung oder gar dem Verkauf versuchen, da man hier „Ihr Problem" selbst zur Genüge kennt und in der Regel sehr hilfreich ist.
- Bereiten Sie für den obersten Entscheider immer spezielle Fragen und Vorteile vor. Er ist vor allem an Soft News, also an Neuigkeiten aus der Branche oder von Wettbewerbsfirmen, interessiert.
- Um den gesamten Entscheidungsprozess noch stärker beeinflussen zu können, sollten Sie bei mehreren Entscheidern unbedingt die folgenden drei Punkte herausbekommen:

1. Welche Rolle spielen die einzelnen Gesprächspartner bei diesem Entscheidungsprozess?
2. Wie wurden die Entscheidungen in der Vergangenheit getroffen? (Welche Kriterien waren dabei ausschlaggebend?)
3. Wann und in welcher Form wird die Entscheidung getroffen? (Z. B. durch ein Gremium bei wöchentlichen Sitzungen?)

8.2 Wie kommt man an der Sekretärin vorbei?

Entscheidender als Ihre Worte ist Ihre innere Einstellung, wenn Sie zum ersten Mal mit fremden Personen Kontakt aufnehmen.

- Denken Sie daran, dass Sie kompetent und erfahren sind und dass Sie dem Kunden wirklich einen Nutzen bieten.
- **Nehmen Sie die Haltung eines Mannes ein, der weiß, worüber er spricht, und der weiß, dass er gute Ideen und wertvolle Informationen hat!**
- Lächeln Sie! Auch am Telefon. Man hört es und Sie wirken dadurch entspannter, lockerer und gelassener! Sie nehmen dadurch den Druck aus dem Gespräch und verringern unbewusst auch den Stress für Ihren Kunden!
- Sprechen Sie bei aller Höflichkeit so knapp und so kurz wie möglich. Verzichten Sie auf jede überflüssige Frage oder Erklärung, wenn Sie vermeiden wollen, abgewimmelt oder an eine untergeordnete Person verwiesen zu werden.
- Versuchen Sie neben den bereits besprochenen Möglichkeiten, an der Sekretärin vorbeizukommen, auch die folgenden Methoden, wenn sie fragt: „**Worum geht es?**"

Methode Nr. 1: Der direkte Weg

„Der Zweck meines Anrufes ist es, Herrn … zu sprechen, meine Firma vorzustellen und einen Termin zu vereinbaren. Würden Sie ihm bitte sagen, dass ich am Apparat bin?"[16]

Vermeiden Sie es nach Möglichkeit, der Sekretärin einen Hinweis darauf zu geben, dass es sich um einen „Verkauf" handeln könnte. Die Wahrscheinlichkeit, dass Sie dadurch sofort mit einem bestimmten „Etikett" versehen, abgewimmelt oder an irgendeine untergeordnete Stelle verwiesen werden, ist riesengroß.

Methode Nr. 2: Die Vorstellung einer Idee

„Wir arbeiten mit vielen Firmen Ihrer Größenordnung zusammen. Diese Zusammenarbeit basiert auf einer Idee, von der unsere Kunden uns sagen, dass sie ihnen hilft, ihre Herstellungskosten nachhaltig zu reduzieren. Aus meiner Erfahrung weiß ich, dass Ihr Geschäftsführer sehr schnell feststellen kann, inwieweit diese Idee auch für Ihren Betrieb von Nutzen ist. Kann ich ihn jetzt sprechen? (Oder: Würden Sie mich bitte mit ihm verbinden?)"[17]

- Machen Sie nach Ihrer Begründung *keine Pause*, sondern schließen Sie sofort Ihren Wunsch an, ihn nun sprechen zu wollen.
- Sprechen Sie bei Kontaktwünschen mit Geschäftsführern oder Vorständen eher ein breiteres Spektrum (z. B. die Reduzierung der Herstellungskosten) als einen spezifischen Vorteil (z. B. eine bestimmte Sorte von Schmieröl) an, sonst werden Sie von den Vorstandssekretärinnen schnell nach unten weitergereicht.
- **Fügen Sie nach Möglichkeit ein Argument der Dringlichkeit an!** Zum Beispiel, wenn es sich um ein begrenztes Angebot, eine bevorstehende Preiserhöhung, eine kos-

tenlose Reservierung oder aufgrund Ihrer Anreise um eine seltene Gelegenheit handelt.

Methode Nr. 3: Der Einsatz von Empfehlungen

„Mein spezieller Grund, warum ich Herrn ... anrufe, ist der Vorschlag einer seiner Geschäftsfreunde, der bereits bei uns Kunde ist. Er meinte, Herr ... könnte im Interesse seiner Firma ebenfalls von der Idee profitieren, die wir entwickelt haben. Würden Sie Herrn ... mitteilen, dass ich ihm diese Idee vorstellen möchte."[18]

Nennen Sie dabei nicht den Namen des Referenzgebers, sodass der Kunde noch neugieriger wird, wer dahinterstecken könnte.

Methode Nr. 4: Das Zauberwort „Geld"

Wenn Ihr Anruf etwas mit Anlageberatung und Vermögensberatung, mit Versicherungen oder Immobilien, mit Investitionen oder mit Steuereinsparungen zu tun hat, dann sollten Sie einmal ein Zauberwort ausprobieren. Es heißt „Geld"! – Sie haben richtig gelesen: einfach Geld! Damit zielen Sie aufs „Herz", also auf den „wundesten Punkt" vieler Kunden.

◉ „Guten Tag, mein Name ist ... von ... (aber nicht Versicherungen oder Kapitalanlagegesellschaften nennen!). Ich muss mit Herrn ... sprechen. Es geht um sein Geld. Bitte verbinden Sie mich."
Wenn die Sekretärin nachfragt, worum es genau geht, sagen Sie: „Wie ich schon sagte, es geht um sein Geld. Ich muss ihn sprechen. Bitte verbinden Sie mich mit Herrn ..."

◉ **Nennen Sie in diesem Fall keinen Firmennamen.** Bei einer Rückfrage der Sekretärin sagen Sie nur: „Das hat mit seinem Geld zu tun. Das muss ich ihm persönlich sagen."

● Natürlich ist das eine „riskante Methode" und Sie sollten schon wirklich eine gute Geldidee haben, um diesen provozierenden Auftritt rechtfertigen zu können. Eine weniger provozierende Aussage lautet: „Es geht um Persönliches."

Methode Nr. 5: Die Vorankündigung des Anrufs

Bei dieser Methode rufen Sie am Vormittag die Sekretärin an, fragen sie nach der besten Anrufzeit am Nachmittag und sagen ihr dann, dass Sie Herrn ... um diese Zeit anrufen werden. Oder Sie schlagen selbst einen Termin vor.

„Mein Name ist ... Bitte sagen Sie Herrn ..., dass ich ihn am Nachmittag zwischen 14 und 15 Uhr anrufen werde. Es geht um eine wichtige Idee, die seine Computerkosten ganz erheblich reduzieren kann. Ist zwischen 14 und 15 Uhr in Ordnung?"

● Sie können die Vorankündigung noch verstärken, wenn Sie hinzufügen: „Bitte legen Sie doch Herrn ... einen Zettel auf den Schreibtisch. Mein Name ist ... Es geht um die Kosteneffizienz bei Computersystemen."
● **Fragen Sie dabei nach Möglichkeit die Sekretärin immer nach ihrem Namen und ihrer Durchwahlnummer.**

Methode Nr. 6: Die „unbeantwortbare" Fachfrage

Bei dieser Methode geht es darum, die Sekretärin so anzusprechen, als wäre sie die Entscheidungsperson, und ihr dabei eine Fachfrage zu stellen, die letztlich doch nur ihr Chef beantworten kann.

„Ich rufe an, weil unsere Firma eine neue Methode zur Kreditüberwachung entwickelt hat. Sagen Sie mir bitte, wie viel Prozent Ihrer Rechnungen müssen Sie nach 90 Tagen abschreiben?"

Oder: „Ich würde gerne Herrn ... Informationen über unser neues Direktversicherungsmodell zur Motivation und Bindung besonders qualifizierter Mitarbeiter zusenden. Zuvor jedoch muss ich genau wissen, welche Formen der Direktversicherung bereits bestehen und wie hoch die durchschnittliche Betriebszugehörigkeit Ihrer besonders qualifizierten Mitarbeiter ist. ... Pause ... Vielleicht hat Herr ... diese Informationen im Kopf? Können Sie mich bitte mit ihm verbinden?"

Methode Nr. 7: Das Angebot einer Zusammenarbeit

Diese Methode ist dann angezeigt, wenn es sehr schwierig ist, mit dem Kunden überhaupt einen Termin zu vereinbaren. Einmal, weil er so unter Druck ist, und zum anderen, weil er so selten da ist. In diesem Fall versuchen Sie die Sekretärin zur Zusammenarbeit zu gewinnen:

„Frau Linzer, es wird ja immer schwieriger, Herrn ... zu erreichen. Was schlagen Sie vor, damit wir zu einem Termin kommen? Sie kennen ja seinen Terminplan am besten. Wie schaut es denn am ... aus?" Oder (als Notanker): „Herr ... bleibt doch gelegentlich sicher noch länger als bis 17 Uhr in seinem Büro. Besteht da vielleicht eine Möglichkeit, ihn zu erreichen? Und unter welcher Nummer? ... Oder ist er auch schon vor 8 Uhr an seinem Schreibtisch anzutreffen? Ich richte mich gerne nach seinen Wünschen."

Weitere Tipps:

◉ Gehen Sie auf das Angebot eines Rückrufes nur dann ein, wenn der Kunde Sie bereits gut kennt. Ansonsten versuchen Sie es einfach erneut.

◉ Wenn Sie viel telefonieren, sollten Sie auch darauf verzichten, nach einer besonders günstigen Rückrufzeit zu fragen. Das bringt nur Ihren Zeitplan durcheinander und stört den routinemäßigen Ablauf Ihrer Arbeit. Und zum

Schluss haben Sie zehn Zettel mit zehn verschiedenen Rückrufzeiten vorliegen. Rufen Sie lieber erneut an!

🌐 **Verfolgen Sie bei Kaltanrufen immer nur *ein* Ziel.** Zum Beispiel eine Information zusenden zu dürfen oder einen Termin zu vereinbaren. Zu viele unterschiedliche Ziele kosten Sie überdurchschnittlich viel Kraft.

Denken Sie daran: Sie sind nur dann für den Kunden interessant, wenn Sie dem Kunden klar machen können, **wie er durch Ihr Angebot entweder sein Wohlbefinden steigern bzw. zurückgewinnen oder eine weitere Verschlechterung vermeiden kann!**

Das bedeutet:

Alles, was Sie ihm dazu sagen, wird ihn brennend interessieren! Werfen wir daher gleich einen Blick auf die vier Hauptmotive jedes Kunden.

8.3 Wie spricht man die wahren Motive des Kunden an?

Motiv Nr. 1: Anerkennung

Wenn Sie in der Vorstellung des Kunden ein Bild erscheinen lassen, das ihm Anerkennung, Wertschätzung, Bewunderung, Status, Akzeptanz und Selbstzufriedenheit ermöglicht, dann verkaufen Sie ihm echte, persönliche Vorteile.

Beschreiben Sie in diesen Bildern immer ein Endresultat, das er mit Ihrem Produkt oder Ihrer Dienstleistung erreichen kann. Und mit dem er sich identifizieren kann.

Sprechen Sie aber genauso auch die Kehrseite der Medaille an, die in der Regel sogar noch stärker wirkt! Also

alles, was sein Wohlbefinden stören könnte, wenn er z. B. ein Wettbewerbsangebot kauft.

Machen Sie dabei auf keinen Fall die Wettbewerberangebote schlecht, aber weisen Sie den Kunden aufgrund Ihrer Markterfahrung auf alle möglichen Risiken hin.

Zeigen Sie dem Kunden auch, wie er durch den Kauf Ihres Angebotes Kritik, Lächerlichkeit, Spott und Missbilligung vermeiden kann. Das ist wichtig! Ja, für manche Kunden, die ihr Leben ohne jede „Anstößigkeit" leben wollen, ist das sogar am allerwichtigsten!

Motiv Nr. 2: Annehmlichkeit

Sie wecken das Interesse des Kunden, wenn Sie ihm drei Vorteile zeigen:

1. Wie er in seinem Leben mehr Spaß, Freude, Abwechslung, Erlebnis, Abenteuer, Unterhaltung erreichen kann.
2. Wie er sich sein Leben leichter, angenehmer und bequemer machen kann.
3. Wie er auch seinen Beruf leichter, besser oder effizienter ausführen kann.

Darüber hinaus sollte es aufgrund Ihrer Bereitschaft zu mehr Beratung, Service und Betreuung für den Kunden geradezu eine *Freude* sein, mit Ihnen zusammenzuarbeiten.

Sie selbst sind dann der Zusatznutzen, der „einzigartige Vorteil", der bei gleichen Preisen den entscheidenden Ausschlag gibt.

Genauso interessiert wird Ihnen der Kunde zuhören, wenn Sie die Kehrseite des Annehmlichkeitsmotivs erwähnen. Machen Sie ihm also bewusst, wie er durch Ihr Angebot vermeiden kann, dass sein Leben und seine Arbeit noch schwieriger, mühseliger, stressiger oder noch belastender werden.

Motiv Nr. 3: Gewinn

Er ist immer noch das Hauptmotiv im Wirtschaftsleben. Das bedeutet: **Sie können als Verkäufer nur reich werden, wenn Sie anderen helfen, reich zu werden!**

Genauso, ja teilweise noch interessanter sind Sie, wenn Sie den Kunden vor drohenden Verlusten bewahren können.

Hier ein Beispiel dafür: Wenn Sie jemand in der Nacht anruft und Ihnen einen äußerst preisgünstigen Satz neuer Michelin-Reifen anbietet, werden Sie über den Anrufer fluchen, sich umdrehen und weiterschlafen. Wenn er Ihnen aber mitteilt, dass sich unten auf der Straße gerade ein lichtscheuer Typ an den Reifen Ihres neuen Golf GTI zu schaffen macht, werden Sie zwar auch fluchen, aber sich mit Sicherheit nicht auf die Seite legen und weiterschlafen.

Klopfen Sie also Ihr Angebot systematisch danach ab, welche Gewinn-, Verdienst- oder Sparmöglichkeiten es bietet und wie es dem Kunden hilft, eventuell drohende Verluste, Risiken und Gefahren zu vermeiden.

Die meisten Verkäufer kennen nur 80 Prozent der Gewinn-und-Verlust-Chancen ihrer Angebote. Und von denen sagen sie in der Regel nur 50 Prozent ihren Kunden! Hier gilt jedoch:

Nicht die allgemeinen Vorteile oder (vermiedenen) Nachteile, die jedermann sieht, überzeugen den Kunden, sondern die spezifischen, die versteckten, auf die er selbst nicht gekommen wäre!

Klopfen Sie daher alle positiven Motive auch auf ihr Gegenteil ab! Wenn Ihr Angebot keine besonderen zusätzlichen Gewinnaussichten verspricht, dann kann es andererseits durch seine Solidität und Zuverlässigkeit dazu beitragen, Risiken und Verluste auszuschließen.

Denken Sie daran:

Die Vermeidungsmotive sind für die meisten Menschen oft noch motivierender als die reinen Gewinnmotive!

Hohe Gewinnversprechungen machen sie in der Regel skeptisch, drohende Verluste dagegen sofort besorgt.

Haben Sie nicht auch schon die Erfahrung gemacht: Wenn man jemandem anbietet, für 50 Euro im Monat mehr zu arbeiten, wird er (in der Regel) dankend ablehnen. Wenn er aber zu Hause einen 50-Euro-Schein verlegt hat, dann wird er sich sofort auf die Suche machen.

Das Fazit daraus:

Mögliche Gewinne motivieren viele! Drohende Verluste fast alle!

Motiv Nr. 4: Sicherheit

Echte Vorteile bieten Sie dem Kunden, wenn Sie ihm helfen können, Gesundheit, Schönheit, Kraft und Ausgeglichenheit zu bewahren oder zu verstärken.

Dazu gehören natürlich auch so wichtige Wünsche wie die Arbeitsplatzsicherheit, die Existenzsicherheit, die Zahlungssicherheit, die Wettbewerbsfähigkeit und die Leistungsfähigkeit.

Wer immer hier dem Kunden helfen kann, die Bedrohung dieser Sicherheiten zu verringern, wird sein geneigtes Ohr finden.

Die wichtigste Sicherheit müssen jedoch Sie selbst dem Kunden bieten. Und zwar auf folgende zwei Fragen:

1. Ist es sicher, von dieser Person (also von Ihnen) zu kaufen?
2. Ist es wahr, was mir dieser Verkäufer verspricht?

Versetzen Sie sich an die Stelle des Kunden, denken Sie an all die Ängste, die er haben könnte, und helfen Sie ihm, sie zu neutralisieren.

Fassen wir zum Abschluss die wichtigsten Plus- und Minus-motive des Kunden noch einmal zusammen:

Der Kunde will gewinnen:	Der Kunde will vermeiden:
Anerkennung	Kritik
Annehmlichkeit	Schmerz
Gewinn	Verlust
Sicherheit	Angst

8.4 Wie überzeugt man den Kunden von den Vorteilen seines Angebotes?

Bei all Ihren Erklärungen steht immer eine stumme Frage des Kunden im Vordergrund, für die er eine überzeugende Antwort verlangt:
„Was tut Ihr Produkt für mich?"

In die (unbewusste) Kundensprache übersetzt lautet sie:
„Lieber Verkäufer, sage mir nicht, wie gut dein Produkt ist, sondern was dein Produkt tut, damit es mir gut geht!"
Der Kunde will also wissen: **„Was habe ich davon?"**
Dazu ein Beispiel: Wenn Sie dem Kunden sagen: „Wir haben ein großes Lager", dann haben Sie ihm noch nicht gesagt, was er davon hat.
Motivierend wirkt eine solche Aussage erst dann, wenn Sie ihm „seine persönlichen Vorteile" bewusst machen. Zum Beispiel:

„Unser großes Lager bedeutet für Sie, Herr Kunde:

- tägliche Belieferung,
- minimale Bevorratung,
- geringe Lagerhaltungskosten,
- höhere Liquidität und
- weniger Kapitalbindung."

Weitere „**Was-habe-ich-davon-Vorteile**" sind z. B. bei Produktverkäufen: Service, Qualität, Fachpersonal, Kundendienst, Qualitätssicherung, Liefersicherheit, umweltfreundliches Material, geringe Umverpackung, telefonische Hotline ...[19] Auch dazu ein Beispiel, **wie Sie einen persönlichen Vorteil (z. B. eine Produktionssteigerung) durch die richtige Frage zu einem echten Interessenwecker machen können:**

„Herr Kunde, möchten Sie Ihre Produktion erhöhen, ohne zusätzliches Personal einzustellen? Dabei kann ich Ihnen helfen. Unser Produkt Beta-Seil erhöht durch seine Laufgeschwindigkeit Ihre Produktion. Dadurch ist für Sie sichergestellt, dass bei Ihrem Durchlauf deutlich mehr produziert wird."[20] Verkaufen am Telefon heißt also nichts anderes, als die Produkteigenschaften des eigenen Angebotes möglichst schnell in erwünschte Kundenvorteile umzusetzen.

Hier gilt die Regel:

Wer nur über seine Produkte spricht, erreicht den Kunden nicht! Erst die Übersetzung der Angebotsvorteile in spezifische Kundenvorteile beeindruckt den Kunden![21]

Schwächere Verkäufer geben viel zu schnell ihrem natürlichen Impuls nach und sprechen nur über ihr Produkt und seine technischen Merkmale und Eigenschaften. Profis sprechen dagegen über die Vorteile, über die erwünschten Ergebnisse. Kurzum: über die möglichen *Endresultate* für den Kunden.

Der Kernpunkt erfolgreichen Verkaufens besteht darin, die Produkteigenschaften in der Vorstellung des Kunden in echte Kundenvorteile zu übersetzen.

Vermeiden Sie daher die *fatale Annahme*, der Kunde wisse schon alles über Ihr Produkt und seine Vorteile und Sie bräuchten sie ihm gar nicht mehr zu erklären. Das ist nicht entscheidend. Vielleicht kennt er sie sogar. Aber im Augenblick Ihres Anrufes hat er sie mit Sicherheit nicht sofort im Kopf und deshalb sind sie für ihn auch nicht präsent. Mit der Folge: Er hört nicht weiter zu!

Sprechen Sie deshalb bei Ihrem Anruf sofort diese Vorteile an und stellen Sie sie möglichst bildhaft dar.

Denn nur die Angebotsvorteile, die Sie bewusst vorstellen und die der Kunde auch bewusst aufnimmt, zählen in diesem Augenblick als echte persönliche Vorteile.

Irgendwann einmal gehörte und gelesene Produktvorteile gehören nicht dazu.

Wann immer ein Kunde bei Anrufen sagt, dass er zufrieden sei, dass er kein Interesse habe, dass er keinen Bedarf habe, können Sie davon ausgehen, dass er in diesem Augenblick nicht an die eigentlichen, spezifischen Vorteile Ihres Angebotes denkt.

Genau darin liegt Ihre Aufgabe und Ihre Chance: Machen Sie ihm diese für ihn spezifischen Vorteile bewusst!

Bedenken Sie, dass die Produkteigenschaften den Kunden sehr wohl ohne einen Verkäufer überzeugen können.

Dass aber für die spezifischen Kundenvorteile immer ein Verkäufer notwendig ist.

8.5 Wie erreicht man bei dem Kunden ein Problembewusstsein?

Gehen Sie mit „schlechten Nachrichten" für den Kunden äußerst behutsam vor. Ein Problembewusstsein zu wecken und ein Gefühl der Unzufriedenheit zu schüren hat nichts damit zu tun, den Kunden mit schlechten Nachrichten einzudecken. Vor allem, wenn sie *Kritik* an den Bemühungen des Kunden enthalten.

Gehen Sie *taktvoll* vor! Sprechen Sie die Probleme des Kunden in Form von Fragen an (z. B.: „Wie zufrieden sind Sie mit ...?"). Durch „seine" Antworten auf Ihre Fragen erlauben Sie dem Kunden, selbst auf mögliche „Missstände" oder „Fehler" zu kommen und sie „mit seinen eigenen Worten" auszudrücken.

Kunden glauben nicht immer den Worten des Verkäufers, aber sie glauben mit Sicherheit ihren eigenen Antworten auf die Fragen des Verkäufers.

Voraussetzung für die Erlaubnis zu diesen Fragen und die offene Beantwortung durch den Kunden ist Ihre *Glaubwürdigkeit.* Sie erreichen sie, indem Sie durch Ihre Stimme und Sprechweise ausstrahlen, dass Sie wissen, worüber Sie sprechen, und dass Sie wirklich etwas anzubieten haben.

Bereiten Sie diese „Problemfragen" schon im Voraus vor.

Gute Fragen öffnen jeden Kunden!

Gehen Sie davon aus, dass Kunden, die sagen: „Ich habe kein Interesse", normalerweise gerade andere Dinge im Sinn haben. Dass sie aber meistens bereit sind, auf „intelligente" Fragen zu antworten. Mit guten Fragen durchbrechen Sie am leichtesten die **„Mit-anderen-Dingen-beschäftigt-sein-Barriere"**.

Sie formulieren gute Fragen, indem Sie Ihre eigenen Standpunkte einfach in Fragen umwandeln.

Beispiele:

Statt zu sagen: „Wir stellen im Augenblick eine steigende Nachfrage nach größeren Modellen fest", fragen Sie: „Viele unserer Kunden sehen eine steigende Nachfrage nach größeren Modellen. Welches ist Ihre Erfahrung?"

Statt zu behaupten: „In Deutschland werden pro Jahr 15 Milliarden Euro zu viel an überflüssigen Versicherungsprämien gezahlt", fragen Sie: „Was sagen Sie zu der Tatsache, dass in Deutschland pro Jahr 15 Milliarden Euro zu viel an überflüssigen Versicherungsprämien gezahlt werden?"

Stellen Sie dem Kunden anfangs überwiegend offene Fragen! Also Fragen, die er nicht einfach mit Ja oder Nein beantworten kann. Denn es genügt nicht, dass *Sie* die Bedürfnisse des Kunden erkennen. Der Kunde selbst muss sie erkennen!

Stellen Sie diese Fragen im richtigen Ton! Nicht wie ein Staatsanwalt und auch nicht als Kritik oder als Vorwurf, sondern mit dem Ziel, den Kunden selbst auf bestimmte Probleme kommen zu lassen.

Zum Beispiel beim Verkauf einer Rechtsschutzversicherung: „Angenommen, Herr Kunde, jemand wird in einen Verkehrsunfall verwickelt. Der Schaden beläuft sich auf ca. 5.000 Euro und die Schuldfrage ist strittig. Wie hoch schätzen Sie die Gerichtskosten ein, die der Betreffende zahlen muss, wenn er verliert – einschließlich der gegnerischen Anwaltskosten?"

Hätten Sie das Beispiel statt auf „jemanden" auf den Kunden selbst bezogen, hätte er das leicht als (versteckte) Kritik (noch keine Rechtsschutzversicherung zu haben) oder als Vorwurf seiner Unkenntnis (die Gerichtskosten nicht zu kennen) empfinden können.

Fordern Sie den Kunden zur Abgabe eigener Wertschätzungen und Beurteilungen auf.
Zum Beispiel: „Was gefällt Ihnen an diesem Produkt (= Wettbewerbsprodukt) am besten? Gibt es auch etwas, das Ihnen *nicht* gefällt?"

Verwenden Sie keine Suggestivfragen nach der Art: „Aber Sie sind doch an niedrigen Kosten interessiert, nicht wahr?" – Sie wirken beleidigend, weil Sie den Kunden für dumm verkaufen.

Verwenden Sie dafür sehr häufig die hypothetische Frage! Sie beginnen zumeist mit einem „Nehmen wir einmal an ...“ oder „Angenommen ...“ Beispiel:

„Nehmen wir einmal an, Sie könnten mit einem Verfahren produzieren, das die Umrüstzeiten um 20 Prozent senkt. Wären Sie bereit, sich 15 Minuten Zeit zu nehmen, um mehr darüber zu erfahren?“

Ein „Dritter Mann“ überzeugt schneller!

Verwenden Sie bei der Erzählung von Problemen und gut verwirklichten Problemlösungen die „Dritte-Mann-Methode“. Das wirkt – wie bei dem Beispiel mit der Rechtsschutzversicherung – glaubwürdiger als eine Selbstdarstellung.

Erzählen Sie also von einem Kunden, der ähnliche Schwierigkeiten hatte, der mit ähnlichen Folgeerscheinungen zu kämpfen hatte, der anfangs vielleicht auch skeptisch war, der es schließlich doch probierte und heute sich folgender Vorteile erfreut ...

Wenn Sie die Dritte-Mann-Geschichte beendet haben, fragen Sie den Kunden: „Welches Gefühl haben Sie dabei, wenn Sie an dieses Problem denken?“ – *Denken* Sie daran: **Sie brauchen Gefühle, um Handlungen auszulösen!**

Erzählen Sie Ihre Problemlösung als lebendige Geschichte. Jeder hört sich gerne interessante Geschichten an. Sie wirken gerade wegen einer dritten Person neutraler und damit überzeugender. Sie wecken außerdem wesentlich weniger Widerstand. Halten Sie immer Ausschau nach guten „Geschichten aus der Praxis“. Jedes Kundengespräch kann eine neue Quelle dafür sein.

Die verräterischen Signale der Wahrheit

Hinter dem Satz des Kunden: „Ich habe kein Interesse!“ steckt oft die unbewusste Abwehrhaltung, ein Problem nicht sehen bzw. nicht zugeben zu wollen. Oder nicht mehr daran zu glauben, dass es dafür eine Lösung gibt.

Deshalb spürt der gute Verkäufer, dass hinter den oft nichtssagenden Worten des Kunden noch eine andere, eine nicht ausgesprochene Wahrheit steckt und dass es gilt, sie ans Tageslicht zu befördern. **Denn diese unterdrückte Wahrheit ist oft der *Schlüssel* zu den wahren Kundenproblemen und -bedürfnissen.**

Man muss allerdings ein Ohr für solche leisen Hinweise und Anspielungen haben und darf sich nicht im ersten Anlauf von der gleichgültigen oder rauen Abwehrhaltung des Kunden einschüchtern lassen. Solch verräterische Hinweise sind zum Beispiel Worte wie „eigentlich", „im Großen und Ganzen", „eventuell", „an sich", „fast" ...

Wenn Sie den Kunden fragen, ob er mit der Betreuung durch seinen Versicherungsagenten zufrieden sei, und er antwortet: „An sich ja" oder: „Wir können uns eigentlich nicht beklagen", dann wissen Sie genau, dass es entweder bereits ein „Problem" gegeben hat oder dass der Kunde noch gar nicht genau weiß, wie eine wirklich kompetente Beratung und Betreuung aussehen.

Ihre nächste Frage müsste dann lauten: „Und wann waren Sie einmal nicht so zufrieden? ... (Pause) ... Ich frage deshalb, weil unsere Agentur gerade dann, wenn einmal ein Schadensfall eintritt, hundertprozentig für den Kunden da ist. Das schätzen unsere Kunden an uns am allermeisten."

Die Regel lautet:

Gehen Sie gegen die Gleichgültigkeit des Kunden so lange mit Fragen vor, bis ein Problem, ein Bedarf, ein „Schmerz" oder ein Wunsch auftauchen.

Verwenden Sie dazu Fragen wie: „Gibt es etwas, mit dem Sie bei Ihrer gegenwärtigen Arbeit nicht voll zufrieden sind?", „Wäre es für Sie nicht ein Vorteil, wenn ...?", „Wissen Sie, was bei einem unserer Kunden passiert ist, der ...?", „Wie zufrieden sind Sie mit ...?"

Gute Verkäufer sind gute „Übersetzer"

Die „Übersetzungsfähigkeit" des guten Verkäufers liegt darin, die oft allgemeinen Aussagen des Kunden in spezifische Problemstellungen zu übersetzen, mit denen sich der Kunde wirklich identifiziert und für die der Verkäufer dann Problemlösungen anbieten kann.

Dazu ein Beispiel aus der Praxis. Hier fand der Erstkontakt gleich persönlich statt. Aber das Problem der Abwehrhaltung war genau das gleiche.[22)]

Ein Verkäufer von Landmaschinen besuchte einen Bauern und sah, wie er gerade eine Maschine reparierte. Er stellte sich vor. Daraufhin antwortete der Bauer:

„Tut mir Leid. Ich habe keine Zeit, mit Ihnen zu reden. Wie Sie sehen, habe ich alle Hände voll zu tun."

Verkäufer: „Sie haben einen großen Hof. Machen Sie das alles allein?

„Ja."

„Wenn ich mir Ihre Kühe anschaue, dann leben Sie vor allem vom Milchertrag?"

„Ja."

„Und wie kommen Sie mit all den Tieren klar?"

„Das ist ziemlich schwierig. Mein Sohn besucht gerade die Schule, sodass ich dieses Jahr zum ersten Mal allein bin. Man findet ja heutzutage kaum mehr Arbeitskräfte auf dem Land ... So – aber jetzt muss ich weitermachen."

„Wenn ich Sie recht verstehe, dann suchen Sie also nach irgendeinem Weg, die Arbeit besser in den Griff zu bekommen, mit der Zeit auszukommen und trotzdem dieselbe Milchleistung zu erreichen?"

„So ungefähr", stimmte der Bauer zu.

„Gut, dann möchte ich Ihnen jetzt einmal etwas zeigen, von dem mir schon viele Bauern gesagt haben, dass es ihnen geholfen hat, mit der Arbeit besser fertig zu werden."

Und schon war der Verkäufer mitten im Verkaufsgespräch. Sie sehen, das ist das ganze Verkaufsgeheimnis: dem

Kunden zuerst ein Problem bewusst zu machen und ihm dann eine Problemlösung anzubieten.

Schaffen Sie die Priorität für Ihr Angebot!

Viele Kunden tun etwas, das sehr dringlich ist, aber nicht das, was sehr wichtig ist. Auch dabei brauchen sie die Hilfe des Verkäufers.

Auch Sie als Verkäufer werden nur dann zum Erfolg kommen, wenn der Kunde dieses Problem auch als das Problem mit der höchsten *Priorität* sieht. Sonst hat anderes Vorrang.

Helfen Sie dem Kunden dabei, indem Sie ihm klar machen, welche Probleme oder Aufgaben dringlich und welche wichtig sind – und welche er zuerst lösen sollte.

Dazu einige Beispiele:

Der Bauer muss täglich die Kühe versorgen, was sehr dringlich ist, aber ein rationellerer Arbeitsablauf (z. B. durch maschinelle Hilfe) ist für ihn auf Dauer viel wichtiger. Also muss dieses „Problem" sofort angegangen werden – bevor der Bauer aus Überlastung einen Fehler macht.

Helfen Sie also dem Kunden, die Dinge in die richtige Reihenfolge zu bringen, und veranlassen Sie ihn, die *wichtigen* Dinge sofort in Angriff zu nehmen, bevor sie dringlich oder ganz versäumt werden.

8.6 Wie bewegt man den Kunden zum Handeln?

Wenn Sie einem Freund kurz nach einem spannenden Tennisspiel bei einem Glas Bier von einer neuen Kopfschmerztablette erzählen, wird er nur mit dem Kopf nicken und kaum zuhören. Wenn Sie ihm aber den Tipp bei einem Migräneanfall im Büro geben, sieht die Sache ganz anders aus. Genau dasselbe gilt bei Kaltanrufen!

> **Je mehr ein Kunde mit seiner Situation unzufrieden ist, also ein Gefühl des Missbehagens hat, desto stärker ist seine Neigung, zu handeln.**

Der Grad seines Interesses und seiner Handlungsbereitschaft hängt vom *Grad seiner Unzufriedenheit* ab.

Zufriedene Kunden sehen keinen Anlass, zu handeln!

Also müssen Sie bei Kaltanrufen – möglichst schnell – das wichtigste Problem ansprechen und eine mögliche Problemlösung in Aussicht stellen.

Ist der Kunde mit seinem bestehenden Zustand zufrieden, dann muss es Ihr Ziel sein, ihn durch eine noch „bessere Lösung" *unzufrieden* zu machen. Getreu dem Motto: Das Bessere ist der Feind des Guten!

> **Der Erfolg bei der Telefonakquisition hängt also davon ab, dem Kunden möglichst schnell und überzeugend einen Missstand, also eine Unzufriedenheit, b e w u s s t   z u   m a c h e n!**

Gehen Sie nie davon aus, dass der Kunde von sich aus auf solche Probleme oder Missstände kommt. Im Gegenteil: In den meisten Fällen will er sie sogar verdrängen!

Gehen Sie auch nie davon aus, dass der Kunde bei der Vorstellung Ihres Angebotes die einzelnen Vorteile sofort als Lösungsmöglichkeiten für seine Probleme entdeckt. Sie müssen sie ihm erst bewusst machen.

Im Zweifelsfall wird der Kunde eher passiv bleiben als etwas unternehmen!

Erfolgreich verkaufen heißt also, beim Kunden ein so starkes Problembewusstsein zu wecken, dass er lieber handelt, als den bestehenden Zustand weiter zu akzeptieren.

Besonders motivierend sind die Vorstellungen, die mit einem *Gefühl der Bedrohung*, also dem Bewusstsein eines möglichen Verlustes oder einer möglichen Gefahr, verbunden sind.

Gefühle der Bedrohung lösen die stärksten Handlungsimpulse aus!

Erzeugen Sie also solche Gefühle der Bedrohung durch ein Beispiel aus der Praxis, durch einen Bericht aus der Zeitung oder durch die Schilderung einer selbst erlebten Situation.

Besonders wirkungsvoll sind „Probleme", an die der Kunde bisher überhaupt noch nicht gedacht hat.

Fordern Sie dann die Zustimmung des Kunden zu diesen Problemen! Zum Beispiel: „Haben Sie nicht schon selbst ähnliche Fälle erlebt?"

Machen Sie ihm die Folgen möglicher Missstände bewusst! Beispiel: „Haben Sie einmal nachgedacht, was es heißt, wenn bei der Produktion plötzlich Pannen auftreten?"

Sagen Sie ihm dann, dass Sie dafür eine Lösung haben: „Solche Schwierigkeiten können wir bei diesem Angebot ausschließen, weil ..."

Verwenden Sie jedoch diese „Missstände" nie dazu, den Kunden damit anzuklagen!

Gehen Sie genau nach der klassischen Erzählformel vor, die auch jeder einfache Werbespot z. B. bei Schmerzmitteln verfolgt:

1. So sah das Problem aus (Schmerzen, Probleme, Schwierigkeiten ...).
2. So sieht die Lösung (Mittel, Weg, Methode) aus.
3. Und so sieht das Ergebnis jetzt aus (Zufriedenheit, Freude, Gewinn).

Dazu ein konkretes Beispiel bei einem Erstanruf:

„Herr Kunde, wir arbeiten mit vielen Firmen Ihrer Größe zusammen, die sehr erstaunt waren festzustellen, wie viel Geld sie täglich wegen veralteter Verfahrensweisen verlieren. Mein spezieller Grund für den heutigen Anruf ist, Ihre Zustimmung für eine kurze Untersuchung zu bekommen.

Danach können wir Ihnen genau sagen, was wir für Sie tun und in welchem Maße wir Ihre Herstellungskosten reduzieren können."[23)

Beantworten Sie aber keine Detailfragen des Kunden, denn seine Neugierde ist der Hauptgrund, warum er Ihnen überhaupt zuhört. Er ist neugierig, wie Sie sein bestehendes oder drohendes Problem lösen oder vermeiden können.

In dem Augenblick aber, in dem Sie Einzelheiten berichten, vergleicht er sie sofort mit den bisherigen Lösungsansätzen, glaubt sie auch sogleich zu kennen – und die Neugierde ist weg!

Fragen Sie den Kunden bewusst nach mehreren Bereichen ab.

Am besten mit der Frage: „Sind Sie zufrieden mit...?"
Dazu das Beispiel eines Seminarverkäufers:
„Herr Kunde, sind Sie zufrieden mit:

◎ dem Umfang des Neukundengeschäftes Ihrer Verkäufer?
◎ der Stornorate, die Ihre Verkäufer bei Neuabschlüssen erreichen?
◎ der Anzahl der Empfehlungen, die Sie von Ihren Stammkunden erhalten?"

Sprechen Sie ein typisches Problem in Ihrer Branche an
und fragen Sie den Kunden: „Wie stehen Sie dazu? Welches sind Ihre Erfahrungen? Sind Sie mit der gegenwärtigen Situation voll zufrieden? Was machen Sie dagegen? Interessiert es Sie, zu erfahren, was Firmen ähnlicher Größenordnung in dieser Sache getan haben?"

Betonen Sie die Dringlichkeit Ihres Angebotes!

Verzögerungen bedeuten, dass dem Kunden Ihre Vorteile nicht so dringlich erscheinen. Ihre Eröffnung ist nur teilweise wirkungsvoll gewesen. Wenn Sie später nochmals nachstoßen, ist auch das erste Interesse in der Regel völlig verflogen. Es ist kaum mehr zurückzuholen. Machen Sie stattdessen Ihre Eröffnung attraktiver und dringlicher, indem Sie z. B. Preisveränderungen, mögliche Zeit- und Geldverluste, befristete Angebote ... in den Vordergrund stellen.

> **Die betonte Dringlichkeit, die auf Ihren speziellen Kundenvorteilen beruht, unterstreicht in Wirklichkeit Ihren Glauben an das, was Sie verkaufen.**

Minimieren Sie die *Skepsis* der Kunden, indem Sie auf *Superlative und Übertreibungen* („Das ist absolute Spitze!") sowie auf dumme *Täuschungsmanöver* verzichten.

Das beliebteste Täuschungsmanöver lautet:

„Es dauert nur eine Minute!" ... und dann spricht der Verkäufer nach 20 Minuten immer noch. Ergo beginnt der Kunde mit Recht an seiner Glaubwürdigkeit zu zweifeln! Besser: „Herr Kunde, Sie können den Wert meiner Idee in 15 Minuten beurteilen. Dann entscheiden Sie selbst, ob Sie daran interessiert sind und das Gespräch weiter fortsetzen wollen!"

Fragen Sie nach dem Grund seines Desinteresses: „Herr Kunde, Sie haben sicher einen Grund, warum Sie kein Interesse haben. Würden Sie ihn mir bitte sagen?"

Kommen Sie den Skeptikern aber nicht zu schnell mit „knallharten Tatsachen und Beweisen". Das empfinden sie als eine Art Vorwurf gegenüber ihrer misstrauischen Haltung und das verzeihen sie nicht.

Neutralisieren Sie die Skepsis des Kunden lieber mit der *„Fühlen, gedacht, gefunden"*-Methode.[24]

Dazu ein Beispiel:

„Herr Kunde, ich weiß, wie Sie sich jetzt **fühlen**. Viele unserer Kunden haben anfangs das Gleiche **gedacht**, als sie zum ersten Mal von dieser Idee hörten. Aber nachdem sie unser System benutzten, haben sie **festgestellt**, dass ihre Kosten ganz nachhaltig zurückgingen, manchmal um mehr als 30 Prozent. Hier habe ich z. B. einen Brief von der Firma Y, in dem Herr X schreibt, dass ..."[25]

Ein anderes Beispiel, das darüber hinaus auch für die eigene Immunisierung gut ist:

„Es ist für mich nicht überraschend, dies zu hören, Herr Kunde. Viele unserer heutigen Kunden sagten damals das Gleiche, als sie zum ersten Mal davon hörten ... Jetzt, nachdem sie unser System seit Jahren einsetzen und damit eine Kostenreduzierung von ... erreicht haben, sind sie der Meinung, dass ..."[26]

Wenn Sie vom Kunden hören: „Ich kaufe nie am Telefon", können Sie ihn fragen: „Machen Sie niemals eine Ausnahme von dieser Regel?" Und unabhängig von seiner Antwort fahren Sie mit einer „Angenommen-Frage" fort:

„Angenommen, Herr Kunde, wir könnten Ihnen etwas anbieten, das Ihnen Ihre bisherigen Lieferanten nicht bieten können, würden Sie dann gerne mehr darüber erfahren?"[27]

Erwähnen Sie gerade bei Zögerlichen nicht zu viele Produktvorteile. Denn je mehr Produktvorteile Sie nennen, desto mehr kostet es nach Meinung der Kunden.

Der beste Türöffner

Versuchen Sie bei besonders kritischen Kunden einmal den „Türöffner", von dem Lee Boyan – einer der bekanntesten Telefontrainer in den USA – sagte, es sei sein bester und habe ihm selbst dort noch geholfen, wo andere schon versagt hätten:

„Herr Kunde, ich möchte nicht damit beginnen, Ihnen zu sagen, dass Sie genau das brauchen, was ich habe. Das zu entscheiden ist Ihre Angelegenheit. Aber ich garantiere Ihnen, Sie werden durch unser Gespräch so viele nützliche Ideen bekommen, dass es sich für Sie wirklich bezahlt macht, 20 Minuten dafür zu investieren. Können wir das jetzt machen oder würde Ihnen morgen um 9 Uhr besser zusagen?"[28]

9. Effiziente und motivierende Arbeitstechniken am Telefon

9.1 Lassen Sie das Telefon nur fünf Mal läuten!

- Lassen Sie es nicht länger als maximal fünf Mal klingeln. 85 Prozent aller Leute gehen vor dem vierten Klingeln ans Telefon. Wer danach hingeht, ist höchstwahrscheinlich nicht in bester Stimmung oder in großer Aufgeschlossenheit. Mit Sicherheit sind es keine guten Kunden.
- Machen Sie nur bei alten Leuten oder bei Anrufen in Seniorenheimen eine Ausnahme.
- Verzichten Sie auch bei Firmen darauf, nach dem siebten Klingeln noch weiter zu warten. Auch hier verraten die „Umstände" nichts Gutes!

9.2 Warten Sie nicht ewig in der Leitung!

- Gehen Sie aus der Leitung, wenn die Verbindung durch die Telefonistin mehr als 30 Sekunden dauert. Auch in diesem Fall treffen Sie dann den Gesprächspartner – eventuell aus einer Konferenz gerissen – nicht in der richtigen Stimmung an.
- Warten Sie auch nur maximal 30 Sekunden, wenn Sie eine Sekretärin zum Chef durchstellen will und sich „nichts mehr rührt".
- Machen Sie nur bei sehr schwer erreichbaren Personen eine Ausnahme.

9.3 Schreiben Sie keine negativen Bemerkungen auf!

- Verzichten Sie darauf, so demotivierende Bemerkungen wie: „Ist nicht interessant" oder: „Nichts" auf Ihre Telefonliste zu schreiben. Vergeuden Sie damit nicht Ihre Zeit. Außerdem kann sich die Sache drei Monate später wieder ändern.
- Wiederholen Sie die Anrufe je nach Branche nach 30, 45 oder 90 Tagen.
- Schreiben Sie auch bei den positiven Anrufen nur Kurzinformationen auf. Ausführliche Texte wie Briefe, Angebote oder spezielle Kundenaussagen sollten Sie immer erst nach Ihrer Telefonaktion in Ruhe schreiben. **Viel wichtiger ist es, *im Rhythmus* zu bleiben!**
- Schreiben Sie auch nie auf, wann Sie den Kunden wieder zurückrufen könnten. Rufen Sie einfach beim zweiten Durchgang Ihrer Adressenliste wieder an. Es ist wesentlich einfacher.
- Führen Sie keine unterschiedlichen Listen. Zum Beispiel eine gute und eine schlechte. Sonst spalten Sie Ihre Motivation. Wer ruft schon gerne eine Negativliste an?

9.4 Verzichten Sie auf das Angebot von Rückrufen!

- Wenn der Kunde nicht da ist, fragen Sie die Sekretärin nur unter ganz bestimmten Umständen, wann Sie ihn wieder zurückrufen oder um welche Zeit Sie ihn erreichen können. Im Normalfall rufen Sie einfach wieder an.
- Fragen Sie höchstens bei Kunden, die schon in der „Entscheidungsphase" sind, wann die günstigsten Anrufzeiten sind.
- Wenn Sie all die verschiedenen Rückrufzeiten aufschreiben, dann kostet Sie das nicht nur viel Zeit, sondern macht Sie auch nervös. Beides schadet Ihrer Motivation.

- Außerdem sind solche Informationen meistens wertlos.
- Lassen Sie lieber völlig aussichtslose Kunden einfach „sausen" und telefonieren Sie in Ihrem Rhythmus weiter. Das motiviert Sie viel mehr, als diesem einzelnen Kunden nachzujagen, und ist auf Dauer auch viel erfolgreicher.
- Denken Sie in diesem Fall an Ihre „Es-macht-mir-nichts-aus"-Haltung!

9.5 Hinterlassen Sie keine Nachrichten!

- Hinterlassen Sie bei fremden Kunden auch keine Nachrichten. Sie sind in der Regel völlig nutzlos und belasten in Wirklichkeit nur Ihre Motivation. Denn sie sind eine „weitere Enttäuschung". Außerdem kostet Ihre Erklärung gegenüber der Sekretärin Zeit und Geld.

9.6 Bitten Sie auch nicht um Rückrufe!

- Hinterlassen Sie bei völlig fremden Kunden auch keine Bitten um Rückrufe. Das ist meist vergebliche Liebesmüh.
- Sie bewirken in der Regel nur Ihre eigene Demotivation, denn sie bedeuten Hoffnungen, die nicht erfüllt werden.
- Außerdem blockieren sie Ihre Anrufzeit, weil Sie ja auf die hereinkommenden Gespräche Rücksicht nehmen müssen.

9.7 Hängen Sie den Hörer nicht ein!

- Legen Sie den Hörer in der Stunde, in der Sie Ihre Anrufe machen, nicht aus der Hand. So zwingen Sie sich, auch nach Misserfolgen sofort weiterzutelefonieren. Auf diese Weise vermeiden Sie auch die beliebten „Kaffee- und Zigarettenpausen" nach Misserfolgen.[29]

- Beschränken Sie deshalb auch alle Notizen auf Kürzel und Symbole und bearbeiten Sie Ihre Unterlagen erst nach Ihrer Telefonaktion. Machen Sie während der Telefonzeit auch keinen Brief fertig, den Sie versprochen haben. Auch er ist nichts anderes als eine Unterbrechung Ihres Rhythmus und eine unnötige Ablenkung.
- Entwickeln Sie ein Gefühl für Schnelligkeit und Qualität. Also für die Fähigkeit, z. B. in einer Stunde 20 oder 30 Anrufe ohne Pause durchführen zu können.

Zweiter Teil

Effektive Strategien zur Neukundengewinnung

Drei wichtige Trends bei der Neukundenakquisition

Bevor wir uns die einzelnen Strategien vornehmen, sollten wir uns zuerst noch drei wichtige Trends im Verkauf anschauen. Sie müssen wir kennen, wenn wir die Kunden richtig verstehen und Erfolg versprechend überzeugen wollen.

Denn nichts kann einen Verkäufer so schnell demotivieren, als wenn er *gegen* die, statt *mit* der herrschenden Zeitströmung vorgeht.

Trend Nr. 1: Das Produkt selbst tritt immer mehr in den Hintergrund!

Eines der größten Verkaufsprobleme in der heutigen Zeit offenbarte eine Umfrage von General Motors bei den Käufern ihrer Automobile. Man wollte wissen: „Warum kaufen Sie unsere Autos?" Und: „Weshalb bleiben Sie unserer Marke treu?"

Die Ergebnisse dieser Umfrage waren für die Manager so schockierend, dass sie sogleich in einer Schublade verschwanden. Der Grund: An erster Stelle in der Gunst der Käufer stand die **Telefonistin**. An zweiter Stelle der **Kundendienstleiter** und an dritter Stelle die **Dame an der Kasse**.[30]

Vom Produkt war weit und breit keine Spur! Auch die Qualität wurde mit keinem einzigen Wort erwähnt. Die einfache Erklärung:

Die Produkte werden immer austauschbarer und auswechselbarer!

Es gibt kaum noch echte Unterscheidungsmöglichkeiten. Und das frühere Erfolgskriterium „Qualität" wird heute als Selbstverständlichkeit vorausgesetzt. Das Produkt stellt also nur noch *eine* der Basisvoraussetzungen dar, aber nicht mehr die wichtigste und die entscheidende!

Worauf kommt es also heute dem Kunden an?

Im Konsumbereich ist es vor allem der „Kick", also der **Erlebniswert** eines Produktes, den der Kunde sucht.

Der Kunde fragt also nicht mehr so sehr danach: „Was ist das für ein Produkt?", sondern: „Was tut das Produkt für mich?" Und: „Wie steigert dieses Produkt meine Lebensqualität oder mein Lebensgefühl?"

Als man vor einiger Zeit den Chefkoch eines Spitzenrestaurants nach dem Hit auf seiner Vorspeisenkarte fragte, da sagte er: „Carpaccio von Täubchen!"[31] Da ist also am Täubchen schon nicht viel dran, und dann schneidet man es noch in hauchdünne Scheiben. Bezahlt wird in diesem Fall also wahrlich nicht die Befriedigung des Hungers, sondern einzig und allein der Erlebniswert: das stilvolle Ambiente, der exzellente Service oder der extravagante Gaumenkitzel. Kurzum: ein gesteigertes Lebensgefühl.

Wer künftig Konsumgüter erfolgreich verkaufen will, der wird immer weniger über das Produkt (also über seine technischen und qualitativen Vorzüge) und dafür immer mehr über seinen Erlebniswert sprechen müssen. Und sollte das Produkt – zum Beispiel eine Lebensversicherung – vom Erlebnisgefühl her nicht so viel hergeben, dann muss der Kontakt mit dem Berater selbst für den Kunden zum Erlebniswert werden. Warum?

> **Der Kunde möchte im Gespräch mit dem Berater nicht nur neue Informationen, sondern auch eine Bestätigung und Aufwertung seiner Persönlichkeit erfahren!**

Im Investitionsgüterbereich spielt dagegen die persönliche, emotionale Beziehung zwischen Kunde und Verkäufer die absolut dominierende Rolle.

Auch hier legt der Kunde – neben den technischen und qualitativen Vorteilen – ganz besonderen Wert darauf, im Gespräch mit dem Verkäufer Fairness, Vertrauen, Respekt, Offenheit, Hilfe, Verständnis, Interesse und Engagement zu erfahren. In dieser emotionalen Beziehung liegt auch für viele Verkäufer die einzige Chance, durch ihren persönlichen Einsatz eine echte Produktdifferenzierung zu schaffen und vernünftige Erträge zu sichern. Auch hier spielt also das „Menschliche" die Hauptrolle. Welche Schlussfolgerung können wir daraus ziehen? Nie zuvor war die Persönlichkeit des Verkäufers so gefragt wie heute! Ihr kommt in Zukunft die Priorität Nr. 1 zu. Das bedeutet:

> **Die fehlenden Unterscheidungsmerkmale des Produktes muss der Verkäufer heute durch seine Persönlichkeitseigenschaften ausgleichen!**

Das heißt auch: Der Verkäufer wird zum Kommunikationsexperten werden müssen, zum Berater und Begleiter des Kunden auf dem Weg zur Kaufentscheidung, zum Sprecher und Zuhörer in einem permanenten Kommunikationsprozess.

All das – und damit komme ich zum Wichtigsten – braucht Zeit! Denn nur mit der Zeit entsteht das Vertrauen – die Grundlage für diese persönliche, emotionale Kundenbeziehung.

Vorbei sind damit in vielen Branchen auch die schnellen Abschlüsse nach dem Motto: Anhauen – Umhauen – Abhauen! Denn ohne gute emotionale Beziehungen wird es künftig keine guten Geschäfte mehr geben. Dazu trägt auch der nächste Trend bei.

Trend Nr. 2: Der Kunde mag keine Eindringlinge!

In der Trendforschung spricht man von dem Begriff „Cocooning", was so viel bedeutet, wie sich in seinem Haus einigeln zu wollen.[32] Der Kunde legt also in Zukunft mehr denn je Wert auf seine Privatsphäre.

Er will sich gegenüber den Außeneinflüssen abschirmen.

Er möchte nicht gestört werden. Und daher empfindet er jede unangemeldete Störung – wie das Klingeln an der Haustür oder das Läuten des Telefons – als Belästigung, die eine sofortige Abwehrhaltung provoziert.

Verkäufer im Direktvertrieb haben es daher in Zukunft noch schwerer: Vor allem dann, wenn ihr Produkt im Bewusstsein des Kunden noch keinen Namen hat. Dann blockt der Kunde ganz schnell ab!

Firmen wie Vorwerk, die sich über Jahrzehnte einen guten, bekannten Namen geschaffen haben, haben es hier wesentlich leichter. Verkäufer, die nicht mit Mondscheinquoten, also mit hundertmal Klingeln pro Abschluss, arbeiten wollen, müssen künftig den Kunden auf ihr Erscheinen in irgendeiner Weise vorbereiten. Zum Beispiel durch Werbekarten mit Gewinnchancen.

> **Höflichkeit, Freundlichkeit, Geduld und realistische Ziele sind daher die einzigen Chancen für positive Erstkundenkontakte.**

Darauf baut auch der nächste Trend auf.

Trend Nr. 3: Der Kunde mag keinen Druck zu Sofortentscheidungen!

Wenn ein unbekannter Verkäufer einen neuen Kunden anruft und sofort auf einen Termin oder gar auf einen Abschluss drängt, dann empfindet der Kunde genau das Gegenteil von einem „Erlebnis": Er fühlt sich unter Druck gesetzt!

In Verbindung mit seinem Wunsch nach Entscheidungsfreiheit und Unabhängigkeit empfindet er diesen Druck geradezu als eine Bedrohung.

Dieses Gefühl löst im Kunden nicht nur eine tiefe Verunsicherung, sondern in der Regel auch einen sofortigen Abwehrreflex aus. Er wird dem Verkäufer selbst dann den Weg weisen, wenn der ein für ihn interessantes Angebot hätte.

Intelligente Verkäufer wissen das! Und deshalb setzen sie sich anfangs wesentlich bescheidenere, aber dafür realistischere Ziele. Sie stellen sich zu Beginn nur vor, qualifizieren den Kunden und bitten dann um die Erlaubnis, ihm eine Information zusenden zu dürfen.

Damit machen sie natürlich noch keinen Auftrag, aber sie bleiben im Spiel! Und das ist am Anfang die Hauptsache!

Verkäufer haben heute nur dann eine Chance, das Interesse eines neuen Kunden zu gewinnen, wenn sie eine ganz wichtige Regel beachten. Und die lautet:

Der Anruf oder Besuch eines Verkäufers darf weder für das Ego noch für die Brieftasche oder die Zeit des Kunden eine Bedrohung darstellen.

Welches Fazit können wir aus diesen drei aktuellen Verkaufstrends ziehen?

◉ Je mehr sich die Produkte gleichen, desto mehr kommt es auf Ihre gute emotionale und vertrauensvolle Beziehung zu dem Kunden an!

◉ Je realistischer Sie bei einem Erstkundenkontakt Ihre Ziele setzen, desto größer sind Ihre Chancen, in Kontakt mit dem Kunden zu kommen.

◉ Je weniger Sie am Anfang auf schnelle Geschäfte drängen, desto größere Geschäfte werden Sie langfristig mit ihm machen.

Sehen wir uns jetzt die einzelnen Strategien für die Neukundenakquisition an. Sie wurden für die Finanzberater (Financial Consultants) einer großen deutschen Anlageberatungsgesellschaft (ABC-Organisation) entwickelt, die die Aufgabe hatten, neue Kunden zu akquirieren und diese dann bei ihren künftigen Anlageentscheidungen und Vermögensdispositionen zu beraten und zu betreuen.

Alle Strategien wurden aus der Praxis und für die Praxis entwickelt und haben sich hervorragend bewährt. Sie sind der Beweis dafür, dass solche Strategien – mit leichten Veränderungen – auch von Verkäufern anderer Branchen mit Erfolg eingesetzt werden können.

1. Die Mailingstrategie – Kundengewinnung per Post

Je hochwertiger, hochpreisiger und erklärungsbedürftiger Ihr Produkt ist, desto entscheidender ist auch der Stil, mit dem Sie neue Kunden ansprechen. Deshalb ist der Brief in vielen Fällen für die Kontaktaufnahme unverzichtbar. Darüber hinaus hat der Brief eine wichtige Aufgabe: Er soll das kommende Telefongespräch verkaufen! Das heißt: Der Brief muss einen so interessanten Punkt enthalten, dass der Kunde gerne mehr darüber erfahren möchte. Ferner gilt bei der heutigen Informationsflut:

Je kürzer und klarer der Brief ist, desto eher wird er zumindest „überflogen".

Bevor Sie jedoch 1.000 Briefe auf einmal drucken und rausschicken, rate ich Ihnen: Testen Sie Ihren Brief. Legen Sie ihn Bekannten oder entsprechenden Zielpersonen vor und fragen Sie sie nach ihrer Meinung. Schicken Sie zuerst nur einige Briefe raus und werten Sie dann die Ergebnisse aus.

Kein Briefschreiber der Welt – und sei es der begabteste – kann auf Anhieb den durchschlagenden Brief schreiben. Er kann einmal Glück haben. Aber 99-mal muss auch er testen!

1.1 Drei Musterbriefe an neue Kunden

Hier sind nun einige Entwürfe, die die Finanzberater für ihre Neukundenakquisition verwenden. Mit leichten Veränderungen können sie auch anderen Verkäufern als Vorlage für ihre Entwürfe dienen.

1. Schreiben an einen neuen Interessenten

Sehr geehrter Herr Kunde,
sind Sie mit dem Service und der Betreuung Ihrer Bank zufrieden oder erwarten Sie von einer guten Bank mehr? Wir von der ABC-Organisation wollen anspruchsvollen Privatkunden im Bereich der Vermögensbetreuung wesentlich mehr bieten.
Bitte überzeugen Sie sich durch den beiliegenden **Leistungskatalog** selbst von den außergewöhnlichen Vorteilen unseres Konzeptes.
Sollten Sie an näheren Informationen über dieses Konzept oder über unser (in Deutschland einmaliges) ALPHA-Konto interessiert sein, stehe ich Ihnen unter der Rufnummer ... gerne für ein persönliches Gespräch zur Verfügung.
Mit freundlichen Grüßen
Fritz Reichmann
Financial Consultant
Anlage: Leistungskatalog der ABC-Organisation: „Welche Vorteile bietet Ihnen die Zusammenarbeit mit der ABC-Organisation?"

Angenommen, der Interessent reagiert auf dieses Schreiben nicht, sollten Sie es bei einem hochwertigen Angebot auf jeden Fall mit einem zweiten Schreiben versuchen. Die Gefahr, dass ein einmaliges Schreiben zwar ein grundsätzliches Interesse geweckt hat, aber aufgrund des turbulenten Tagesgeschäftes einfach vergessen wurde, ist riesengroß.

Versuchen Sie es deshalb ein zweites Mal! Auch dazu biete ich Ihnen eine Vorlage:

2. Schreiben an einen neuen Interessenten

Sehr geehrter Herr Kunde,
der Kunde der ABC-Organisation hat einen großen Vorteil: Er muss nicht auf den Berater zugehen, sondern der Berater – in diesem Fall der Financial Consultant – kommt auf ihn zu.
Aus diesem Grund wollen wir Sie heute an unser erstes Schreiben mit dem **Leistungskatalog** erinnern. Es ging darum, dass Sie selbst prüften: „Welche Vorteile bietet mir das Konzept der ABC-Organisation?"
Falls Sie dafür noch keine Zeit hatten, legen wir Ihnen diese Übersicht nochmals zu Ihrer persönlichen Information bei.
Kernstück der Zusammenarbeit mit unseren Kunden ist das – in Deutschland bisher einmalige – ALPHA-Konto.
Seine einzigartigen Vorteile sollten Sie davon überzeugen, dass es sich lohnt, dieses Konto in einem persönlichen Gespräch näher kennen zu lernen.
Unter der Rufnummer ... stehe ich Ihnen auch nach den üblichen Banköffnungszeiten gerne für weitere Auskünfte zur Verfügung.
Mit freundlichen Grüßen
Fritz Reichmann
Financial Consultant
Anlage: „Das ALPHA-Konto – Welche außergewöhnlichen Vorteile bietet Ihnen unser ALPHA-Konto?"

Spätestens nach diesem Brief sollten Sie den Kunden anrufen, um sein Interesse, seinen Bedarf, sein Vermögen und seine Entscheidungskompetenz zu qualifizieren.

Einzelheiten dazu haben wir bereits im Kapitel „Neukundengewinnung per Telefon" besprochen.

Auch den folgenden Brief können Sie wiederum für eine gezielte Nachfassaktion verwenden. Aber Vorsicht! Er ist wesentlich persönlicher gehalten als die anderen und daher nicht für jeden Kunden verwendbar. Aber manchmal muss man eben auch etwas „aus der Reihe tanzen", um Erfolg zu haben. Er ist jedenfalls der „letzte Versuch".

---

3. Schreiben an einen neuen Interessenten

Sehr geehrter Herr Kunde,
haben Sie schon einmal einen Stein in den Abgrund geworfen und auf den Klang des Aufpralls gewartet? Wenn Sie überhaupt nichts hörten, dann war doch Ihre Neugierde geweckt, nicht wahr, und Sie hätten gerne gewusst, wie tief der Abgrund wohl sei?

Wir sind heute in der gleichen Lage ... mit dem Unterschied, dass der Stein, den wir geworfen haben, ein **Muster unseres ALPHA-Kontos** war. Wir schickten es am ... und hörten seitdem nichts mehr.

Genauer gesagt wurde Ihnen diese Information auf Ihren eigenen Wunsch hin zugesandt und wir stehen vor einem Rätsel, warum wir seitdem nichts mehr von Ihnen hörten.

Wir bitten Sie, das beigefügte Muster noch einmal durchzulesen, ohne dabei zu vergessen, dass wir an anspruchsvolle Kunden wie Sie dachten, als wir dieses Konzept entwickelten. Ein zweiter Stein ist nun in Ihre Richtung geflogen, sehr geehrter Herr ..., und ich werde von jetzt an gespannt auf

---

das Echo lauschen. Wann darf ich mit Ihrem An-
ruf rechnen?
Mit freundlichen Grüßen
Fritz Reichmann
Financial Consultant
P.S.: Wir sind auch spätabends, nach den üblichen
Banköffnungszeiten, für Sie unter der Rufnum-
mer ... erreichbar.
P.S.: Haben Sie schon einmal daran gedacht, die
Zinsen von Termingeldern steuerfrei vereinnah-
men zu können, was bei der gegenwärtigen Ver-
zinsung einer Bruttorendite von 13,5 Prozent ent-
spricht? Sprechen Sie mit uns darüber!
Anlage: Muster eines ALPHA-Kontos

Ich hoffe, Sie haben erkannt, dass Sie diese verschiedenen
Briefmuster mit ein paar leichten Änderungen beinahe für
jedes Angebot verwenden können. Egal ob es sich um
Kapitalanlagen oder um Ingenieurleistungen handelt.

Da die meisten Kunden die gleichen Motive haben –
das Bedürfnis nach Sicherheit, das Streben nach Gewinn
und den Wunsch nach Anerkennung –, können sie auch immer wieder mit bestimmten Aussagen erfolgreich angesprochen werden.

Der Erfolg Ihrer Mailingstrategie lässt sich noch steigern,
wenn Sie sich zuvor die folgenden Tipps aus der Praxis
durchlesen. Sie gelten als die wichtigsten Grundregeln für erfolgreiche Briefaktionen!

1.2 25 Tipps, wie Sie Ihre Mailingaktionen erfolgreicher gestalten können

1. Bieten Sie immer nur **ein Angebot** oder **einen Vorschlag** an.
2. Verwenden Sie nach Möglichkeit einen **Bestellschein** oder eine **Antwortkarte**, am besten mit dem Vermerk: „Porto zahlt Empfänger". Sie gehören je nach Angebot zum wichtigsten Bestandteil eines Mailings.
3. Motivieren Sie den Leser durch aussagekräftige und provozierende **Überschriften** dazu, auch den Begleittext zu lesen. Beispiel: „Reicht heute eine Stunde Nachdenken für gute Anlageentscheidungen?"
4. Entwerfen Sie die **Überschrift** jedoch erst nach der Fertigstellung des Anschreibens. Häufig eignet sich eine Kernaussage des Werbebriefes als Schlagzeile.
5. Wählen Sie für Ihre Überschrift eine **unverwechselbare Aussage**. Überschriften, die sich zum Anpreisen von Kapitalanlagen und Autos gleichermaßen eignen, sind werbeunwirksam.
6. Versuchen Sie es (gelegentlich) auch mit **witzigen oder provozierenden Formulierungen**. Beispiel: „Pfeifen Sie auch auf den besten Anlageberater der Welt, wenn Sie ihn nie erreichen können?"
7. Formulieren Sie die Überschrift (auch) als Frage. Beispiel: „Warum verschenken wir bei der ABC-Organisation die Eurocard Gold?"
8. Sprechen Sie den Leser im Anschreiben und im Brief **persönlich** an. Beispiel: „Bei diesem Konzept haben wir an so anspruchsvolle Kunden wie Sie, Herr Mustermann, gedacht ..."
9. Versprechen Sie dem Leser einen **persönlichen Nutzen** von Ihrem Angebot. Beispiel: „Den Berater der ABC-Organisation erreichen Sie selbst dann noch, wenn alle Bankschalter bereits geschlossen sind."

10. Erleichtern Sie dem Empfänger das Lesen, indem Sie keine Schriftgröße verwenden, die kleiner als **acht Punkt** ist.
11. Verwenden Sie eher **Fotos** als Zeichnungen. Erläutern Sie Bilder und Grafiken durch eine **Überschrift**.
12. Verwenden Sie **Zahlen**. Damit gewinnen Sie immer Aufmerksamkeit. Beispiel: „Wussten Sie, dass Sie die Zinsen von Termingeldern auch steuerfrei vereinnahmen können, was einer Bruttorendite von 11 Prozent entspricht?"
13. Verzichten Sie auf humoristische Einlagen. Damit werden sehr selten neue Kunden gewonnen. Und schon gar nicht bei schwer wiegenden Kaufentscheidungen.
14. Sprechen Sie bei Firmenkunden eher das **Gewinnmotiv** und bei Privatkunden eher das **Kostenmotiv** an, denn Firmenkunden sind gewinnorientierter als Privatkunden.
15. Verwenden Sie **prominente Namen**. Sie sollen die Rücklaufquote um 25 Prozent steigern.
16. Zitieren Sie aus dem **Dankesbrief** eines zufriedenen Kunden.
17. Prüfen Sie vor der Herstellung eines Mailings alle **Postbestimmungen**. Die Einhaltung der Abmessungs- und Gewichtsgrenzen erspart Ihnen Ärger und Kosten.
18. Erhöhen Sie den **Aufmerksamkeitswert** Ihrer Aussendung. C-4-Umschläge werden um bis zu 30 Prozent häufiger geöffnet als normale Lang-DIN-Kuverts.
19. Verwenden Sie **adressierte Rückumschläge**. Sie steigern die Rücklaufquote.
20. Wenn Sie zwei, drei oder vier Werbebriefe nacheinander versenden wollen, sollten Sie sie als **einheitliche Briefserie** gestalten. Dadurch werden sie wirkungsvoller.
21. Reagieren Sie auf eingehende Kundenantworten möglichst **umgehend**. Dadurch schaffen Sie Vertrauen.

22. Schicken Sie nur so viele Briefe ab, wie Sie in den nächsten drei oder vier Tagen **nachtelefonieren** können. Nach zwei Wochen hat der Kunde Ihren Brief bereits vergessen!
23. Lassen Sie zwischen dem ersten und zweiten Brief ca. **14 Tage** vergehen.
24. **Testen** Sie Ihren Brief zuerst mit 20 Aussendungen. Warten Sie die Reaktion ab und fragen Sie dann die Kunden telefonisch nach ihren Eindrücken.
25. Zeigen Sie auch „**Probekunden**" im direkten Gespräch Ihren Brief und fragen Sie sie nach ihren Eindrücken.

Im Gespräch mit dem alten Rockefeller sagte einmal ein Bekannter zu ihm: „Werbung taugt nichts! 50 Prozent der Kosten sind rausgeschmissenes Geld!" Darauf antwortete Rockefeller: „Sie mögen Recht haben. Wenn ich nur wüsste, welche 50 Prozent zum Fenster rausgeschmissen sind!"

Was wollte Rockefeller damit sagen? – Dass eine gute Werbung mit einer hohen Rücklauf- oder Kaufquote ebenso vom Zufall wie von der statistischen Wahrscheinlichkeit abhängt.

Das heißt für uns: Wir können vorher – selbst wenn wir noch so viele Tests machen – nie hundertprozentig genau wissen, ob eine Briefaktion sich rechnet. Aber es gibt bestimmte Regeln, mit denen wir wenigstens eine 50-prozentige Chance erreichen.

Natürlich heißt 50-Prozent-Chance nicht 50 Prozent Rückläufe. Bei guten Stammkunden können Sie mit einer Rücklaufquote von einem bis zehn Prozent und mehr rechnen, während Sie bei neuen Kunden schon mit einer Rücklaufquote von einem bis drei Promille zufrieden sein müssen!

Gehen wir also über die bereits genannten 25 Tipps noch einen Schritt weiter und fragen uns: Was können wir tun, um unsere Mailingaktion noch erfolgreicher zu machen?[33]

1.3 Zwölf gute Tipps für erfolgreiche Werbebriefe

1. **Die Entscheidung fällt innerhalb 20 Sekunden!** In diesen 20 Sekunden müssen Sie die Aufmerksamkeit und das Interesse des Kunden erreichen, sonst fliegt der Brief in den Papierkorb.
2. **Der Leser sucht als Erstes einen persönlichen Vorteil.** In diesen 20 Sekunden überfliegt er ein Bild, die Schlagzeile, den Firmennamen, „seine" (hoffentlich richtige) Adresse und Ihre Unterschrift bzw. Ihren Namen (mit dem maschinengeschriebenen Vor- und Zunamen, damit er weiß, ob es sich um einen Herrn oder eine Dame handelt). Und nur, wenn er einen persönlichen Vorteil erkennt, liest er weiter.
3. **Der Leser liest zuerst das Auffällige.** Im zweiten Lesedurchgang liest er die Bildunterschriften, die Zwischenschlagzeilen, die Unterstreichungen, die fetten Hervorhebungen und das PS.
4. **Die größten Lesechancen bieten menschliche Grundbedürfnisse.** Diese vier Grundbedürfnisse lassen sich leicht merken. Im Englischen beginnen sie alle mit P: wie Pride (Stolz), Profit (Gewinn), Pleasure (Vergnügen) und Peace (Friede).

Das heißt: Den Leser interessiert vor allem, was ihm:

- mehr Stolz (Anerkennung, Bewunderung),
- mehr Vergnügen (Freude, Bequemlichkeit),
- mehr Gewinn (Wohlstand, Kostenersparnis),
- mehr Frieden (Sicherheit, Sorglosigkeit)

verspricht.

Wenn Sie dann diese Bedürfnisse auch noch mit Eigenschaftswörtern wie „bewundernd", „anerkennend", „glücklich", „schön", „gewinnend", „bequem", „einfach",

171

„ertragreich", „kostenlos" und „beruhigend" ausschmücken, haben Sie den Leser schon halb gewonnen.

5. **Der Leser möchte sofort wissen, ob es für ihn interessant ist.** Das heißt: Er möchte auf einen Blick erfassen, von wem das Angebot kommt, was es überhaupt ist und ob es für ihn interessant ist. Beispiel: „Kapitalanleger aufgepasst: So umgehen Sie die Zinsabschlagsteuer!" Gleichzeitig decken Sie mit dieser Überschrift auch das Motiv „Profit" ab. Wichtig ist dabei auch die Sie-Anrede.

6. **Der Leser möchte etwas Sensationelles, zumindest ganz Neues entdecken!** Heben Sie ganz stark heraus, was bei Ihrem Angebot neu oder einzigartig ist.
Beispiel: „Kennen Sie ein Konto, das sich mit 4 Prozent verzinst und doch täglich kündbar ist? – Wir haben es!"
Damit beantworten Sie dem Leser auch die Frage, warum er ausgerechnet zu Ihnen kommen soll.

7. **Der Leser sucht eine Absicherung.** Je sensationeller etwas klingt, desto mehr ist seine Neugierde, aber auch seine Skepsis geweckt. Der Leser fühlt sich beruhigt, wenn er erfährt, dass das auch schon andere gekauft haben. Beispiel: „Lesen Sie hier, warum wir das neue Swatch-Auto bereits 30.000 Mal verkauft haben, bevor wir es produziert hatten."

8. **Fehlende Preisangaben schaffen Unsicherheit.** Der Leser möchte wissen: Was kostet das? Kann ich mir das leisten? Beispiel: „Für weniger als 15 Euro pro Monat steht Ihnen ein ganzer Stab von Finanzexperten zur Verfügung."

9. **Der Leser will jetzt wissen, was er tun soll.** Er möchte wissen, ob er nun weitere Unterlagen anfordern soll. Ob er das Produkt irgendwo besichtigen kann. Wer ihm wo und wann weitere Auskünfte geben kann. Briefe an Ärzte erzielten den doppelten Rücklauf, als auf der Antwortkarte der Zusatz stand: „Lieber Arzt. Bitte füllen Sie diese Karte jetzt gleich aus. Frankieren Sie sie mit 45 Cent und bringen Sie sie noch heute zur Post." Erst dieser Zusatz löste den Motivationsschub aus, auch wirklich etwas zu tun.

10. **Formulieren Sie so einfach wie möglich.** Die Leserenergie ist bei Werbebriefen minimal. Ein unverständliches Wort, und der Leser „steigt aus"! Dazu der bekannte Experte Professor Vögele: „Werbung an promovierte Akademiker muss für das Verständnis von Studenten im ersten Semester, Werbung an Handwerker für das Verständnis ihrer Auszubildenden im ersten Lehrjahr und Werbung an die große Masse für das Verständnis von Zwölfjährigen getextet werden." Warum? Weil die Leute so dumm sind? Nein, weil sie nicht die mindeste Energie darauf verwenden, etwas zu verstehen, was ihnen nicht sofort einleuchtet.

11. **Verwenden Sie auch Dialoge!** Was meine ich damit? Streuen Sie zwischendurch immer wieder Fragen ein wie z. B.: „Ist Ihnen das auch schon mal passiert, Herr Kunde?" Oder: „Haben Sie schon die gleiche Erfahrung gemacht?" Dadurch wird der Text lebendiger und der Leser fühlt sich persönlich angesprochen.

12. **Beachten Sie Verstärker und Filter!** Verstärker sind positive Wörter, die beim Lesen eine angenehme Assoziation auslösen. Dazu gehören:

☺ alle Wörter, die mit einem der vier Grundbedürfnisse zu tun haben, wie: stolz, schön, staunen, bewundern/freundlich, vergnüglich, freuen, Spaß haben/ profitabel, ertragreich, dynamisch, sparen, profitieren/sicher, einfach, ruhig, bequem, gelassen, friedlich, Sicherheit, Friede ... sowie

☺ alle persönlichen Anreden wie: „Ihr Erfolg", „Ihre Freude", „Ihr Vorteil"...

Filter sind dagegen negativ klingende Wörter, die beim Kunden unangenehme Assoziationen auslösen, wie z. B.: gefährlich, kompliziert, müssen, Misserfolg, Krankheit, Tod, zahlen, Kosten, Rechnung, Vertrag, unterschreiben, Frist ...

Die Formel für den Werbeerfolg lautet daher: **Werbeerfolg ist gleich Verstärker minus Filter!**

Um Ihnen die praktische Umsetzung dieser psychologischen Empfehlungen so leicht wie möglich zu machen, fasse ich sie hier noch einmal kurz zusammen. Damit können Sie Ihren nächsten Werbebrief wie mit einer Checkliste auf seine optimalen Erfolgsaussichten hin überprüfen:[34]

1.4 Checkliste: Worauf Sie beim Texten von Werbebriefen achten sollten

1. Kann der Leser in **20 Sekunden** etwas Interessantes entdecken?
2. Findet er sofort einen **persönlichen Vorteil?**
3. Sprechen Sie mit der **Schlagzeile** bereits ein Grundbedürfnis an?
4. Erkennt der Leser bereits in der Schlagzeile oder in den ersten drei Zeilen, ob das Angebot **für ihn infrage** kommt?
5. Haben Sie etwas **Sensationelles**, Einmaliges oder Einzigartiges herausgestellt?
6. Führen Sie **Beweise** oder **Referenzen** für Ihre einzigartigen Vorteile an?
7. Weiß der Leser, ob er sich Ihr Angebot **leisten** kann?
8. Haben Sie den Leser zu einer bestimmten Handlung **aufgefordert?**
9. Ist der Text so klar und einfach, dass er ohne jede Mühe gelesen und **verstanden** werden kann?
10. Haben Sie Ihren Brief auch **getestet?**
11. Verwenden Sie auch **Fragen oder Dialoge**, um den Text aufzulockern und persönlicher zu machen?
12. Ist der Text so positiv formuliert, dass der Leser die **Chance** zur Erfüllung seiner Grundbedürfnisse erkennt?

Zum Abschluss möchte ich Ihnen noch ein komplettes Beispiel vorstellen, das genau diese zwölf Punkte erfüllt. Es stammt aus dem für junge Unternehmer sehr lesenswerten Buch „Groß-Erfolg im Kleinbetrieb" von dem Schweizer Hans-Peter Zimmermann.[35)]

Wie Sie ein Stück Natur in Ihre Wohnung zaubern

Sehr geehrter Kunde!
Lesen Sie hier, warum immer mehr Leute ihren eigenen aquatuff-Zimmerbrunnen möchten.
Die Antwort ist einfach: Weil aquatuff die beste Möglichkeit ist, in Ihrem Wohn- oder Arbeitsraum ein *gesundes und natürliches* Klima zu schaffen. Ein Klima, in dem sich Pflanzen, Haustiere und Menschen wohl fühlen.
aquatuff ist ein poröser Tuffstein, an einem Bächlein in der freien Natur in Jahrhunderten zu dem gewachsen, was er heute ist. aquatuff wird einfach in ein Pflanzengefäß gestellt und mit der mitgelieferten Pumpe regelmässig mit Wasser berieselt. Für weniger als 5 Rappen Strom am Tag haben Sie den natürlichsten, besten und *sparsamsten Luftbefeuchter.*
Übrigens ... Ihre Freunde werden staunen: Mit seinem sanften Plätschern zaubert der aquatuff-Zimmerbrunnen eine einmalige Atmosphäre in jeden Raum. Es ist, als ob Sie ein eigenes Bächlein besitzen. Ein fertiges Arrangement mit Gefäß, Pflanzen, Tuffstein und Pumpe gibt es *schon ab 280 Franken.*
Rufen Sie doch jetzt gleich Herrn Roland Noth bei der Firma polyplant an. Er wird Ihnen sagen, in welchem Fachgeschäft Sie Ihren aquatuff-Zimmerbrunnen bekommen.
Seine Telefon-Nr.: 031 8017-11
Mit freundlichen Grüßen
Karl Wassermann
(Verkaufsberater)

1.5 Wie schreibt man Werbebriefe, die „ankommen"?

Schiller brauchte den Geruch von Äpfeln, Hemingway das Aroma seiner kubanischen Zigarren, um in Schwung zu kommen. Ein hervorragender Werbetexter, den ich kenne, inspiriert sich durch eine andere Methode: Er nimmt sich einen seiner besten Texte vor und liest ihn nochmals durch.

Auch aus diesem Grund habe ich Ihnen zuletzt einen ganzen Brief vorgestellt. Damit Sie sich einlesen können und über die vielen positiven Wörter und Verstärker ganz von selbst zu einer motivierenden und kundenorientierten Schreibweise kommen.

Achten Sie einmal darauf, wie der Schreiber dieses Textes alles vom Blickwinkel des Kunden her berichtet.

Und wie er es versteht, in der Fantasie des Kunden ein Bild nach dem anderen zu erzeugen. Bilder, die voller Farbe, voller Bewegung und voller Atmosphäre sind.

Es sind Bilder, die dem Kunden zeigen, wie er am besten von diesem Angebot profitieren kann. Zugleich mit diesen Bildern werden auch die Motive des Kunden angesprochen: Im ersten Absatz die Motive der Gesundheit, des Wohlbefindens und des Vergnügens. Im zweiten Abschnitt die Motive der Natürlichkeit, der Reinheit, der Freude, der Sparsamkeit. Im dritten Abschnitt die Motive der Bewunderung, des Staunens, der Anerkennung, der Gemütlichkeit, des Wohlbefindens, des Besitzerstolzes.

Die Technik dafür ist relativ einfach: Sie stellen sich in Gedanken einfach die Situationen vor, in denen der Kunde von Ihrem Angebot profitiert. Also wo, wie und wann er es am besten benützen kann. Und dann stellen Sie sich vor, bei welchen Gelegenheiten sich der Kunde am meisten über Ihr Produkt freut.

Doch jetzt kommt das Entscheidende: Sie sehen nicht nur, wie der Kunde und die Familie sich z.B. über das neue Auto freuen, sondern Sie **fühlen** auch selbst ganz genau, worüber sich der Kunde und seine Familie bei der ersten Fahrt freuen werden: über das elegante Styling, den schönen Innenraum, den weichen Lauf des Motors, das zügige Beschleunigungsvermögen, den Sound des neuen Radios ...

Sie sehen und fühlen also, was der Kunde sieht und fühlt!

Und dann beschreiben Sie das, was Sie selbst gesehen und gefühlt haben – in der Sprache des Kunden.

Um die Motive des Kunden so genau wie möglich zu treffen, können Sie immer wieder einmal einen Blick auf die folgende Motivliste werfen, um sich zu überlegen: Was ist an meinem Angebot dran, das dem Kunden zu noch mehr Stolz, Vergnügen, Gewinn oder Sicherheit verhelfen könnte?[36)]

Pride/ Stolz	Pleasure/ Vergnügen	Profit/ Gewinn	Peace/ Friede
Anerkennung	Freude	Ersparnis	Sicherheit
Bewunderung	Spaß	Ertrag	Sorglosigkeit
Staunen	Genuss	Zuwachs	Bequemlichkeit
Bestätigung	Fröhlichkeit	Nutzen	Zufriedenheit
Lob	Begeisterung	Zweckmäßig-	Wohlbehagen
Zustimmung	Abwechslung	keit	Einfachheit
Stärkung des	Erholung	Vorteil	Zuverlässigkeit
Selbstbe-		Vermeidbar-	
wusstseins		keit	

Je mehr Sie in Gedanken sehen und fühlen, wie sich Ihr Kunde über die Vorteile Ihres Angebotes freut, desto überzeugender und motivierender wird auch Ihr Werbebrief ausfallen.

Aus zwei Gründen:

1. **Gefühle stecken an!** Wenn Sie die Freude des Kunden über den Nutzen Ihres Produktes fühlen, dann können Sie mit dieser Freude auch den Kunden anstecken.
2. **Gedanken sind vorweggenommene Handlungen!** Wenn Sie in Gedanken sehen, wie der Kunde von den verschiedenen Nutzungsmöglichkeiten Ihres Produktes profitiert, dann können Sie ihn auch wie kein anderer von diesem Nutzen überzeugen. Schreiben Sie deshalb nie einen Werbebrief, wenn Sie müde und abgespannt sind. Schreiben Sie ihn, wenn Sie in bester Stimmung sind.

2. Die Multiplikatorenstrategie – wie man seine Kontaktchancen vervielfacht

Als ich mich vor einiger Zeit mit dem Vice-President des Computerunternehmens Compaq über Strategien zur Neukundengewinnung unterhielt, da nannte er ein Wort, das in seiner Firma eine große Rolle spielte: das **Ressourcen-Management**.

Was meinte er damit?

Bevor er deutlicher wurde, nannte er ein zweites, sehr wichtiges Prinzip in seiner Firma: Die **20:80-Regel**. Dahinter verbirgt sich das altbekannte Pareto-Prinzip, das Sie sicher schon kennen. Es besagt zum Beispiel, dass wir mit 20 Prozent unserer Kunden in der Regel 80 Prozent unseres Umsatzes machen. Es besagt ferner, dass wir zum Beispiel auch mit 20 Prozent unseres Einsatzes 80 Prozent unseres Erfolges erreichen.

Als ich den Vorstand aufgrund dieses altbekannten Prinzips etwas skeptisch anschaute, meinte er: „Sehen Sie, das ist das Problem! Jeder kennt das Pareto-Prinzip. Aber nur die wenigsten setzen es auch wirklich konsequent um!"

„Können Sie mir ein Beispiel nennen?", fragte ich ihn.

„Gerne. Vor einiger Zeit beschlossen wir im Vorstand, unsere Computer nicht nur an die Industrie zu verkaufen, sondern auch an die Privatkunden. Nun hätten wir das machen können, was die meisten unserer großen Wettbewerber gemacht haben: in jeder größeren Stadt einen Laden zu mieten und Personal einzustellen. Da wir dazu mindestens 120 Läden gebraucht hätten, hätten wir auch eine entsprechende Verkaufsabteilung einrichten müssen.

An dieser Stelle dachten wir an unsere beiden Prinzipien – an das Ressourcen-Management und die 20:80-Regel – und fragten uns: Gibt es eine günstigere Ressource, um das Privatkundengeschäft aufzubauen, und wie können wir das mit dem geringsten Einsatz (20 Prozent!) erreichen? Dann prüften wir den Markt und entschieden uns schließlich, mit der größten Computerladenkette in Deutschland – mit Vobis – zusammenzuarbeiten. Dank dieser einzigen Überlegung mussten wir weder 120 Läden einrichten noch einen neuen, riesigen Vertriebsapparat aufbauen und gewannen dennoch schlagartig einen zusätzlichen Marktanteil von 2,5 Prozent.

Alles, was wir taten, war: die Mitarbeiter von Vobis zu schulen, sie mit unserer eigenen EDV so vertraut zu machen, dass sie alle Vorgänge wie Bestellungen, Auslieferungen und Reklamationen selbstständig bearbeiten konnten, und einen einzigen Mann von uns zur Betreuung dieser 120 Läden abzustellen."

Das also ist Ressourcen-Management in Verbindung mit der 20:80-Regel: zu überlegen, mit welchen Partnern man zusammenarbeiten und wie man seinen Einsatz auf die 20 Prozent konzentrieren kann, die wirklich wichtig und Erfolg versprechend sind.

Die Multiplikatorenstrategie ist dafür hervorragend geeignet. Denn wie der Name schon sagt, geht es darum: Wie können Sie Ihre Akquisitionsanstrengungen verdoppeln, verdreifachen, ja sogar verzehnfachen, ohne selbst die drei- oder zehnfache Arbeit leisten zu müssen? Bei der Multiplikatorenstrategie gehen Sie davon aus, genau die Leute anzusprechen, die ein „natürliches" Interesse an Ihrem Angebot haben und die wiederum mit vielen Kunden zu tun haben, die ebenfalls ein „natürliches" Interesse an Ihrem Angebot haben!

2.1 Wo findet man die richtigen Multiplikatoren?

Das ist die Kernfrage bei der Multiplikatorenstrategie: Welche Personen oder Firmen haben aufgrund ihrer Kontakte oder ihrer Arbeit ein natürliches Interesse an Ihrem Angebot?

Multiplikatoren werden sie genannt, weil sie selbst wiederum mit vielen Kunden oder Personen in Kontakt kommen und so die Werbung für Ihr Angebot vervielfachen können.

Wie sieht so etwas in der Praxis aus? Kehren wir wieder zu unserem Beispiel, den Finanzberatern der ABC-Organisation, zurück. Ihr Ziel war es, gut verdienende Kunden zu gewinnen und ihre Anlagen- und Vermögensbetreuung zu übernehmen.

Frage: Welche Personen oder Berufe haben ebenfalls mit dem Geld und dem Vermögen von Kunden zu tun?

Privatkunden natürlich – aber hier ist nur eine Zusammenarbeit auf der Basis von Referenzen und Empfehlungen möglich. Diese Strategie behandeln wir später.

Ganz gewiss aber haben die folgenden Berufe damit zu tun – und das sind auch die eigentlichen Multiplikatoren: die Steuerberater, Wirtschaftsprüfer, Rechtsanwälte und Unternehmensberater.

Denn es wird kaum einen Steuerberater geben, der von seinen gut verdienenden Kunden nicht gelegentlich nach (steuerbegünstigten) Anlagemöglichkeiten gefragt wird.

Wie können Sie nun einen Steuerberater als Multiplikator ansprechen? Dazu zwei Vorschläge:

---

1. Schreiben an einen Steuerberater

Sehr geehrter Herr Steuerberater,
vielleicht haben Sie schon in den Zeitungen von der ABC-Organisation gelesen. Dennoch möchten wir uns hier kurz vorstellen. Die ABC-Organisation konzentriert sich vor allem auf die umfassende Vermögensbetreuung.
Im Rahmen dieser verantwortungsvollen Aufgabe können wir gerade den Steuerberatern und ihren Mandanten eine Reihe von interessanten Vorteilen anbieten.
Die beiliegende **Übersicht** würden wir in einem persönlichen Gespräch gerne noch durch konkrete Vorschläge ergänzen.

> Unter der Telefonnummer ... stehe ich Ihnen auch
> nach 17 Uhr (bis 19 Uhr) für weitere Auskünfte
> gerne zur Verfügung.
> Mit freundlichen Grüßen
> Fritz Reichmann
> Finanzberater
> **Anlage:** „Die besonderen Vorteile des ABC-Konzep-
> tes für Steuerberater"
> **Anlage 2:** Auszug eines ALPHA-Kontos

Natürlich haben Sie sogleich gemerkt: Hier fehlt alles Schlagwortartige und Provozierende.

Das wäre auch bei dieser Zielgruppe völlig unangebracht. Understatement, Diskretion und nüchterne Informationen *mit* dem kleinen Hinweis auf konkrete Vorschläge im persönlichen Gespräch müssen genügen. Schließlich spielen bei diesen Berufsgruppen Standesehre und Standesvorschriften eine gewichtige Rolle.

Ein Drücker zu viel auf das Gewinnmotiv, und das Ganze bekäme den Touch von (verbotenen) Provisionen. Dies war auch von vornherein nicht vorgesehen.

Die Chance, dass sich auf diesen Brief ein Steuerberater von sich aus meldet, ist sehr begrenzt. Natürliche Zurückhaltung, Misstrauen und Arbeitsüberlastung verhindern das. Der Brief sollte daher mehr als Imagewerbung und als Vorbereitung für das nachfolgende Telefonat dienen. Da die meisten Menschen neugierig sind, aber sich nicht sofort in die verpflichtende Atmosphäre eines Einzelgesprächs einlassen wollen, könnten Sie im zweiten Brief eine **Einladung zu einem Vortrag** anbieten:

2. Schreiben an einen Steuerberater

Möglichkeiten einer Zusammenarbeit

Sehr geehrter Herr Steuerberater,
wie bereits in unserem ersten Brief erwähnt, sieht es die ABC-Organisation als ihre wichtigste Aufgabe an, den anspruchsvollen Kunden umfassend, kompetent und seriös zu betreuen.
Dafür stehen wir den anspruchsvollen Privatkunden mit speziellem Know-how zur Verfügung.
Im Rahmen dieser verantwortungsvollen Aufgabe können wir auch den Steuerberatern und ihren Mandanten eine Reihe von interessanten Vorteilen anbieten.
Über dieses Konzept möchten wir Sie gerne informieren und laden Sie deshalb am ... in unsere Repräsentanz zu einem **Vortrag** ein.
Die Themen:
„Kapitalanlage heute – Trends, Chancen, Empfehlungen"
Referent: Dr. Schlau, Leiter der Research-Abteilung
„Das Konzept der ABC-Organisation – Möglichkeiten einer Zusammenarbeit mit Steuerberatern"
Referent: Dipl.-Kfm. Ulrich Bold
Bitte senden Sie die beigefügte Antwortkarte schnell an uns zurück, damit wir Ihren Platz reservieren können.
Mit freundlichen Grüßen
Fritz Reichmann
Financial Consultant
Anlage: „Die besonderen Vorteile des ABC-Konzeptes für Steuerberater"
Anlage 2: Antwortkarte

Natürlich ersetzt ein Brief oder ein Vortrag nicht das persönliche Gespräch. Es bleibt die Hauptsache. Aber – und das ist die größte Herausforderung bei der Multiplikatorenstrategie:

Multiplikatoren müssen ständig betreut werden. Einmal ist keinmal!

Gelegentliche Briefe, Anrufe oder Besuche reichen nicht aus. Erst die dauerhafte Kommunikation schafft dauerhafte Erfolge. Denn oft genug müssen Sie Ihren Multiplikatoren ganz genau sagen:

- *wen* sie ansprechen können,
- *wo* sie die Interessenten ansprechen können und
- *wie* sie sie ansprechen können.

Dazu gehört auch, dass Ihre Multiplikatoren genau erkennen müssen:

- wie ihre Vorteile aussehen,
- wie sie unangenehme Risiken vermeiden können und
- wie die Zusammenarbeit mit Ihnen verläuft.

Noch eins: Multiplikatoren müssen spüren, dass Sie an ihrer Zusammenarbeit wirklich interessiert sind, dass sie auch von Ihnen unterstützt werden, um gute Ergebnisse zu erzielen. Die folgenden Tipps können Ihnen dabei helfen.

2.2 Wie gewinnt man Multiplikatoren für eine erfolgreiche Zusammenarbeit?

1. Sprechen Sie vor allem Leute an, die:

- Kontakt mit den gleichen Kunden wie Sie haben,
- an einem speziellen Service für ihre Kunden interessiert sind,

◉ an einem finanziellen Zusatzgeschäft interessiert sind,

◉ in Ihrem Angebot keine unmittelbare Konkurrenz sehen.

2. **Stellen Sie Ihre Aktionen** immer nur auf eine Zielgruppe (z. B. die Steuerberater) ab.

3. **Nehmen Sie** vor jeder größeren Brief- oder Telefonaktion mit neuen Multiplikatoren zuerst mit drei Leuten aus dieser Zielgruppe einen persönlichen Kontakt auf, um ihre besonderen Probleme und Umstände in Erfahrung zu bringen.

   Das geschieht am einfachsten, indem Sie selbst Interesse an den Dienstleistungen dieser Zielgruppe zeigen.

   Beispiel: „Herr Steuerberater, ich betreue eine Reihe von gut verdienenden Kunden, die ganz besonders an steuerrechtlich interessanten Anlageentscheidungen interessiert sind. Wären Sie bei Bedarf bereit, solche Mandanten noch zu übernehmen und zu beraten?" Je mehr Sie über die aktuellen Probleme Ihrer Multiplikatoren wissen, desto schneller finden Sie auch den „springenden Punkt", der das Interesse weckt.

4. **Testen Sie Ihren Brief**, Ihren Vortrag, Ihr Konzept und Ihr Gespräch wenigstens bei zwei Gesprächspartnern.

   Führen Sie mit ihnen *kein Verkaufsgespräch*, sondern sagen Sie ihnen ganz ehrlich, was Sie wollen – und fragen Sie sie nach ihrer Meinung zu den einzelnen Punkten.

5. **Arbeiten Sie klare Aussagen** hinsichtlich eventueller Provisionen oder sonstiger Anerkennungen aus. Nichts blockiert eine Zusammenarbeit schneller als die Scheu vor klaren Verhältnissen und Absprachen.

6. **Fragen Sie Ihre Gesprächspartner** – gerade wenn sie Ihnen sehr wohlwollend gegenübertreten –, welche Bedenken sie haben, welche Reaktionen sie bei den Kollegen erwarten, worauf es ihnen bei einer Zusammenarbeit ankommt und vor allem, in welcher Form sie die Chancen einer guten Zusammenarbeit sehen.

7. **Stellen Sie sich von vornherein darauf ein**, dass der größte Teil der Angesprochenen Ihr Angebot relativ schnell ablehnen wird. In diesem Fall gilt: Arbeiten Sie lieber nur mit drei guten Multiplikatoren zusammen als mit zehn schlechten.

Eine andere Form, Multiplikatoren einzusetzen, ist die Zusammenarbeit mit Vermittlern. Auf sie greift man besonders gerne im Bereich der Anlageberatung, bei Versicherungen und Bausparkassen zurück. Genauso nützlich sind Vermittler aber auch für Autoverkäufer oder für Fertighausverkäufer – kurz für alle, die an Privatkunden verkaufen.

2.3 Wie baut man ein aktives Vermittlernetz auf?

Das größte Problem besteht darin, dass man die Vermittler und ihre Tätigkeit als „Nebentätigkeit" ansieht und sie daher auch als Nebensache behandelt.

Damit kann man vielleicht einen oder zwei Vermittler bei der Stange halten, die anderen aber werden früher oder später abspringen.

> **Menschen führen und motivieren – egal ob es sich um Hauptberufliche oder Nebenberufliche handelt – erfordert immer den Einsatz der ganzen Person!**

Schauen wir uns doch einmal kurz an, was einen Vermittler alles motivieren könnte. Aristoteles, der große griechische Philosoph, erkannte schon vor 2400 Jahren die drei Motive, die Menschen zum Handeln bewegen:

1. die Angst (bzw. das Sicherheitsstreben),
2. das Gewinnstreben und
3. das Anerkennungsstreben.

Wie sieht das im Einzelnen bei den Vermittlern aus? Fragen Sie sich:

1. Wie können Sie dem Vermittler die Angst nehmen und ihm mehr Sicherheit geben?

- Zeigen Sie ihm sein Kundenpotenzial auf.
- Überzeugen Sie sich davon, dass er die „Kontaktansprache" einschließlich der Einwandbehandlung wirklich beherrscht.
- Unterstützen Sie ihn auch durch persönliche Begleitbesuche.
- Zeigen Sie ihm, wie er neue Interessenten ohne Gesichtsverlust ansprechen kann.
- Machen Sie ihm seine Chancen hinsichtlich Einkommen oder Karriere bewusst.
- Geben Sie ihm die Sicherheit, dass er ein gutes Produkt vertritt, von dem die Kunden profitieren, und dass er auch langfristig all seinen Kunden in die Augen schauen kann.
- Machen Sie ihm bewusst, dass Sie ihm vertrauen und dass auch er sich auf Sie verlassen kann, dass er immer auf Sie zukommen kann, wenn er ein Problem hat.
- Machen Sie ihm auch deutlich, dass diese Interessentenansprache nicht auf Kosten seiner Familie oder der Freizeit geht, sondern dass er sie bei entsprechender Kontaktfreudigkeit fast überall und nebenbei machen kann.

2. Wie können Sie sein Gewinnstreben verstärken?

- Machen Sie ihm bewusst, dass er aufgrund seiner Erfolgsquote sogar an den Misserfolgen verdient. (Z. B., wenn er die Abschlussprovision durch die Anzahl seiner Kontakte teilt.)

- Sagen Sie ihm, was andere erfolgreiche Vermittler in Ihrer Organisation bereits verdienen.
- Machen Sie ihm bewusst, was er sich mit einem monatlichen Mehrverdienst von x Euro zusätzlich für sich und seine Familie leisten kann.
- Zeigen Sie ihm auch, dass seine Tätigkeit als Vermittler die beste Chance für eine spätere hauptberufliche Karriere bietet.
- Sagen Sie ihm, dass er keine bessere Gelegenheit bekommt, eine hauptberufliche Arbeit vorher so genau zu testen.

3. Wie können Sie sein Anerkennungsstreben verstärken?

- Anerkennen und belohnen Sie fleißige Vermittler vor Ihrer Gruppe.
- Laden Sie gelegentlich auch die Ehepartner zu solchen Ehrungen ein.
- Machen Sie auch den Ehepartnern die Karrierechancen bewusst.
- Laden Sie mit Zustimmung Ihres Verkaufsleiters Ihre Vermittler gelegentlich auch zu den Verkäufermeetings ein, damit sie von der Aura des Erfolges etwas mitbekommen.
- Rufen Sie die Vermittler immer wieder an. Halten Sie einen permanenten Kontakt mit ihnen aufrecht. Geben Sie jede positive Information sofort an sie weiter.
- Geben Sie einzelnen Vermittlern auch einmal die Chance, Sie auf Ihrer „Tour" zu begleiten, um ihren Ehrgeiz zu verstärken.
- Lassen Sie erfolgreiche Vermittler vor ihren Kollegen über ihre Methoden und Verhaltensweisen berichten.

Gehen Sie bei der Motivation Ihrer Vermittler von folgenden zwei Grundsätzen aus:

Erstens: So wie die Vermittler dem Gesetz unterliegen: „Je mehr Kontakte, desto mehr Kontrakte!", so gilt auch für Sie die Regel: Je mehr Kontakte Sie mit den Vermittlern pflegen, desto stärker ist auch ihre Motivation!

Denken Sie daran: Von nichts kommt nichts!

Ihre Kontakthäufigkeit beweist den Vermittlern Ihr Interesse an ihnen. Das ist entscheidend! Und das gibt ihnen die entsprechende Energie.

Zweitens: Machen Sie den Vermittlern bewusst, dass ihre Ergebnisse für Sie von Bedeutung sind. dass sie eben keine Nebensache, sondern sehr wichtig sind. Dazu gehört auch, dass Sie sich sofort bei ihnen melden, wenn ihre Quote plötzlich absinkt. Aber nicht nur, um neue Adressen anzufordern, sondern um ihnen auch bei Schwierigkeiten zu helfen.

Zuletzt noch ein paar Tipps, mit denen Sie einen Vermittler immer wieder in eine positive und motivierende Stimmung versetzen können:

- Erinnern Sie ihn gerade in schlechten Zeiten an seine früheren Erfolge.
- Erinnern Sie ihn an seine besonderen Stärken (z. B. nicht aufzugeben).
- Erinnern Sie ihn an seine besonderen Fähigkeiten (z. B., ganz besonders gut mit Handwerkern umgehen zu können).
- Loben Sie ihn, „streicheln Sie ihn mit Worten".
- Schenken Sie ihm (überraschend) kleine Aufmerksamkeiten.
- Stellen Sie ihn als Vorbild vor, wenn er z. B. trotz aller Mißerfolge nicht den Mut verloren hat.
- Geben Sie ihm spontane Hilfen, z. B. in Form einer Betreuung durch einen guten Kollegen.
- Rufen Sie ihn in Krisenzeiten täglich an.
- Organisieren Sie einen Wettbewerb für Ihre Vermittler, bei dem auch schwächere Vermittler eine Gewinnchance haben.

3. Die Meetingstrategie – Kundenkontakte auf Kongressen und Tagungen

Sie wird immer wichtiger. Denn neue Kunden anzuschreiben oder anzurufen bedeutet, zuerst einmal Distanz und Anonymität zu überwinden. Das macht alles viel schwieriger.

Ganz anders ist es, wenn Sie zum Beispiel an einem Seminar teilnehmen, einen Kongress besuchen, eine Ausstellung besichtigen, bei einem Firmenjubiläum dabei sind oder sich einen Vortrag anhören. In diesem Fall ist es viel leichter, mit einem neuen Interessenten ins Gespräch zu kommen. Hier gilt die Regel:

Je geringer das Misstrauen ist, desto größer ist die Kontaktchance.

Überall finden sich auf solchen Veranstaltungen potenzielle Kunden, ergeben sich Chancen für neue Interessenten. Und diese gesellschaftlichen Anlässe werden immer mehr, weil immer mehr Firmen und Institutionen, Parteien und Verbände an die Öffentlichkeit gehen und Veranstaltungen abhalten. Wenn eine solche Veranstaltung und die eingeladene Zielgruppe nur etwas mit Ihrem Angebot zu tun haben, dann haben Sie hier ein geradezu fantastisches Feld für die Neukundenakquisition.

Natürlich fragen Sie jetzt: Wie komme ich bei solchen Veranstaltungen überhaupt ins Gespräch mit diesen Leuten? Und wie kann ich sie dann für mein Angebot interessieren?

Auch unser Finanzberater würde sich hier fragen: Wie gehe ich vor?

Sehen wir uns also die drei wichtigsten Voraussetzungen an, die er (und mit wenigen Änderungen auch Sie selbst) für eine erfolgreiche Meetingstrategie braucht.

3.1 Die drei wichtigsten Voraussetzungen für gute Kontakte

1. Die sachlichen Voraussetzungen

Um für jede Art von Kontakt und Gespräch gerüstet zu sein, sollten Sie als Berater bei den entsprechenden Veranstaltungen Folgendes dabeihaben:

- eine ausreichende Anzahl von Visitenkarten,
- die neuesten Informationen Ihrer Verkaufsabteilung,
- aktuelle Angebotsvorschläge,
- die Kurz-Vorstellung Ihrer Organisation.

2. Die persönlichen Voraussetzungen

Zur Vorbereitung für den persönlichen Kontakt sollten Sie Folgendes mitbringen:

- gute, ausgearbeitete Fragen für die Diskussion im Forum, um „aufzufallen" und Ihre Kompetenz zu beweisen;
- gute, aufbereitete Hintergrundinformationen, um bei Diskussionen im Forum, in den Pausen oder in den Arbeitsgruppen „gerüstet" zu sein;
- den Mut, einzelne Personen anzusprechen und sich bei fremden Diskussionsgruppen „einzuklinken";
- die Bereitschaft, sich bei allen Diskussionen sofort mit Namen, Berufs- und Firmenangabe vorzustellen.

Jetzt kommt der wichtigste Teil! Die Teilnehmer sind in der Pause, stehen allein oder in Gruppen mit ihren Kaffeetassen herum und jeder möchte sich jetzt in Wirklichkeit gerne über das Gehörte unterhalten. Genauer gesagt: **Diejenigen, die allein ihren Kaffee trinken, warten geradezu auf eine Ansprache, die ihnen das Gefühl gibt, integriert zu sein!**

Zu keinem anderen Zeitpunkt sind die Leute mehr an einem Gespräch interessiert als zu diesem.

3. Die rhetorischen Voraussetzungen

Sie betreffen zwei Bereiche:

- ◉ die mentale Einstellung, indem Sie sich schon zu Hause darauf vorbereiten, neue Kontakte knüpfen zu wollen;
- ◉ die argumentative Vorbereitung, indem Sie sich schon vorher überlegen, auf welche Weise Sie fremde Personen ansprechen oder sich bei Diskussionsgruppen „einklinken" können.

Je intensiver Sie sich schon zu Hause auf diese Kontakte vorbereiten, desto größer ist auch Ihre Willenskraft, sie dann an Ort und Stelle durchzuführen.

Wie beginnt man nun solch ein Gespräch? – Es ist relativ leicht. Hier einige allgemeine Vorschläge:

„Wie hat Ihnen der letzte Redner gefallen?"
„Was sagen Sie zu seiner Behauptung, dass ..."
„Welcher Redner hat Ihnen bisher am besten gefallen?... Aus welchem Grund?"
„Sind Sie zum ersten Mal bei diesem Kongress? Für welchen Redner/Vortrag interessieren Sie sich besonders?"

Vergessen Sie bitte auf keinen Fall, sich nach zwei oder drei Sätzen mit Ihrer Visitenkarte vorzustellen:

„Übrigens, mein Name ist ... Ich bin Finanzberater bei der ABC-Organisation." Übergeben Sie die Visitenkarte, indem Sie sich gleichzeitig auch immer laut vorstellen, damit man Sie richtig anspricht.

Nehmen wir jetzt einen schwierigeren Fall an. Sie beobachten, dass sich eine Gruppe interessiert unterhält, und wollen sich in das Gespräch einklinken. Wie können Sie vorgehen?

Sehen wir uns als Beispiel dazu die Methoden unserer Finanzberater an. Mit kleinen Veränderungen können Sie diese Methoden mühelos auch bei allen anderen Branchen und Meetings mit Erfolg einsetzen.

3.2 Die acht besten Methoden, sich in ein Gespräch „einzuklinken"

Sie nehmen jeweils Bezug auf die Aussage des letzten Gesprächspartners. Dafür bieten sich je nach Situation acht Möglichkeiten an:

1. **Der Widerspruch:** „Was die Dollarentwicklung betrifft, vertritt unsere Research-Abteilung von der ABC-Organisation eine ganz andere Ansicht. Wir sind der Auffassung, dass ..."
2. **Die Bestätigung mit Zusatzinformation:** „Genau das bestätigt auch unsere Research-Abteilung von der ABC-Organisation. Sie meint darüber hinaus, dass ..."
3. **Der konkrete Vorschlag:** „Wir von der ABC-Organisation schlagen heute dem sicherheits- und zugleich renditebewussten Anleger eine kombinierte Anlage vor."
4. **Die Problemfrage:** „Wie haben Sie denn das Problem gelöst, liquide Mittel sofort für Neueinkäufe einsetzen zu können – ohne zu viel Zinsen zu verlieren? ... Wir von der ABC-Organisation haben dafür ein ganz spezielles Konto: das ALPHA-Konto. Interessiert Sie das?"
5. **Die Erfolgsmeldung:** „Wir von der ABC-Organisation sind der Ansicht: Grundlage guter Anlageentscheidungen sind gute Informationen. Unsere Research-Abteilung hat zum Beispiel am ... den Kauf von Aktien der Firma ... empfohlen. Heute, vier Monate später, stehen sie bei ... Das ist eine Kurssteigerung von ... Prozent."
6. **Die andere Anlagephilosophie:** „Ich glaube, das Problem der meisten Anleger und Berater ist, dass sie mit Tipps handeln. Bei der ABC-Organisation verfolgen wir eine ganz andere Philosophie. Wir machen zuerst eine Vermögensanalyse, erforschen dann die Zukunftsbedürfnisse und -wünsche des Kunden und legen dann mit ihm gemeinsam eine Anlagestrategie fest ..."
7. **Der Angriff:** „Kunden, die über mehr als eine halbe Million Anlagesumme verfügen und keinen professionellen

Berater haben, riskieren sehr schnell Fehlentscheidungen ...“ Oder: „Die Zeiten, als man mit einer Stunde Nachdenken pro Woche ein Vermögen betreuen konnte, sind längst vorbei! Wissen Sie, wie viel Zeit wir uns allein jeden Tag für die aktuellsten Börseninformationen nehmen?“

8. **Die provozierende Frage:** „Was sagen Sie zu der Untersuchung des manager magazins, dass 90 Prozent aller Anlageberater nicht über die Performance des Aktienindex hinauskommen?“

Letztes Fazit: Je häufiger Sie sich auf diese Weise in das Gespräch einmischen, desto leichter wird es Ihnen fallen.

Sie erkennen auch: Neukundenakquisition ist keine Sache, die man montags, mittwochs und freitags zwischen neun und elf Uhr macht, sondern eine, die man permanent betreiben sollte.

Gute Verkäufer akquirieren immer und überall. Ihnen ist es gar nicht mehr bewusst, dass sie ganz nebenbei einen Gesprächspartner auf ihr Angebot aufmerksam machen und einen Termin vereinbaren. Potenzielle Kunden anzusprechen ist ihnen in Fleisch und Blut übergegangen. Sie machen es nicht, weil sie es unbedingt machen müssen, sondern weil es ihr „Leben“ ist. Und weil es ihnen Spaß macht. Das strahlen sie auch aus und deshalb ziehen sie potenzielle Interessenten geradezu magnetisch an!

Wie können Sie nun zum Abschluss eines solchen Gesprächs den Kunden zu einem näheren Kontakt bewegen?

3.3 Der Trick mit der „Übrigens-Methode“

Sehr einfach. Hier hilft Ihnen die „Übrigens-Methode“. Mit dem Wort „übrigens“ kann man jedem Gespräch augenblicklich eine andere Wendung geben.

Nehmen wir an, das kurze „Pausengespräch" nähert sich dem Ende und Sie hätten auch noch nicht Ihre Visitenkarte übergeben. Dann sagen Sie zu dem Gesprächspartner:

„Übrigens, hier ist meine Visitenkarte. Mein Name ist Fritz Reichmann von der ABC-Organisation in München." Und jetzt kommt der Interessenwecker: „Falls Sie mal in puncto Vermögensanlage eine Frage haben, stehe ich Ihnen gerne zur Verfügung."

Falls Sie die Visitenkarte schon vorher übergeben haben, beginnen Sie den letzten Satz folgendermaßen:

„Es war schön, Sie kennen gelernt zu haben. Übrigens, falls Sie in puncto Vermögensanlage mal eine Frage haben, stehe ich Ihnen gerne zur Verfügung. Sie können mich unter meiner Rufnummer auch nach 18 Uhr erreichen."

Das genügt. Und wieder haben Sie – ohne sich aufzudrängen oder sich anzubiedern – eine Angel ausgelegt. Probieren Sie diese „Übrigens-Methode" zuerst einmal privat aus. Sie ist ein phantastisches Mittel, um dem Gespräch rasch eine andere Richtung zu geben – ohne dass der andere es merkt.

Zum Abschluss möchte ich Ihnen noch ein paar Beispiele zeigen, wie Sie mit der „Übrigens-Formel" fast jedes Gespräch auf Ihr Thema oder Ihr Angebot lenken können:

„Übrigens, da Sie gerade vom Bauen sprechen: Ich wüsste eine interessante Form der Anlage für täglich abrufbare Gelder. Dort bekommen Sie doppelt so hohe Zinsen wie auf dem Sparbuch und können trotzdem Ihr Geld täglich abrufen. Interessiert Sie das?"

Auch dieser letzte Satz: **„Interessiert Sie das?"** ist ein bewusst eingesetzter Verstärker. Der Kunde soll neugierig gemacht werden und sein Interesse an einer Information bewusst ausdrücken. Dadurch steigt seine Aufmerksamkeit und Ihre Aufwertung.

„Übrigens, da Sie gerade von Ihrem neuen BMW sprechen: Interessiert Sie eine Anlageform bzw. Beratung, bei der Sie ähnlich exklusiv behandelt werden wie bei BMW?"

Oder:

„Übrigens, da wir gerade vom Service sprechen: Sind Sie eigentlich mit der Beratung und Betreuung durch Ihre Bank zufrieden?"

Letztes Beispiel:

„Übrigens (bei der Gelegenheit), wo legen Sie denn Ihr Geld an, wenn Sie wieder ein paar Euro übrig haben?"

4. Die Kontaktstrategie – wie man Bekannte zu Kunden macht

Für eine erfolgreiche Kontaktstrategie kommt es auf drei Voraussetzungen an:

1. möglichst viele Kontakte zu machen,
2. sie mit der richtigen Zielgruppe zu machen und
3. sie im richtigen Umfeld zu machen.

Zunächst aber wollen wir die Frage untersuchen:

4.1 Wer kommt als potenzieller Kunde infrage?

Die wichtigste Regel lautet:

Bei Geschäften mit Privatkunden kommen all die Personen als Kunden in Betracht, bei denen Sie selbst schon etwas gekauft oder eine Rechnung bezahlt haben.

Zum Beispiel:

- **Der Notar**, bei dem Sie Ihre Eigentumswohnung verbriefen ließen
- **Der Rechtsanwalt**, der Sie bei einem Verkehrsunfall oder Versicherungsstreit beraten hat
- **Der Steuerberater**, der Ihre Einkommensteuererklärung macht
- **Der Architekt**, der Ihre Eigentumswohnung geplant hat
- **Der Bauunternehmer/Bauträger**, der Ihr Haus/Ihre Eigentumswohnanlage gebaut hat

- **Der Hotelbesitzer**, bei dem Sie das letzte Familienfest gefeiert (z. B. Hochzeit) oder das letzte Meeting veranstaltet haben
- **Der Arzt**, der Sie bzw. Ihren Ehepartner betreut
- **Der Zahnarzt**, bei dem Sie in Behandlung sind
- **Der Autohändler**, bei dem Sie Ihr letztes Auto gekauft haben oder zu dem Sie zur Inspektion fahren
- **Der Apotheker**, bei dem Sie Ihre Rezepte einlösen
- **Der Restaurantbesitzer**, bei dem Sie mit Ihren Freunden öfter essen gehen
- **Der Immobilienmakler**, der Ihnen Ihr Haus, Ihre Wohnung vermittelt hat
- **Der Abteilungsleiter**, mit dem Sie regelmäßig Tennis spielen
- **Der Möbelhändler**, bei dem Sie Ihre Möbel eingekauft haben
- **Der Hotelier**, bei dem Sie Ihre Ferien verbringen
- **Der Versicherungsagent**, bei dem Sie Ihre Lebensversicherung abgeschlossen haben
- **Der Inhaber des Modehauses**, bei dem Sie öfter einkaufen
- **Der Optiker**, bei dem Sie Ihre Brille/Sonnenbrille eingekauft haben
- **Der Friseur**, bei dem Sie Ihre Haare schneiden lassen
- **Der Lebensmittelhändler**, bei dem Sie regelmäßig einkaufen
- **Der Vermieter** Ihrer Wohnung

Wenn Sie noch ein paar Minuten nachdenken, fallen Ihnen mit Sicherheit noch weitere Personen ein, denen Sie schon Aufträge verschafft haben, z. B. der Inhaber des Reisebüros, bei dem Sie Ihre letzte Ferienreise gebucht haben.

4.2 Wie knüpft und verstärkt man neue Kontakte?

Was ist das Wichtigste bei der Kontaktstrategie?

Dass all diese Personen, bei denen Sie schon Geld zurückgelassen haben, wissen, wer Sie sind, was Sie anzubieten haben und wo Sie zu erreichen sind.

Das heißt: Jedem dieser Zielgruppe übergeben Sie beim Abschluss Ihres nächsten Einkaufs Ihre Visitenkarte und sagen zu ihm:

„Besten Dank für Ihre gute Beratung/Ihren guten Service/das gute Essen … Hier ist meine Visitenkarte. Ich bin Anlageberater bei der ABC-Organisation. Übrigens, falls Sie mal einen fachmännischen Rat in Sachen Geldanlage brauchen, stehe ich Ihnen gerne zur Verfügung. Sie erreichen mich unter meiner (privaten) Rufnummer auch nach 18 Uhr. Vielen Dank."

Sie sehen: Hier geht es nicht um eine sofortige Terminvereinbarung oder um ein sofortiges Geschäft. Hier geht es nur um Werbung, um PR, um Imagepflege in eigener Sache. Warum ohne jeden Verkaufsdruck? – Weil sonst jeder Hotelbesitzer sofort die Flucht ergreifen wird, wenn Sie das nächste Mal kommen. Und das ist weder für Sie noch für ihn angenehm!

Aber eines können Sie auch mit dieser Methode konsequent machen: gute Kontakte zu potenziellen Vermittlern aufbauen.

Nehmen wir an, Sie sind mit Ihrem Friseur zufrieden. Dann sagen Sie zu ihm, kurz nachdem er sein Werk vollendet hat:

„Besten Dank dafür, dass Sie sich solche Mühe gegeben haben. Hier ist meine Visitenkarte. Mein Name ist … (wenn er Sie noch nicht kennt.) Ich bin (jetzt) Anlageberater bei der ABC-Organisation. Übrigens, falls Sie mal selbst oder einer

Ihrer Kunden einen fachmännischen Rat in Sachen Geldanlage brauchen, stehe ich Ihnen gerne zur Verfügung. Wenn Sie wollen, lasse ich Ihnen ein paar Visitenkarten zur Reserve da. Und falls Sie nichts gegen ein paar zusätzliche Euro haben: Für jeden Kunden, den Sie mir empfehlen und bei dem es zum Abschluss kommt, bringe ich Ihnen das nächste Mal 25 Euro mit. Wäre das etwas für Sie?"

Wichtig ist, dass Sie diese Kontakte auch pflegen!

Hier gilt das **Entropie-Gesetz**. Es besagt:

> **Jedes System, dem nicht ständig neue Energie zugeführt wird, geht zugrunde.**

Für uns bedeutet das: Jedes Kontakt- und jedes Vermittlungssystem bedarf der ständigen Motivation, soll es nicht eines natürlichen Todes sterben.

Was aber bringt den eigentlichen Akquisitionserfolg?

Es ist die Gewohnheit, bei allen potenziellen Kunden das Gespräch auf Ihren Beruf und auf Ihre Firma zu lenken und dabei von Ihrer erfolgreichen Arbeit zu erzählen.

Statt einen Kunden direkt zu fragen, ob er jetzt bei hochverzinslichen tschechischen Anleihen einsteigen möchte, ist es viel erfolgversprechender, ihm zu erzählen, welchen Gewinn einer Ihrer Kunden machte, dem Sie vor drei Monaten empfahlen, in ungarische Anleihen zu investieren ... Genau die gleiche Chance würde sich jetzt bei tschechischen Anleihen bieten, allerdings nur kurz befristet, weil das Angebot knapp sei ...

Worauf es bei dieser Strategie vor allem ankommt, zeigt der nächste Abschnitt.

4.3 Ein guter Verkäufer ist immer im Dienst!

Doch es gibt einen kleinen Unterschied:

Am Anfang Ihrer Verkäuferlaufbahn sollten Sie in der Lage sein, auch in der Pause zwischen zwei Tennis-Matches Ihr Angebot zu verkaufen! Als Verkaufsprofi sollten Sie es dagegen ablehnen, in der Pause zwischen zwei Tennis-Matches etwas zu verkaufen! Ist das nicht ein Widerspruch? Nein!

Am Anfang Ihrer Karriere ist es notwendig, so schnell wie möglich ein Kontaktnetz aufzubauen und Abschlüsse zu erreichen. Grundlage dafür ist, dass Sie lernen, mit jedem potenziellen Interessenten ins Gespräch zu kommen. Auch wenn es nur ein kleiner Abschluss ist, so hat es sich gelohnt. Denn Erfolge – und sind sie noch so klein – sind für Verkäufer am Beginn ihrer Karriere so wichtig wie das tägliche Brot!

Als Profi aber haben Sie ein anderes Selbstbewusstsein, verfügen über andere Strategien und haben auch eine weit größere Erwartungshaltung. Dann sprechen Sie ganz automatisch über größere Summen und höhere Einsätze. Dann verbietet es Ihnen einfach Ihr Selbstwertgefühl, auf der Clubterrasse Ihres Tennisvereins bei einem Glas Bier über eine Lebensversicherung von 5.000 Euro zu sprechen. Um höhere Beträge geht es sowieso nicht.

Oder glauben Sie wirklich, dass ein potenzieller Kunde über eine 50.000-Euro-Versicherung auf dem Tennisplatz spricht? Im Film gibt's das und drei Mal im Leben. Aber normal ist es nicht. Wie gesagt: Den Kontakt schätzen wir. Also tauschen wir die Visitenkarten aus und beenden das Verkaufsgespräch mit der Frage: „Wann kann ich Sie telefonisch am besten erreichen?"

Bei IBM habe ich einmal gehört, dass ein Verkäufer, der einem Kunden einen Vorschlag im Lift machte, auf der Stelle entlassen wurde. Nach dem Motto: IBM verkauft man nicht in einem Lift! Ob es stimmt, weiß ich nicht. Aber es ergibt einen Sinn. Und der heißt:

> **Jedes Produkt braucht sein optimales Umfeld. Und je höher die Abschlusssumme ist, desto wertvoller muss auch das Umfeld sein!**

Gehen wir noch einen Schritt weiter:

Die systematische Analyse aller Kontaktchancen
Bisher haben wir nur einen Teil unserer Kontaktchancen ermittelt: die Leute, bei denen wir kaufen und Rechnungen bezahlen. Daneben gibt es aber noch ein ungeheures Kundenpotenzial: die Kontakte unseres Lebens. Die wollen wir jetzt untersuchen.

Die Situation ist ja gerade am Anfang einer Verkäuferkarriere nicht leicht: Sie brauchen Kunden und wenn Sie dann nachdenken, fallen Ihnen neben Ihren Eltern, Geschwistern und Verwandten noch ein paar Freunde und Bekannte ein. Mehr nicht. Und davon sollen Sie leben? Mutlosigkeit und Verzagtheit sind die Folgen.

Doch stopp mit diesen negativen Gedanken! Wenn Sie nicht gerade als Findelkind im tiefsten Wald aufgewachsen sind, kennen Sie mit 25 Jahren rund 250 Personen. Die einen gut, die anderen weniger gut. Die dritten erst nach längerem Nachdenken.

Was will ich damit sagen? Viele „Bekannte" haben wir aus dem „Gedächtnis verloren" und deshalb können wir das Potenzial unseres Bekanntenkreises erst dann richtig ermessen, wenn wir auch dabei systematisch vorgehen.

4.4 Sieben Namenslisten für die systematische Ermittlung Ihres Kundenpotenzials

Mit der folgenden „Listenmethode" können Sie am besten und schnellsten das umfassende Potenzial Ihrer Bekannten ermitteln.

Hier ein erstes Beispiel:

1. Wen kenne ich von der Schule her?

(Volksschule, Berufsschule, Fachschule, Oberschule, Universität – Klassenkameraden, Kommilitonen, Lehrer, Eltern von Klassenkameraden ...)

Name, Tel.-Nr.	Beruf	Persönl. Kontakt durch:	Datum der Ansprache	Ergebnis der Ansprache
1.				
2.				
3.				
4.				
5.				
6.				
7.				
8.				
9.				
10.				
11.				
12.				

Die gleiche Liste können Sie für folgende Bereiche anlegen:

2. Wen kenne ich aufgrund meiner Hobbys oder vom Sport her?
(Reisen, Theater, Schach, Filmen, Fotografie, Musik, Tanz, Sprachen, Fußball, Tennis, Kegeln, Leichtathletik, Golf, Turnen, Gymnastik ...)

3. Wen kenne ich aufgrund meiner jetzigen oder früheren Nachbarschaft?
(Nachbarn, gute Freunde, Bekannte aus der früheren Umgebung, Geschäfte aus der früheren Umgebung ...)

4. Wen kenne ich, weil ich ein Auto fahre?
(Autohändler, Autoverkäufer, Reparaturwerkstätte, Tankwart, Ersatzteillieferant, Mechaniker, Versicherungsmann, Garagenvermieter ...)

5. Wen kenne ich durch meine täglichen Einkäufe?
(Lebensmittel- und Milchladen, Wäscherei, Reinigung, Friseur, Tabakgeschäft, Schreibwaren, Gärtnerei ... An wen habe ich im letzten Jahr Rechnungen bezahlt?)

6. Wen kenne ich aufgrund meiner bisherigen beruflichen oder durch ehrenamtliche Tätigkeit?
(Kollegen, Vorgesetzte, Ausbilder, Trainer, Kunden, Lieferanten)

7. Wer sind meine engsten Freunde, Bekannten oder Verwandten oder die meiner Kinder?
(Schwiegereltern, Onkel, Tanten, Cousinen und Cousins, Schwager, Schwägerin, Neffen)

Tipp: Ergänzen Sie immer wieder diese Listen!

4.5 Vorsicht vor den allzu leichten Freundschaftsabschlüssen!

Natürlich taucht jetzt eine ganz wichtige Frage auf: Was tut man normalerweise, wenn man zum Beispiel als Anlageberater neu im Geschäft ist? Man nimmt sich seine Liste mit den engsten Freunden, Bekannten und Verwandten vor und versucht, dort die ersten Abschlüsse zu machen?

Ist das in jedem Fall sinnvoll? – Ich habe da meine Bedenken! Natürlich wird man auf diese Weise sehr wahrscheinlich die schnellsten und leichtesten Abschlüsse machen. Das geht laut allgemeiner Erfahrung ungefähr drei Monate gut. Dann ist diese Quelle versiegt. Und was dann? Dann hat dieser Verkäufer drei Probleme am Hals:

Erstens: Durch das leichte und bequeme Geschäft verlockt denkt der Neuling, dass das so weitergeht, und hat vielleicht schon im Voraus (auf Kredit) kostspielige Investitionen getätigt (z. B. ein neues Auto). Wenn jetzt plötzlich der Provisionsstrom versiegt, wird es brenzlig! Neben dem Misserfolg drücken ihn dann auch noch seine Schulden!

Zweitens: Durch das schnelle Geschäft mit den guten Freunden hat er auf jede echte Neukundenakquisition verzichtet. Weder weiß er, wie es geht, noch hat er sich bisher erfolgreich durchgebissen.

Das heißt: Zuerst musste er nicht kämpfen, dann wollte er nicht kämpfen und jetzt kann er nicht mehr kämpfen!

Drittens: Nach einem halben Jahr kann es sein, dass dem Neuling das Geschäft keinen Spaß mehr macht und er aufgibt oder dass sich die Firma von ihm trennt. Was macht das dann für einen Eindruck, wenn er seinen Freunden, denen er noch vor kurzem von der besten Anlagegesellschaft der

Welt mit dem besten Angebot vorgeschwärmt hat, plötzlich sagen muss, dass er sich von ihr getrennt hat?

Halten wir fest: Nach Ihrem Ehepartner, den Eltern und Geschwistern sind die guten Freunde für Sie die wichtigsten Personen in Ihrem Leben. Ihnen sollten Sie immer mit einem guten Gewissen in die Augen schauen können, und nicht plötzlich einen Bogen um sie machen müssen.

Deshalb:
Kein Abschluss ist den Verlust eines Freundes wert!

Und:
Keine Freundschaft verträgt es auf Dauer, wenn sie für die Akquisition missbraucht wird!

Daher mein Rat: Auch wenn es noch so reizvoll ist, verkaufen Sie im ersten Jahr nur dann an Ihre engsten Freunde und Bekannten, wenn diese darauf bestehen. Konzentrieren Sie sich viel lieber vom ersten Tag an konsequent auf die Neukundenakquisition. Sie ist viel härter, aber Sie wissen dann auch viel schneller, woran Sie sind!

Letzter Punkt: Wie sprechen wir all die Leute an, die wir schon kennen? Ganz einfach. Beinahe genauso wie auf Seminaren oder Kongressen, mit der „Übrigens-Methode".

Wenn wir etwas eingekauft haben, bedanken wir uns für die gute Beratung, den guten Service oder die aufmerksame Bedienung. Das kann auch in Form eines Lobes oder Komplimentes geschehen. Dann überreichen wir unsere Visitenkarte, stellen uns kurz vor (Name, Beruf, Firma) und beginnen mit der „Übrigens-Formel".

Angenommen, Sie wollen einen Restaurantbesitzer ansprechen, dann sagen Sie zu ihm:

„Herr Schmecker, Essen und Bedienung waren ausgezeichnet. Mein Kompliment. Darf ich mich bei der Gelegenheit vorstellen? Mein Name ist Fritz Reichmann. Ich bin Anlageberater bei der ABC-Organisation. Falls Sie einmal auf dem Gebiet der Geldanlage einen guten Rat brauchen, stehe ich Ihnen gerne zur Verfügung. Sie können mich unter dieser Rufnummer auch nach 18 Uhr erreichen."

Weitere Methoden, die sich variieren lassen:

Zum Beispiel bei der Ansprache eines Schulfreundes:

Die „Wie-machst-du-es-denn-Methode":

„Übrigens, bei dieser Gelegenheit: Wie legst du denn dein Geld heute bei den niedrigen Zinsen an?"

Die „Was-hältst-du-denn-davon-Methode":

„Was hältst du denn bei den heutigen niedrigen Zinsen davon, dein Geld in Festverzinslichen anzulegen?

Die „Wusstest-du-schon-dass-Methode":

„Übrigens, bei der Gelegenheit, wusstest du schon, dass man heute auch Festverzinsliche kaufen kann, deren Zinsen entsprechend dem Diskontsatz steigen oder fallen?"

5. Die Branchenstrategie – mit Insiderwissen neue Kunden gewinnen

Joe Gandolfo, der erste Versicherungsvertreter der Welt, der in einem Jahr einmal eine Versicherungssumme von über einer Milliarde Dollar schaffte, führte seinen Erfolg neben seinem Selbstvertrauen und seiner Ausdauer vor allem auf seine Branchenstrategie zurück.[37]

Schon sein Vater war im Autogeschäft gewesen. Also spezialisierte auch er sich auf die Autohändler. Mit dem Vorteil, dass er ganz genau wusste, wo sie der Schuh drückte, wie das Geschäft lief und welche Versicherungslücken sie gewöhnlich hatten.

Schon beim ersten Telefonat wusste der Autohändler, dass er mit jemandem aus der „Branche" sprach, dem er nichts vormachen konnte. Und diese Branchenstrategie verfeinerte er auch noch durch eine lokale bzw. regionale Konzentration.

Er konzentrierte sich also bei seinen Akquisitionen immer auf die Autohändler einer Stadt oder eines Bezirkes. So lernte er auch ganz schnell die lokalen und regionalen Besonderheiten kennen und konnte seine Verkaufsmethoden danach ausrichten.

Spätestens wenn er dann im Gespräch fallen ließ, dass Joe Hank von Ford und Jack Miller von Honda oder Bob Fuller von General Motors die und die Probleme besaßen und bei ihm gestern abgeschlossen hatten, überzeugte das den neuen Kunden mehr als jedes Fachargument.

All das steigerte seine Überzeugungskraft und sein Durchsetzungsvermögen, sodass er schließlich ganz genau wusste: In dem Augenblick, da er einen Autohändler ans Telefon bekam, der nicht gerade vor der Pleite stand (was er meistens schon vorher durch seine Branchenrecherchen erfahren hatte), machte er auch einen Abschluss! Kurzum:

> **Die Branchenstrategie ist immer dann besonders empfehlenswert, wenn es bestimmte branchenspezifische Probleme gibt und das eigene Produkt die beste Problemlösung dafür darstellt.**

5.1 Gute Branchenkenntnisse zahlen sich aus!

Wenn in Deutschland über die Branchenstrategie gesprochen wird, dann tauchen als Erstes immer die Ärzte auf. Sie scheinen für alle Anlageberater geradezu die Prototypen der Großverdiener zu sein.

Natürlich verdienen Ärzte immer noch überdurchschnittlich. Aber hier haben sich aufgrund des Kostendämpfungsgesetzes und der verschiedenen Fachspezialisierungen erhebliche Unterschiede ergeben. Während bestimmte Chefärzte Millionen und Radiologen im Durchschnitt um die 360.000,– Euro verdienen, gibt es viele praktische Ärzte, die mit dem Überleben kämpfen.

Sie können sich also leicht vorstellen, wie viele Überraschungen, genauer gesagt Ablehnungen oder Misserfolge, ein Verkäufer erlebt, der heute noch Ärzte wahllos anruft, um ihnen eine steuerbegünstigte Immobilie anzubieten.

So wie es heute Hunderte von Fachzeitschriften für jedes Hobby und für jeden Sport gibt, so muss man sich auch künftig immer mehr auf bestimmte Kunden- und Zielgruppen spezialisieren.

Natürlich sind Lebensversicherungen oder steuerbegünstigte Immobilien für jeden Steuerzahler interessant, aber überzeugen wird vor allem der Berater, der sein Angebot mit den branchenspezifischen Problemen verbinden und als optimale Problemlösung anbieten kann.

Ein weiterer Vorteil der Branchenkenntnisse besteht darin, dass Sie dem Kunden auf diese Weise bestimmte Probleme erst bewusst machen und ihm dann die optimale Problemlösung präsentieren können.

Gerade die Branchenstrategie basiert auf einer der wichtigsten **Erfolgsformeln für Verkäufer**.[38] Sie lautet:

Ein Verkäufer verkauft dann am erfolgreichsten, wenn er:

- **kompetent** ist,
- für seine Kunden **wertvolle Informationen** hat,
- den Kunden ein **Problem bewusst machen** kann und
- den Kunden eine **echte Problemlösung** anbieten kann.

Fassen wir nun unsere Überlegungen konkret zusammen:

5.2 Zehn Tipps, wie Sie mit der Branchenstrategie neue Kunden gewinnen

1. Wählen Sie zuerst **eine Berufsgruppe** aus, zu der Sie sich aufgrund persönlicher Erfahrungen und Kontakte besonders hingezogen fühlen (z. B. Ärzte, Autohändler, Architekten etc.).
2. Informieren Sie sich durch **persönliche Gespräche** mit einzelnen Branchenmitgliedern oder Verbandsfunktionären

über die aktuellen fachlichen und wirtschaftlichen Probleme der (unterschiedlichen) Branchenmitglieder. Sie sind die beste Quelle für die speziellen Branchenprobleme, für die besten Argumente und für die überzeugendsten Problemlösungen!

3. Erarbeiten Sie bestimmte Kriterien für die **Vorqualifizierung** der einzelnen Personen oder Betriebe, für die Ihr Angebot überhaupt infrage kommt. Zum Beispiel die Größe der Praxis, die Anzahl der Mitarbeiter oder die Höhe des Umsatzes.

4. Erarbeiten Sie **berufsspezifische Argumente** für Ihr Angebot, das Ihre Kompetenz beweist, das wertvolle Informationen enthält, das den Kunden ein Problem bewusst macht und das Ihr Angebot als echte Problemlösung vorstellt.

5. Fragen Sie den Verband, ob Sie in der **Verbandszeitschrift** über Ihr Angebot in neutraler Form schreiben dürfen bzw. ob Sie die Adressen der Verbandsmitglieder für eine spezielle Vortragseinladung nutzen dürfen. Sie bekommen die Adressen der Verbandsmitglieder umso eher, je neutraler (und wertvoller) Ihre Informationen sind.

6. **Testen** Sie Ihr Verkaufskonzept mit den branchenspezifischen Argumenten zuerst bei zwei oder drei Branchenmitgliedern. Fragen Sie sie dabei ganz ehrlich nach ihrer Meinung. Hat sie Ihr Angebot überzeugt? Was hat sie nicht überzeugt? Was sollte anders sein?

7. **Verfeinern** Sie Ihr Verkaufskonzept durch jedes weitere Gespräch, denn die besten Argumente kommen immer von den Kunden selbst.

8. **Analysieren** Sie jeden Erfolg und Misserfolg Ihrer Verkaufsgespräche, bis Sie herausbekommen, welches die Ursachen für Ihren Erfolg oder Misserfolg waren. Nur so können Sie Ihre Erfolge verdoppeln und Misserfolge vermeiden. Dazu gehören Fragen wie: Was hat Sie an diesem Konzept besonders überzeugt? Warum haben Sie sich dafür entschieden? Unter welchen Voraussetzungen

wären Sie bereit, sich für dieses Angebot zu entscheiden? Was macht Ihnen im Augenblick noch Kopfzerbrechen? Was gefällt Ihnen an der Sache nicht und was sollte anders gemacht werden?

9. Betonen Sie im Gespräch mit den Branchenmitgliedern Ihre besonderen **Kenntnisse und Bindungen** zu dieser Berufsgruppe. Sprechen Sie über die aktuellen wirtschaftlichen Probleme. Berichten Sie von Ihren erfolgreichen Abschlüssen und den Gründen dafür.

10. Nutzen Sie die **Querverbindungen** der Branchenmitglieder untereinander und fragen Sie sie im Anschluss an eine gute Beratung nach Empfehlungen bzw. nach weiteren Adressen. Notieren Sie sich drei Branchen, die Ihnen am erfolgversprechendsten erscheinen.

6. Die Vortragsstrategie – öffentliche Veranstaltungen als Kundenmagnete

Es ist doch merkwürdig: Jeder klagt über Zeitmangel und über zu viele Verpflichtungen. Aber kaum gibt es irgendwo eine Veranstaltung, die etwas Besonderes – z. B. eine Begegnung mit Prominenten – verspricht, kommen die Leute in Scharen gelaufen. Niemand will also etwas versäumen, jeder möchte seinem Leben etwas „mehr Pep" geben.

Sosehr sich der Einzelne oft gegen verpflichtende Terminvereinbarungen sträubt, so zahlreich kommen die Leute, wenn sie in der Anonymität einer Veranstaltung (ohne das Gefühl der Verpflichtung) dabei sein können. Diesen Trend sollten Sie auch für die Akquisition nutzen. Wie können Sie vorgehen? Hier fünf aktuelle Beispiele:

6.1 Wie man zu 6.000 neuen Adressen kommt

Interessante Messen sind ganz allgemein Publikumsmagnete. Vor allem, wenn es um Bereiche wie Sport, Freizeit, Hobby und Gesundheit, Bauen und Basteln geht. Dann strömen die Leute in Scharen herbei.

Als sich einer der Gebietsdirektoren der BADENIA-Bausparkasse – zusammen mit seinen Mitarbeitern – überlegte, wie man zu neuen Adressen kommen könnte, belegten sie einen Stand auf einer Freizeitmesse. Dabei achteten sie darauf, dass sie ihren Stand in einer der Haupthallen bekamen und dass er von einem positiven (also dem passenden) Umfeld umgeben war.

Das aber genügte noch nicht! Bunte Plakate und Prospekte allein ziehen die Leute noch nicht an den Stand. Da muss man schon mehr bieten. Die Leute von BADENIA organisierten als Publikumsmagnet noch ein Gewinnspiel. **Jeder Mensch möchte gerne irgendetwas kostenlos gewinnen.** Vor allem, wenn die Sache ganz einfach ist und schöne Preise winken. Also entwickelten sie das folgende Kärtchen, auf dem man den richtigen Werbeslogan ankreuzen und seine Adresse aufschreiben musste:

B A D E N I A - Bausparkassen AG
Gewinnspiel 94
Wie lautet der neue Werbeslogan der
B A D E N I A ?

⊚ Ich freue mich auf zu Hause!
⊛ Freu dich auf zu Hause!
⊛ Freuen auf zu Hause!

1. Preis: Fahrrad	5. Preis: Rucksack
2. Preis: Gameboy	6. Preis: Schirm
3. Preis: Fahrradset	7.-20. Preis: Hand-
4. Preis: Schlüsselset	tuch

_____

Name/Vorname

_____

Straße/PLZ/Wohnort

_____

Geburtsdatum   Telefon

Der Rechtsweg ist ausgeschlossen. Die Gewinner werden schriftlich benachrichtigt.

Gleichzeitig bot diese Methode auch eine sehr gute Chance, in Kontakt mit den Besuchern zu kommen. Man fragte sie einfach, ob sie schon an dem BADENIA-Gewinnspiel teilgenommen hätten, verwies auf den ersten Preis – ein tolles Mountainbike, das auf einem Podest ausgestellt war –, verteilte die entsprechenden Karten und wenn dann ein Kunde auf der Suche nach dem richtigen Werbeslogan den Berater hilflos anschaute, dann verdrehte der leicht die Augen nach oben – denn genau über ihm hing der richtige Slogan. Der Kunde erkannte die richtige Antwort, strahlte, hatte sein Aha-Erlebnis, füllte das Kärtchen aus, und schon kam man miteinander ins Gespräch. **Auf diese Weise kamen über 6.000 Adressen zusammen.**

Innerhalb der nächsten vier Wochen nach der Messe wurden nun alle Nichtgewinner mit folgendem Brief angeschrieben:

Sehr geehrter Herr Bäuerlein,
Sie haben vor einigen Wochen auf der Freizeitmesse an unserem Gewinnspiel teilgenommen. Obwohl Sie die richtige Lösung angekreuzt haben, hat es diesmal aufgrund der über 5.000 richtigen Lösungen nicht für einen Preis gereicht.
Dennoch können Sie mit BADENIA-Bausparen in der Zukunft sehr wohl einen echten Gewinn machen!
Wussten Sie, dass Sie mit Ihrer Miete bereits Eigentum bilden? Leider nicht für Sie, sondern für Ihren Vermieter.
Wollen Sie diesen Zustand ändern?
WIE? – Rufen Sie mich an! Ich gebe Ihnen die Lösung.
Mit freundlichen Grüßen
Karl Hauser

Natürlich gab es neben guten Adressen auch viele Adressen von Kindern und reinen Gewinnspekulanten. Aber 6.000 Adressen und ein solch gewaltiger Messezulauf bedeuten auch eine erhebliche Steigerung des Bekanntheitsgrades. Und das ist für die Neukundenakquisition ein ganz entscheidender Vorteil. Denn hier gilt die Regel:

Je bekannter eine Firma ist, desto größer ist die Akzeptanz bei den Kunden!

Handelte es sich hier eher um eine öffentliche Veranstaltung, so ist für eine betriebliche Vortragsveranstaltung entscheidend, dass Ort, Rahmen, Ankündigung und Ablauf der Veranstaltung genau der anvisierten Kundenzielgruppe entsprechen. Genau das beweisen auch die nächsten drei Beispiele.

6.2 Eine öffentliche Produktvorstellung ist attraktiver!

Natürlich hätte die Firma Compaq ihre brandneue Desktop-Familie auch jedem einzelnen Kunden vorstellen können (und wird es bei Bedarf auch tun), aber die öffentliche und ungezwungene Vorstellung in Verbindung mit einem persönlichen Erfahrungsaustausch erhöhte den Neuigkeitswert. Also lud man die Kunden mit folgendem Schreiben dazu ein:

Compaq proudly presents ...

Sehr geehrter Herr Dr. Altmann,
vor kurzem haben wir eine Reihe neuer Produkte vorgestellt. Dazu gehören unter anderem:
- das Hochleistungs-Notebook
- das neue Leichtgewicht
- der ideale Fileserver
- und vieles andere mehr ...

Diese innovativen Produkte sowie eine brandneue Desktop-Familie möchten wir Ihnen „live" präsentieren. Lassen Sie sich diese Neuigkeiten nicht entgehen und kommen Sie am:
19. Januar 2004 ins Marriott Hotel München.
Die Veranstaltung beginnt um 14.00 Uhr und endet um ca. 17.00 Uhr mit einem Stehimbiss.

> Währenddessen stehen wir Ihnen gerne noch für
> Fragen und Anregungen im persönlichen Ge-
> spräch zur Verfügung.
> Wir freuen uns sehr auf Ihr Kommen!
> Bitte faxen Sie das Anmeldeformular bis 14.01.
> an uns zurück.
> Mit freundlichen Grüßen
> **Compaq Computer GmbH**
> Edith Zäpfel
> Key Account Manager
> **Anlage:** Agenda, Anmeldeformular,
> Anfahrtsskizze

Eine ganz andere Strategie verfolgt die nächste Firma:

6.3 Wie man mit alten Kunden neue Interessenten gewinnt

Die Firma NORAMCO ist eine Investmentfonds-Vermitt-
lungsgesellschaft, die in Deutschland vor allem Templeton-
Fonds vertreibt. Da man sich an einem der zahlreichen
Fonds bereits mit geringen Beträgen beteiligen kann, wen-
det sich NORAMCO auch an eine große Kundenzielgruppe.

Ihre Akquisitionsmethode besteht unter anderem darin, ihre
Kunden immer wieder zu Veranstaltungen einzuladen, wobei – als besonderer Clou – die alten Kunden auch noch
neue Interessenten mitbringen „dürfen". Interessante Themen und Referenten sollen den Teilnehmern gute und kompetente Informationen bieten.

Interessant ist hier, dass den Eingeladenen erst nach der
persönlichen Anmeldung auch eine persönliche Eintritts-
karte zugeht, auf der sie dann das genaue Tagungshotel finden.

So will man auch eine höhere Kundenverpflichtung erreichen.

Das Muster einer solchen Einladung sieht folgendermaßen aus:

Sehr geehrte Anlegerin,
sehr geehrter Anleger,

wir freuen uns, Ihnen auf beiliegendem Formular die Daten unserer diesjährigen

Kunden- und Interessentenveranstaltungen

mitzuteilen. Vielleicht kennen Sie diese Termine schon aus der Presse. Sie, Ihre Bekannten, Verwandten und Freunde sowie Ihr Steuerberater, jeweils mit Partner oder Partnerin, können an einer solchen Veranstaltung *kostenlos* teilnehmen.

Nutzen Sie beiligendes Formular zur Anmeldung, falls Sie sich noch nicht über Ihren Finanzberater oder über uns angemeldet haben. *Ihr Finanzberater und wir freuen uns, Sie bei dieser Gelegenheit zu begrüßen.*

Es wird eine Menge Neuigkeiten geben!

Außerdem wird das Thema, das alle besonders interessiert – *„Resultate nach Steuern"* – ausführlich von Herrn Peter Barz, Dipl.-Betriebswirt und Steuerberater, behandelt. Sie wissen, dass verschiedene behördliche Maßnahmen zu einer großen Verunsicherung geführt haben.

Darüber hinaus behandeln wir auch das Thema

„Gute Investmentfonds als zusätzliche Altersversorgung"

Wir freuen uns auf Ihr Erscheinen!
Mit freundlichen Grüßen
Joe Becker

Blatt 2 – Vorderseite

Anmeldeformular für die
Kunden-/Interessentenveranstaltungen

Ich bin/Wir sind an den u. g. Veranstaltungen interessiert:

Name: _____

Anschrift: _____

_____

Anlageberater: _____

Informationsveranstaltungen 2004

Februar 2004, von 19.30 – 21.30 Uhr

Köln	2.2.	Montag	Frankfurt	16.2.	Montag
Düsseldorf	3.2.	Dienstag	Hannover	17.2.	Dienstag
Stuttgart	4.2.	Mittwoch	Berlin	18.2.	Mittwoch
München	5.2.	Donnerstag	Hamburg	19.2.	Donnerstag

Blatt 2 – Rückseite

Bitte laden Sie auch noch folgende Personen ein:

1. _____

Name, Vorname

_____

Straße, Hausnummer

_____

Postleitzahl, Ort

_____

Telefonnummer   Beruf

2. _____

Name, Vorname

_____

Straße, Hausnummer

_____

Postleitzahl, Ort

_____

Telefonnummer   Beruf

Informieren Sie sich – melden Sie sich an. Es geht um Ihr Geld!

(Eine persönliche Einladungskarte geht Ihnen zu.)

Wie aber, werden Sie jetzt fragen, kann ich diese Vortragsstrategie nutzen, wenn meine Firma keine solchen publikums-
wirksamen oder exquisiten Veranstaltungen durchführt?

Kann ich auch allein etwas machen?

Ja, Sie können auch allein etwas machen, wenn Sie rheto-
risch ein wenig geschickt sind. – Die nächste Idee beweist es!

6.4 Volkshochschulkurse – eine gute Chance für neue Kunden

Genau zu dieser Strategie riet ich einem Anlageberater, der
gut reden und vortragen konnte. Er sollte bei einigen Volks-
hochschulen der Umgebung entsprechende Abendkurse abhalten und so auf sich und sein Angebot aufmerksam machen. Der Vorschlag gefiel ihm und so stand im nächsten
Volkshochschulkatalog folgende Ankündigung:

Vermögensaufbau und Vermögenssicherung mit Immobilien
Referent: Otto Klug
Dienstag, den 17.02.04, 18.30-20.30 Uhr
3 Abende
Gebühr 25,– €, Unterrichtsmaterial 3,– €
Dieses Seminar ist auf den reinen Kapitalanleger ausgerichtet. Ziel ist es, ihn in die Lage zu
versetzen, Immobilienprojekte zu analysieren
und somit Vorteile sowie eventuelle Schwach-
stellen leichter erkennen zu können.
Besprochen werden gewerbliche Objekte (Büro-
gebäude, Baumärkte, Seniorenheime etc.) und
vermietete Eigentumswohnungen in den USA
sowie in den alten und neuen Bundesländern
einschließlich Berlin.

Welche Vorteile bietet das neue Fördergebietsgesetz? Welche Standorte sind interessant? Welche Chancen und Risiken bergen solche Investments? Welche Eigenmittel sind erforderlich? Welche Investition ist die richtige für mich? Ab welchem Einkommen ist eine Investition überhaupt sinnvoll?

Ein Gewinn bringendes Seminar für alle, die mit einer Immobilie Geld verdienen möchten und die es leid sind, ihr Einkommen zu 40 Prozent oder gar 50 Prozent mit dem Finanzamt zu teilen.

Ort: Germering, Wittelsbacherschule, Wittelsbacherstr. 19, Zimmer 14

Das Ergebnis? – Die Kurse waren gut besucht, die Teilnehmer sehr zufrieden. Aber es rührte sich nichts. Kein persönlicher Kontakt. Keine Anfrage. Kein direktes Kaufinteresse. Der Mann war ratlos, verunsichert und dachte schon daran, die ganze Sache aufzugeben.

Doch ich riet ihm, weiterzumachen. Weiter wie bisher neutral, kompetent und seriös vorzugehen, ohne jetzt plötzlich Verkaufsdruck auszuüben. Und siehe da – ein Semester später, nach der ersten Wiederholung, kamen die ersten konkreten Anfragen und kurz darauf ergaben sich auch die ersten Abschlüsse.

6.5 Einmal ist keinmal! Auf die Wiederholung kommt es an!

Warum diese Verzögerung? **Kaufen ist Vertrauenssache!** Wenn also Interessenten den VHS-Katalog durchblättern und auf dieses Thema stoßen, sind sie als Erstes neugierig. Einige kommen, andere haben bei diesem Termin noch keine Zeit. Aber auch diejenigen, die beim ersten Mal kommen, wissen noch nicht, ob sie es mit einer Eintagsfliege zu tun haben oder ob dieser Mann auf dem Podium wirklich kompetent und vertrauenswürdig ist.

Spätestens wenn sie dann im nächsten Semester die gleiche Ankündigung wieder sehen, wissen sie, dass die VHS-Leitung keine Beschwerden bekommen hat, dass man also – wie die VHS-Leitung – diesem Mann wohl trauen kann. Und so kommt der Stein langsam ins Rollen.

Übrigens: Genau das gleiche Gesetz gilt, wenn Sie sich zum Beispiel durch Artikel in Fachzeitschriften oder durch Fachbücher einen Namen schaffen und auf sich aufmerksam machen wollen.

Wenn Sie nicht gerade über ein wirklich ganz heißes und brandaktuelles Thema schreiben, verpufft ein Artikel allein völlig. In der Regel bekommen Sie keine Resonanz!

Fast das Gleiche erleben Sie, wenn Sie nur gelegentlich einmal schreiben. Bei der Überfülle an gedruckten Informationen ist das nicht mehr als ein Tropfen im Meer der Printmedien.

Auch hier gilt: **Einmal ist keinmal! Auf die Wiederholung kommt es an!**

6.6 Ernsthafte Kunden schätzen gute Informationsveranstaltungen

Erinnern Sie sich noch an unseren Finanzberater Fritz Reichmann? Er und seine Kollegen luden ebenfalls Kunden wie Interessenten regelmäßig zu Vorträgen ein. Sie konnten und wollten natürlich von der hohen Qualität ihrer Research-Abteilung profitieren und stellten vor allem die Aktualität der Finanzmärkte in den Vordergrund.

Ihre Einladung lautete:

Sehr geehrter Herr ...,
sehr geehrte Frau ...,
die Zeiten, in denen man mit einer Stunde Nachdenken pro Woche gute Anlageentscheidungen treffen konnte, sind wohl vorbei. Zu schnell ändern sich heute Märkte, Trends und politische Entwicklungen.
Bei der Suche nach neuen, Erfolg versprechenden Anlagestrategien sind heute klare Analysen und gute Informationen die besten Voraussetzungen.
Die ABC-Organisation lädt Sie deshalb zu folgender Vortragsveranstaltung ein:
„Europa im Umbruch – zukunftsweisende Anlagestrategien zu Beginn des 21. Jahrhunderts"
Der Vortrag findet am ... in ... statt.
Referent ist Dr. Kluge, Leiter der Research-Abteilung.
Im Anschluss an den Vortrag besteht die Möglichkeit, mit dem Referenten aktuelle Fragen zu diskutieren. Zu diesem Vortrag können Sie auch Ihren Steuerberater und zwei weitere Gäste mitbringen.
Bitte geben Sie uns mit der beiliegenden Antwortkarte bis zum ... Bescheid. Wir lassen Ihnen und Ihren Gästen dann eine persönliche Einladung zukommen.
Ich freue mich auf Ihr Kommen und verbleibe
mit freundlichen Grüßen
Fritz Reichmann
Anlagen: Übersicht über die Veranstaltungstermine und -hotels in München, Stuttgart, Mannheim, Frankfurt, Düsseldorf, Kassel etc.
Antwortkarte

Frage: Hatten Fritz Reichmann und seine Kollegen bei der ersten Einladung gleich das Haus voll? – Nein. Natürlich nicht. Auch dieses Instrument der Einladungen braucht Zeit und Wiederholung. Was ist daher bei der Veranstaltungsstrategie vor allem zu beachten?

6.7 Zehn Praxistipps für die erfolgreiche Anwendung der Vortragsstrategie

1. Planen Sie langfristig.
2. Sagen Sie eine halb besuchte Veranstaltung auf keinen Fall ab. Wählen Sie lieber einen kleineren Raum.
3. Wählen Sie Tagungshotel und Programm genau entsprechend Ihrem Angebot und Ihrer Zielgruppe aus.
4. Schicken Sie die Einladungen mindestens vier Wochen, besser sogar sechs Wochen vorher aus.
5. Wählen Sie ein sehr aktuelles Thema.
6. Legen Sie eine Antwortkarte bei und fordern Sie die Interessenten zu einer schriftlichen Anmeldung auf.
7. Führen Sie als Berater an diesem Abend keine Verkaufsgespräche, sondern beantworten Sie nur Fragen.
8. Halten Sie alle Anschreiben so kurz wie möglich.
9. Ermöglichen Sie den Kunden, Gäste mitzubringen.
10. Verwenden Sie als Aufhänger einen bekannten Namen, wenn Ihre Firma noch unbekannt ist. Beispielsweise: „Nicht jeder hat einen eigenen Finanzberater wie Franz Beckenbauer ..."

7. Die Empfehlungsstrategie – das Sesam-öffne-dich für neue Kunden

Jeder Verkäufer weiß: Das größte Hindernis zwischen ihm und einem neuen Kunden ist das Gefühl des Misstrauens, das schnell zur Ablehnung führen kann. Dahinter steckt die alte Erfahrung: Wen man nicht kennt, dem vertraut man nicht. Und wem man nicht vertraut, mit dem macht man keine Geschäfte.

Deshalb ist eine Empfehlung so viel wert. Sie schafft einen Vertrauensvorschuss, eine Gemeinsamkeit und damit eine Brücke zwischen dem fremden Kunden und dem unbekannten Verkäufer. In ganz besonders drastischer Weise habe ich das einmal in Italien erlebt.

7.1 Gute Empfehlungen öffnen selbst die verschlossensten Türen

Eine italienische Computerfirma, die an Jugendliche PCs verkaufen wollte, kam auf eine ganz ungewöhnliche Akquisitionsmethode. Sie wollte im Direktvertrieb verkaufen und konzentrierte sich nicht auf die Städte, sondern vor allem auf das Land. Wie aber schafft man es in den vielen kleinen Orten auf dem Land, den Jugendlichen – quasi an der Haustür – neue Computer zu verkaufen?

Ihre Methode zeigt, dass man hochwertige, hochpreisige und „erklärungsbedürftige" Produkte oft nur über Empfehlungen verkaufen kann. Ihr System war wirklich durchdacht: Sie gingen zuerst zum Pfarrer und fragten ihn, ob er im Pfarrhaus einen Raum für ca. 50 Personen zu vermieten hätte. Der Pfarrer, erfreut über die Chance, ein paar Euro zusätzlich zu verdienen, bejahte.

Nachdem die Besucher ihm erkärt hatten, dass sie den Raum gleich mehrere Abende für einen Computerkurs brauchten, fragten sie den Pfarrer nach den Adressen von drei im Ort gut bekannten Jungen aus guten Familien im Alter von ca. 15 Jahren.

Außerdem baten sie den Pfarrer, doch gleich bei diesen drei Jungen zu Hause anzurufen und sie für den nächsten Tag zu einer Besprechung mit ihnen ins Pfarramt zu bestellen. Am nächsten Tag kamen die drei Jungen, begrüßten zuerst den Pfarrer und dann die fremden Besucher.

Hier erfuhren sie auch ihre Aufgabe: Da sie gute Kontakte zum Pfarrer hatten (sonst hätte er sie nicht ausgewählt), wussten sie natürlich auch, wer in den letzten drei Jahren in diesem Ort gefirmt worden war. Diese Firmlinge sollten sie nun persönlich aufsuchen, mit ihren Eltern sprechen und sie dann zu einem ersten (kostenlosen) Informationsabend in das Pfarramt einladen.

Die drei Auserwählten gingen los und da sie vom Pfarrer kamen und außerdem noch ins Pfarramt einluden, hatten sie keinerlei Mühe, in der nächsten Woche die Informationsveranstaltungen brechend voll zu bekommen. Wer würde schon auf dem Land eine Informationsveranstaltung des Herrn Pfarrer ausschlagen?

Was also für fremde Verkäufer, die vielleicht an ihren Autos auch noch die Nummernschilder von Rom oder Mailand gehabt hätten, beinahe unmöglich gewesen wäre, schaffte hier auf elegante Weise das Empfehlungssystem.

Bei der Informationsveranstaltung wurden alle vom Pfarrer begrüßt, der dann das Wort an den Leiter des künftigen Computerkurses weitergab.

Es war klar, dass eine solche vom Pfarrer anscheinend abgesegnete Sache auch gut sein musste. Also belegten über 80 Prozent der Eltern für ihre Kinder diesen Kurs. Die restlichen Eltern wurden von dem freundlichen Schulungsleiter dann noch in einem persönlichen Gespräch „überzeugt".

Und ebenso klar war, dass am Ende des ersten Kurses in allen Schülern der heiße Wunsch nach einem eigenen PC geweckt worden war.

Ein, zwei Tage, nachdem die Kinder ihren Eltern von dem neuen PC vorgeschwärmt hatten, meldete sich dann auch schon der nette Schulungsleiter zu einem Gespräch an, lobte die Intelligenz der hoffnungsvollen Sprösslinge in den höchsten Tönen und pries seinen neuen Computer als die ultimative Lösung auf dem Weg zu Geld, Erfolg und Karriere an. Welche Mama konnte da noch widerstehen? – Also kaufte sie!

Fazit: Die persönliche Empfehlung schafft selbst dort den Zutritt, wo sich ohne Empfehlung nicht eine einzige Tür öffnet.

7.2 Warum sind Empfehlungen so wichtig?

Firmen wie AVON oder Mary-Kay-Kosmetik verkaufen heute fast ausschließlich über Empfehlungen und machen damit Riesenumsätze. Das Gleiche gilt für die professionellen Verkäufer im Immobilien-, Finanzdienstleistungs-, Versicherungs- oder Bausparkassenbereich.

Immer gilt dasselbe Erfolgsprinzip: Gerade bei Produkten, deren Qualität für den Kunden nicht sofort durchschaubar ist, verlassen sich potenzielle Kunden viel lieber auf die guten Erfahrungen von Freunden und Bekannten als auf die Lobpreisungen der Verkäufer.

Ohne Empfehlungen läuft hier gar nichts – mit Empfehlungen eine ganze Menge.

Viele Profis waren schon Ende der Neunzigerjahre der Meinung, dass die professionelle Arbeit mit Empfehlungen die wichtigste Akquisitionsmethode an der Wende zum 21. Jahrhundert sein würde.

Ganz entscheidend ist die Empfehlungsmethode dort, wo die Produkte fast austauschbar sind, wo es also in erster Linie auf die Persönlichkeit des Verkäufers ankommt. Es gibt aber auch noch drei andere Gründe, warum Empfehlungen immer wichtiger werden:

1. weil die Abwehrhaltung der Kunden am Telefon immer größer wird,
2. weil die Reaktionen auf Mailings ständig zurückgehen und
3. weil die Kaltbesuche immer schwieriger werden.

Das Gleiche gilt auch für die Verkäufer: Kaltakquisition, Telefonanrufe und Mailings sind nicht gerade das, was viele Verkäufer freudigen Herzens bejahen.

Das „Gefühl des Anbiederns" macht dabei vielen Verkäufern zu schaffen. Darüber hinaus wissen wir alle: **Verkaufen ist Vertrauenssache.** Und Vertrauen kann nur zwischen Menschen entstehen, die sich kennen. Deshalb ist es auch sehr wichtig, von wem die Empfehlung kommt.

Wenn der Empfehlungsgeber bei dem Bekannten nicht ankommt, dann ist die Empfehlung wertlos![39]

7.3 Warum verzichten so viele Verkäufer auf Empfehlungen?

Das größte Problem für die meisten Verkäufer besteht darin, dass sie sich nicht trauen, regelmäßig nach Empfehlungen zu fragen.

Psychologische Untersuchungen haben ergeben, dass sich Verkäufer in solchen Situationen regelrecht selbst in den eigenen Psychofallen fangen. In diesem Augenblick sehen sie Probleme oder hegen Befürchtungen, die gar nicht da sind. Fragt man sie dann nach ihren Bedenken, bekommt man Antworten wie zum Beispiel:

◉ Ich habe Angst, dass der Kunde die Frage nach Empfehlungen als Zumutung empfindet.

- Ich empfinde es als Belästigung, den Kunden schon kurz nach dem Abschluss nach Empfehlungen zu fragen.
- Ich bin froh, wenn ich den Auftrag habe – und dann nichts wie weg. Sonst überlegt es sich der Kunde noch.
- Ich habe schon ein paarmal Kunden nach Empfehlungen gefragt, aber sie haben keine gewusst oder mich abblitzen lassen.
- Ich fühle mich nach einem Abschluss so gut, dass ich das Gefühl habe, gar nicht auf Empfehlungen angewiesen zu sein.

Viele Argumente haben etwas für sich. Eine Reihe von Kunden ist wirklich nicht bereit, sofort nach einem Abschluss eine Empfehlung zu geben. Warum? Weil sie zuerst einmal wissen wollen, ob das Angebot auch hinsichtlich Qualität und Service das hält, was der Verkäufer versprochen hat. Manchmal braucht es dazu nur ein paar Tage, manchmal ein paar Wochen oder Monate.

7.4 Der beste Augenblick, um nach Empfehlungen zu fragen

Der Verkäufer sollte sich daher nach diesen paar Tagen, Wochen oder Monaten in jedem Fall wieder melden und fragen:

„Wie zufrieden sind Sie mit ...? Ist alles in Ordnung?"

Wenn jetzt ein Verkäufer sagt: „Das interessiert mich nicht. Ich bin doch nicht für die Reklamationen zuständig!", dann hat er weder den eigentlichen Sinn des Verkaufens verstanden (dass sich der Kunde mit seinem Angebot wohl fühlen soll), noch hat er das Recht, nach Empfehlungen zu fragen.

Nehmen wir aber jetzt folgenden Fall an:

Ein Kunde kauft sich ein neues, schönes Auto mit einer besonderen Ausstattung. Er fährt damit nach Hause. Erste Frage: Fährt er den Wagen jetzt sofort in die Garage, oder lässt er ihn nicht eher vor der Haustür stehen, damit ihn die Nachbarn bewundern können?

Und nehmen wir weiter an: Er ist mit dem schönen, neuen Auto zufrieden, fährt damit zur Arbeit, zu Geschäftskollegen, zum Tennisclub. Zweite Frage: Wird er dann verlegen zu Boden blicken, wenn man ihm zu seinem neuen Auto Komplimente macht? Oder wird er nicht eher voller Freude und Begeisterung darüber erzählen?

Was will ich damit sagen?

> **Psychologen haben herausgefunden, dass Kunden in den ersten Tagen nach der Kaufentscheidung alles tun, um diese Kaufentscheidung auch noch nachträglich bestätigt zu bekommen und sich mit ihr zu identifizieren.**

Und das geschieht am besten durch positive, aufwertende Gespräche mit anderen Menschen über die eigene Kaufentscheidung.

Daher bin ich der Meinung: Wenn jetzt – **drei Tage nach der Auslieferung** – der Autoverkäufer den Kunden anruft und ihn fragt, wie er mit dem Auto zufrieden ist und ob er schon alle Feinheiten ausprobiert hat, dann ist jetzt der beste Zeitpunkt für Empfehlungen gekommen.

7.5 Die beste Methode, um nach Empfehlungen zu fragen

Es ist eine Frage und sie lautet:

„Mit wem haben Sie denn schon über Ihr neues Auto gesprochen?"

Und weiter:

„Haben Sie das Gefühl, dass sich einer von ihnen auch für dieses Modell oder eine unverbindliche Probefahrt interessiert?"

Damit haben Sie gleich **drei Vorteile** erreicht:

1. Sie haben den Kunden an positive, aufwertende Gespräche über seine Kaufentscheidung erinnert.
2. Sie haben dem Kunden den Kreis möglicher Empfehlungsadressen schon vorgegeben (die „Gesprächspartner"), sodass er nicht mehr lange nachdenken muss.
3. Sie haben dem Kunden eventuell sogar die Chance gegeben, einem seiner Bekannten etwas Gutes zu tun, also zu einer interessanten Probefahrt zu verhelfen.

Die folgende Vorgehensweise ist daher in meinen Augen die beste, weil ehrlichste Form der Empfehlungsstrategie:

- Sie rufen den Kunden ein paar Tage nach der Auslieferung des Produktes an.
- Sie fragen den Kunden, ob er mit dem Produkt zufrieden ist und ob er es schon ausprobiert hat.
- Sie kümmern sich bei Reklamationen sofort um eine Abhilfe und rufen ihn danach wieder an, ob nun alles in Ordnung sei.
- Sie fragen bei Zufriedenheit des Kunden, mit wem er schon über das Produkt gesprochen hat.
- Sie fragen den Kunden, wer sich von seinen Gesprächspartnern ebenfalls für eine Probefahrt oder eine Beratung interessiert.

Genau dasselbe gilt auch für Immobilien- oder Fertighausverkäufer. Hier ist der Einzug in die neue Wohnung oder in das neue Haus der geeignete Zeitpunkt.

In diesem Fall kann man allerdings das Verfahren abkürzen, indem man den Kunden vielleicht ein oder zwei Wochen nach der Vertragsunterzeichnung bzw. der notariellen Beurkundung anruft und ihm dann bei einem persönlichen Gespräch noch **zusätzliche Serviceleistungen** anbietet.

Zum Beispiel eine Liste, wo er bestimmte Dinge günstig einkaufen kann. Etwa: den Kachelofen, die Markisen, die

Gartenanlage, die Einfahrt mit dem Briefkasten und der Tonne, den Kanalanschluss.

In diesem Augenblick erkennt der Kunde ganz besonders die Dienstleistungen des Verkäufers an, fühlt sich dadurch in seiner Kaufentscheidung bestätigt und hat in der Zwischenzeit sicher auch schon mit Freunden und Bekannten über sein neues Bauvorhaben gesprochen. Er ist also noch auf dem **Höhepunkt seiner Begeisterung.**

Deshalb ist jetzt der richtige Zeitpunkt für Fragen nach Empfehlungen gekommen. Beispiel:

„Mit wem haben Sie denn schon über Ihr neues Haus/Ihre neue Wohnung gesprochen? Wer könnte sich von ihnen auch noch dafür interessieren?"

Bleibt zuletzt noch die Frage:

7.6 Warum gibt eigentlich jeder Kunde gerne Empfehlungen?

1. Je mehr Kunden dasselbe Produkt kaufen, desto mehr fühlt sich der Kunde in seiner Kaufentscheidung be**stätigt**.

2. Eine Empfehlung auszusprechen bedeutet für den Kunden, sich bewusst mit seiner Kaufentscheidung zu **identifizieren**.

3. Der Kunde, der Empfehlungen ausspricht, möchte auch über das **Lob** des neuen Kunden in seiner Kaufentscheidung bestätigt werden.

4. Der Kunde entwickelt bei besonderer Zufriedenheit geradezu ein **Sendungsbewusstsein**. Er möchte auch andere Menschen „missionieren" und seine Wertvorstellungen weitergeben.

5. Der Kunde erhofft sich durch die Empfehlung insgeheim den **Dank** des Empfohlenen, was wiederum den Kontakt festigt.

6. Der Kunde, den man nach einem bestimmten Freundes- und Bekanntenkreis „abfragt" (z. B. nach Bekannten im Golfclub), fühlt sich **aufgewertet**.
7. Der Kunde fühlt sich gegenüber ehrlichen, kompetenten, hilfsbereiten und bemühten Verkäufern in der Verpflichtung und hat das Gefühl, durch Empfehlungen dieses **Schuldgefühl** abbauen zu können.
8. Der Kunde hofft andererseits, durch solche Empfehlungen auch den Verkäufer stärker an sich **binden** zu können, damit dieser ihn bei möglichen Reklamationen unterstützt.
9. Der Kunde erlebt durch die Weitergabe von Empfehlungen eine Verstärkung seines **Kontaktnetzes** und damit eine Verstärkung seiner persönlichen Beziehungen.
10. Der Kunde möchte anderen einen Gefallen tun, weil er sich dadurch auch andere **verpflichten** kann.

7.7 Was Sie über den Empfohlenen wissen sollten

Um die Empfehlung auch gut nutzen zu können, sollten Sie dem Empfehlungsgeber immer einige Fragen über den Empfohlenen stellen:

- Wie heißt er mit Namen und Vornamen?
- Welchen Titel hat er?
- Welche Anschrift, Telefonnummer hat er?
- Welchen Beruf, welche Stellung, welche Aufgabe hat er?
- Ist er verheiratet und hat er Kinder?
- Welche Hobbys oder Sportaktivitäten betreibt er?
- Warum kommt Ihr Angebot für ihn infrage?
- Hat er schon Erfahrungen mit ähnlichen Angeboten gemacht und wenn ja, welche?
- Wann kann man ihn am besten erreichen?
- Was hat diesem Interessenten an dem Produkt besonders gefallen?

7.8 Die Erwartungen des Empfehlungsgebers

Das ist eine ganze Menge. Dafür erwartet der Kunde auch etwas:

Erste Erwartung: Er möchte jetzt auf dem Laufenden gehalten werden. Er möchte wissen, was nun geschieht, wie der Empfohlene reagiert hat, was bei dem ersten Gespräch herausgekommen ist ... für welches Modell sich der Empfohlene interessiert hat ... und ob er schon abgeschlossen hat.

Auch wenn Sie den neuen Interessenten trotz zweier Anrufe nicht erreicht haben, sollten Sie den Empfehlungsgeber in jedem Fall über den Stand der Dinge unterrichten.

Beispiel:

„Ich habe schon zwei Mal versucht, Herrn X in seinem Büro anzurufen, konnte ihn aber nicht erreichen. Glauben Sie, dass es auch eine Chance gibt, ihn am Abend zu Hause zu erreichen?"

Den Empfehlungsgeber zu informieren ist nicht nur eine Sache der Höflichkeit, sondern auch der Klugheit.

Denn wer *eine* Empfehlung gibt, gibt auch eine zweite! Genau das hat ein Test in den USA bewiesen. Dabei kam heraus, dass Kunden, die schon die erste Bitte um eine Empfehlung abgelehnt hatten, auch bei einer zweiten Bitte nach drei Wochen wieder Nein sagten. Während die Kunden, die bereits beim ersten Mal eine Empfehlung ausgesprochen hatten, auch zu 75 Prozent einer zweiten Bitte um eine Empfehlung nachkamen. Ausnahmen bestätigen natürlich die Regel. Und man sollte immer einen zweiten Versuch machen. Denn für das erste Nein können auch äußere Umstände (z. B. Zeitmangel) die Ursache gewesen sein.

Die zweite Erwartung des Empfehlungsgebers: Dankbarkeit. Wer bittet, sollte auch danken können! Auch das ist ein Prinzip der Höflichkeit und der Klugheit. Wen man mit leeren Händen zurücklässt, der wird einen beim nächsten Mal schnell mit verschränkten Armen empfangen!

Der einfachste Dank besteht in der Information des Empfehlungsgebers und einem herzlichen Dankeschön mit der Zusicherung, ihn und seinen Bekannten ganz besonders gut betreuen zu wollen.

Weitere **Formen des Dankens** können sein:

- Die Übergabe eines Jahresloses der Aktion Sorgenkind
- Die Einladung aller Empfehlungsgeber am Ende des Jahres zu einem Festessen
- Die Teilnahme aller Empfehlungsgeber an einer Tombola (jede Empfehlung bedeutet ein Los)
- Die Zusendung spezieller Informationen
- Die kostenlose Einladung zu besonderen Veranstaltungen
- Die Zusendung eines Geschenks
- Das Vorbeibringen einer Flasche Wein/Sekt/Champagner

Natürlich kann man den Empfehlungsgebern auch ganz offiziell eine Provision anbieten. Der beste Verkäufer der Welt, Joe Girards – der einzige, der im Guinness-Rekordbuch steht –, hat das getan.

7.9 Wie man über Empfehlungen der weltbeste Verkäufer wird

Er war Autoverkäufer, und wenn er dem Kunden ein neues Auto auslieferte, fragte er ihn kurz vor der Verabschiedung: „Haben Sie etwas dagegen, gelegentlich 50 Dollar zu verdienen?" Von den Tausenden Kunden, die er in seinem Leben betreut hat, sagten ihm nur zwei entschieden ab: ein Pastor und ein Gerichtsvollzieher. Alle anderen nickten mit dem Kopf.[40]

„Gut", sagte er dann zu ihnen. „Sie treffen doch in Ihrem Beruf mit einer ganzen Menge Leute zusammen. Und wenn das Gespräch auf Autos kommt oder Sie selbst begeistert von Ihrem neuen Auto erzählen, dann sagen Sie zu Ihren Bekannten einfach:

‚Ich habe mir letzte Woche einen neuen Baron von Chrysler gekauft. Den kann ich jedem nur empfehlen. Ein Superauto. Und das Beste war der Verkäufer. Ich habe noch nie einen Typ erlebt, der mich so gut beraten hat und mir zum Abschluss auch noch einen solchen Superpreis gemacht hat. Wenn du den Wagen mal ausprobieren willst, dann mach doch einfach eine Probefahrt. Kostet dich nichts und du wirst begeistert sein. Wenn es dir recht ist, rufe ich den Verkäufer an, und dann organisiert der das für dich. Einverstanden?'"

So weit die Einweisung in die Methode. Jetzt folgt die Motivation:

„Wenn Ihr Bekannter Interesse an einer Probefahrt hat, dann nehmen Sie meine Visitenkarte, schreiben auf der einen Seite Ihren Namen und auf der Rückseite die Anschrift und die Telefonnummer des Betreffenden auf. Ich rufe ihn dann selbst an. Sie haben keine Arbeit. Wenn es klappt, bekommen Sie die 50 Dollar von mir zugeschickt. Wohin soll ich sie überweisen?"

Auf diese Weise schaffte es Joe Girards, in einem Jahr beinahe 1.500 Autos – Stück für Stück an Privatkunden – zu verkaufen!

Um seine Kunden und Empfehlungsgeber bei Laune zu halten, schickte er ihnen außerdem **zum Ersten jedes Monats eine nette Karte** mit aufmunternden oder witzigen Sprüchen. Alles zu dem Zweck, dass sie ihn im Gedächtnis behielten.

Lassen Sie mich die Empfehlungsstrategie noch durch ein paar praktische Tipps abschließen:

7.10 Zehn praktische Tipps für die erfolgreiche Anwendung der Empfehlungsstrategie

1. **Haben Sie den Mut**, Kunden nach Empfehlungen zu fragen. Eine solche Frage ist für Sie auch der beste Test dafür, ob Sie „angekommen" sind. Zum Beispiel nach einer ausführlichen Beratung: „Herr Kunde, bitte sagen Sie mir jetzt, ob sich das Gespräch für Sie gelohnt hat? Wenn ja, wäre ich Ihnen dankbar, wenn Sie mir jemanden empfehlen könnten, z. B. einen Ihrer Kunden oder Lieferanten, der ebenfalls daran interessiert wäre, dieses Angebot kennen zu lernen."
Oder: „Herr Kunde, hat Ihnen meine Beratung zugesagt? Hat sich das Gespräch für Sie gelohnt? Wenn ja, würde ich mich freuen, wenn Sie mir jemanden nennen könnten, der ebenfalls daran interessiert wäre, dieses Konzept kennen zu lernen."

2. **Fragen Sie den Kunden nie** nach „einer Empfehlung" bzw. nach einer neuen Adresse, sondern nennen Sie immer ein, zwei oder drei Bezugsgruppen aus denen eine Empfehlung infrage käme. Beispiel: „Herr Kunde, Sie haben mir erzählt, dass Sie im Tennisclub Rot-Weiß sind. Können Sie mir hier jemanden empfehlen, für den mein Konzept ebenfalls interessant wäre?"

3. **Fragen Sie in jedem Fall** den Referenzgeber, inwieweit Sie sich auf ihn beziehen dürfen.

4. Fragen Sie den Empfehlungsgeber auch danach, was für den neuen Interessenten **besonders interessant** sein könnte bzw. worauf Sie besonders achten sollten.

5. **Rufen Sie** den Empfehlungsgeber nach der Kontaktaufnahme an und berichten Sie ihm, wie das Gespräch verlaufen ist.

6. **Bedanken Sie sich** mit einer kleinen Aufmerksamkeit bei ihm (z. B. bei Tennisfans mit ein paar neuen Tennisbällen).
7. **Laden Sie Ihre Stammkunden** zu Vorträgen ein und bieten Sie ihnen die Möglichkeit, Freunde oder Bekannte mitzubringen.
8. **Fragen Sie** jeden Ihrer Kunden, mit wem er schon über seinen Kauf gesprochen hat und ob diese Bekannten nicht als potenzielle Interessenten infrage kämen.
9. **Informieren Sie** Ihre Kunden darüber, dass Sie sich jetzt bei der Firma X eine neue Existenz aufbauen wollen und dass Sie ihnen dankbar wären, wenn sie Sie durch die Adressen von Bekannten, Kunden, Lieferanten, Geschäftskollegen ... unterstützen könnten. Bitten Sie sie ausdrücklich darum.
10. **Bitten Sie** Ihren Kunden, entweder selbst beim Empfohlenen kurz anzurufen oder Ihnen ein kurzes Empfehlungsschreiben auszustellen. Die einfachste Variante sieht so aus:[41]

Dr. Peter Krüger
empfiehlt
Fritz Reichmann
Finanzberater
an: *Herrn Manfred Schneider*

---

8. Die Direktstrategie – Neukundengewinnung durch Kaltbesuche

Sehen wir uns jetzt eine der interessantesten und wichtigsten Strategien an: die Direktstrategie. Zu ihr gehört nicht nur der Kaltbesuch, sondern auch der Verkauf an der Haustür.

8.1 Kaltbesuche können sich durchaus lohnen

Kaltbesuche sind ebenso notwendig wie Erfolg versprechend, wenn folgende vier Voraussetzungen vorliegen:

1. **Sie sind gerade gut drauf**, haben auf Ihrer Tour noch Zeit und sehen nun ein neues Firmenschild. Hier ist der Kaltbesuch geradezu ein Gebot der Stunde.
2. **Sie wollen das komplette Kundenpotenzial** Ihres Verkaufsgebietes kennen lernen und konzentrieren sich von vornherein auf eine „Vorstellungstour". Mit dem Ziel, sich, Ihre Firma und Ihr Angebot vorzustellen sowie die Ist-Situation des Kunden (Probleme, Bedarf, Wettbewerber) festzustellen. Da die Gesprächsdauer in diesem Fall stark von der Situation abhängt, würden Sie feste Termine hier nur einschränken.
3. **Sie besuchen Kunden**, z. B. Handwerker, mit denen Sie kaum feste Termine vereinbaren können und die gewöhnlich nur zu bestimmten Zeiten – z. B. zwischen sieben und acht Uhr und zwischen 17 und 19 Uhr – zu erreichen sind. Hier muss man wirklich die Gunst der Stunde nutzen.
4. **Sie haben das Gefühl**, dass Sie bei neuen Kunden am Telefon nicht so rüberkommen, wie Sie sich das wün-

schen. Falls die anderen Strategien (wie z. B. die Vortragsstrategie) nicht möglich sind, könnte ein guter persönlicher Erstkontakt wirklich die beste Alternative sein.

Auch hier gilt: Verwenden Sie die Methode, die Ihnen am besten gefällt – und die den meisten Erfolg verspricht! Zwingen Sie sich zu keiner bestimmten Methode, denn jeder Zwang – etwa nach dem Motto: So muss man es tun! – ist ein Fehler.

Gerade die besten Verkäufer gehen oft am unkonventionellsten vor.

Lassen Sie sich auch nicht von der ersten Abwehrhaltung des Kunden – „Ich habe keine Zeit" oder: „Ich habe nur zwei Minuten Zeit!" – beeindrucken. Wenn Sie wirklich eine wertvolle Information für den Kunden haben oder ihm eine vorteilhafte Problemlösung anbieten können, dann wird er Ihnen zuhören und aus den zwei Minuten werden ganz schnell 30 Minuten. Denken Sie daran:

Nicht die Zeit beeinflusst den Kunden, sondern der zu erwartende Nutzen!

Demonstrieren Sie in den ersten 20 Sekunden, dass Sie Nutzen bringen, und Sie werden willkommen sein!

Die Methode der Kaltbesuche kann jeder Verkäufer verwenden und sie ist – wie die beiden folgenden Beispiele beweisen – von der Art und Qualität des Angebotes völlig unabhängig.

8.2 Beispiel Nr. 1: Auch BMW-Verkäufer müssen offensiv verkaufen

Schon vor 15 Jahren war es den verantwortlichen Leuten von BMW klar, dass immer weniger 5er-Kunden und noch weniger 7er-Kunden in den Schauraum kamen. Also musste der Verkäufer zu den Kunden gehen. Vorbei waren damit die Zeiten, in denen die Verkäufer hinter ihren Schreibtischen auf neue Kunden warten konnten. Offensive war angesagt und ich hatte seinerzeit die Aufgabe – zusammen mit der Trainingsabteilung –, neue, offensive Akquisitionsstrategien für die Neukundengewinnung auszuarbeiten und zu trainieren.

Die Methode war sehr einfach: Jeder Verkäufer bekam ein Gebiet und konnte anhand bestimmter Computerausdrucke genau sehen, wie viele potenzielle 3er-, 5er- oder 7er-Kunden in seinem Gebiet vorhanden waren („Soll") und wie viele davon einen BMW fuhren („Ist").

Wenn Soll und Ist auseinander klafften, dann hieß das, neue potentielle Kunden aufzuspüren und anzusprechen. Vor allem Geschäftsleute, denn die konnte man auch tagsüber erreichen und die kamen in erster Linie für die teureren 5er und 7er infrage.

Also ging der Verkäufer zwei bis drei Tage pro Woche in seinem Gebiet auf Neukundenakquisition. In den meisten Fällen ohne Anmeldung.

Wenn er ein Geschäft, eine Apotheke, eine Arztpraxis oder ein Rechtsanwaltsbüro betrat, dann stellte er sich vor und versuchte mit dem Kunden ins Gespräch zu kommen.

Seine wichtigste Methode war die **Alternativstrategie** – also seine BMW-Modelle als Alternative zu dem bestehenden Fuhrpark vorzustellen. Diese Strategie war sehr erfolgreich und sie bedeutete für den Verkäufer den geringsten Stress bei optimalen Kontaktchancen. Denn jeder Kunde hat zwar einen Lieferanten. Aber hat er auch eine gute Alternative? Für neue Alternativen interessiert er sich immer. Deshalb sind Verkäufer mit guten Alternativen immer willkommene Besucher.

Aus diesem Grund machten die Verkäufer auch eine erstaunliche Erfahrung: Die meisten Kunden reagierten auf den Besuch sogar sehr positiv! Aber auch wir machten eine erstaunliche Erfahrung: In der Regel klagten nur die Verkäufer über unangenehme Kunden, die die Neukundenakquisition als unangenehm empfanden. Verblüffend? Nein? Nur die Auswirkung des positiven Denkens! Es besagt:

„Das, was ich ausstrahle, ziehe ich an!"

Wenn also Verkäufer solche Kaltbesuche schon von vornherein als unangenehm empfanden, dann konnten sie auch hundertprozentig mit unangenehmen Kunden rechnen.

Deshalb sollte jeder Verkäufer, der bei Kaltbesuchen Erfolg haben will, unbedingt die Einstellung haben: „Ich freue mich auf neue Kunden! Und weil ich ein gutes Angebot habe, werde ich auch willkommen sein!"

Im Gespräch selbst verwendete der BMW-Verkäufer ganz bestimmte **Schlüsselwörter**. Hier nun sein Gesprächsleitfaden mit den (fett gedruckten) Schlüsselwörtern:

„Guten Tag, Herr Kunde, mein Name ist ... Ich bin Verkäufer bei dem BMW-Händler X oder bei der BMW-Niederlassung in ... Ich bin für dieses Gebiet hier **verantwortlich**. Ich **bedanke** mich dafür, dass Sie sich für dieses Gespräch Zeit nehmen. Darf ich, um **Ihre Vorstellungen** besser kennen zu lernen, ein paar Fragen an Sie richten? ...

Welches Auto fahren Sie im Augenblick? ... Seit wann? ... Wie viele Kilometer fahren Sie pro Jahr? Und wie viele davon geschäftlich? ... In welchem Zeitraum wechseln Sie normalerweise Ihr Auto? ... Und nun die letzte Frage: Sind Sie mit Ihrem Wagen und Ihrer Werkstatt **zufrieden**?"

Egal ob der Kunde nun Ja oder Nein sagte, dieser Verkäufer konnte immer auf die gleiche Weise fortfahren.

„Sehen Sie, Herr Kunde, das ist genau der Zweck meines Besuches. Es geht mir jetzt nicht darum, Sie von Ihrer bisherigen Automarke wegzulocken, wenn Sie damit zufrieden sind. Aber **für den Fall**, dass Sie eines Tages mit Ihrem Wagen oder dem Service Ihrer Werkstatt nicht mehr so **zufrieden** sind, sollten Sie wissen, dass es eine **Alternative** gibt:

BMW! Unsere Firma ... in ... (bzw. die BMW-Niederlassung in ...). Ich lade Sie daher heute schon ein, uns einmal zu **testen**. Wenn Sie das nächste Mal z. B. einen Service durchführen lassen wollen, dann rufen Sie mich zuvor kurz an und ich werde alles Notwendige veranlassen.

Darf ich bei dieser Gelegenheit fragen, ob Sie unsere Modelle schon kennen? Ob Sie schon einmal einen BMW gefahren haben? Oder ob Sie ein ganz bestimmtes Modell **interessieren** würde? ... Haben Sie Interesse daran, dieses Modell einmal über das Wochenende **probezufahren?**"

Wenn der Kunde auf dieses Thema einsteigt, dann kann man jetzt natürlich auch eine klare Bedarfsanalyse anhängen und in das Fachgespräch, sprich in die Problemlösung, einsteigen.

Wenn der Kunde aber reserviert bleibt und auch noch keinerlei Anzeichen für einen Modellwechsel erkennen lässt, dann kann unser BMW-Verkäufer immer noch drei weitere Angeln auswerfen:

Angel Nr. 1: Er qualifiziert den Kunden, indem er ihn fragt: „Herr Kunde, ich sehe, dass Sie mit Ihrem bisherigen Wagen sehr zufrieden sind und im Augenblick auch keinen Anlass zu einem Wechsel sehen. Darf ich Sie fragen: Gibt es irgendeinen Grund, dass Sie einen Wechsel zu BMW **grundsätzlich ausschließen?**" (Dieser Fall ist z. B. dann gegeben, wenn der Kunde mit einer anderen Automobilfirma enge Geschäftsbeziehungen unterhält.)

Je nach der Antwort hat der Verkäufer nun klare Qualifizierungs- und Entscheidungskriterien vorliegen.

Angel Nr. 2: Er prüft weitere Verkaufschancen: „Herr Kunde, nachdem BMW für Sie im Augenblick nicht infrage kommt, könnte es sein, dass vielleicht Ihre **Familie** – Ihre Frau, Ihre Kinder – dafür Interesse hat?

Oder wäre ein BMW für Ihre Abteilungsleiter oder Ihre Verkäufer nicht eine interessante **Motivationsmaßnahme?** Ich kann Ihnen zu diesem Thema sehr interessante Studien vorlegen."

Angel Nr. 3: „BMW führt immer wieder interessante **Veranstaltungen** durch. Neben der Vorstellung neuer Modelle laden wir als Sponsoren von internationalen Tennis-, Reit- und Golfturnieren immer wieder unsere Kunden dazu ein ...

Wären Sie an solchen **Einladungen** interessiert?"

Letzte Frage, wenn der Kunde noch starke Zurückhaltung zeigt: „Herr Kunde, haben Sie etwas dagegen, wenn ich Sie in einem halben Jahr wieder mit **neuen Informationen** anspreche?"

Wenn Sie jetzt das ganze Gespräch noch einmal durchgehen, dann werden Sie zweierlei erkennen:

1. Die Alternativstrategie bietet die leichteste, einfachste und natürlichste Möglichkeit, um mit einem neuen Geschäftskunden ins Gespräch zu kommen.
2. Die Alternativstrategie ist in beinahe jeder anderen Branche anwendbar: Egal ob Sie Anlageberater oder Versicherungsverkäufer sind, ob Sie Schrauben oder Heimtextilien verkaufen, Sie haben damit immer eine Chance. Denn die Kundenloyalität wird immer geringer. Und damit steigt ganz automatisch das Interesse an neuen, an alternativen Lösungen.

Das ist das eigentliche Erfolgsgeheimnis der Alternativstrategie.

8.3 Beispiel Nr. 2: Wie ein Ingenieur neue Kunden und neue Aufträge gewinnt

Nehmen wir folgende Situation an: Eine Ingenieurgesellschaft mit 15 Fachabteilungen, 250 Mitarbeitern und zwölf Filialen möchte mit ihren wichtigsten Auftraggebern, den Gemeinden, in einen engeren Kontakt kommen, um bei der Ausschreibung berücksichtigt zu werden.

Auch hier ist oft eine Neukundenakquisition per Kaltbesuch angesagt. Denn eine vorherige Terminvereinbarung gelingt nicht immer. **Und die Gefahr, am Telefon schnell abgewimmelt zu werden, ist sehr groß.**

Natürlich sind auch hier die Zeiten vorbei, in denen man mit der Hauruck-Methode „Hier bin ich! Wo ist der Auftrag?" oder mit der fantasielosen Vorstellung seiner Leistungspalette noch zu Erfolgen kommen konnte. Auch hier ist eine überlegte, durchdachte und kundenspezifische Vorgehensweise erforderlich.

In Zusammenarbeit mit den Ingenieuren entwickelten wir deshalb einen Leitfaden, der auch hier wiederum auf ganz speziellen **Schlüsselwörtern** beruht. Sie sollen bei den Gesprächspartnern – vor allem den Bürgermeistern und Geschäftsführern der Gemeinden – positive Assoziationen auslösen.

Darüber hinaus geht es darum, sich und die Leistungsfähigkeit seiner Firma vorzustellen und einen künftigen Bedarf zu ermitteln. Hier nun der Gesprächsleitfaden mit den wichtigsten Schlüsselwörtern:

1. Wohnort
„Guten Tag, Herr Bürgermeister, darf ich mich vorstellen. Mein Name ist ..., ich wohne seit ... Jahren in Ihrer Gemeinde."
2. Firma
„Ich arbeite als Tiefbau-Ingenieur bei der Firma X in ..., einer der führenden Ingenieurgesellschaften ..."
3. Spezialisierung
„Wir haben uns darauf spezialisiert, unseren Kunden alles aus einer Hand anzubieten. Das heißt, wir können aufgrund unserer 15 Fachabteilungen nahezu alle Ingenieurbereiche abdecken. Aus dieser Übersicht können Sie das selbst am besten ersehen."

4. Erfahrung

„Wir haben gerade im Bereich ... besondere Erfahrungen mit ... So haben wir zum Beispiel ..."

5. Referenz

„In Ihrer Nachbargemeinde bearbeiten wir derzeit die und die Projekte ... Darüber hinaus können wir Ihnen eine ganze Reihe von Referenzen anbieten, z. B. in ..."

6. Zusammenarbeit

„Ich bin heute gekommen, um mit Ihnen die Möglichkeit einer Zusammenarbeit zu besprechen ..."

7. Bedarfsanalyse

„Bei der Gelegenheit möchte ich Sie fragen: Wie sieht Ihre Planung für die Zukunft aus? Gibt es im Augenblick Projekte, bei denen wir als Anbieter auftreten könnten? ... Wer plant bisher für Sie? ... Waren Sie mit der Leistung dieses Büros immer zufrieden?"

8. Alternative

„Unser Ziel ist es nicht, andere Ingenieurgesellschaften zu verdrängen, mit denen Sie bisher zufrieden waren, sondern uns als Alternative vorzustellen – für neue Ideen und für den Fall, dass Sie einmal mit Ihrem bisherigen Planungsbüro unzufrieden sind, z. B. wegen Terminüberschreitungen oder überhöhter Kosten ..."

9. Vorteile

„Wenn es Sie interessiert, kann ich Ihnen gerne eine Reihe von Vorteilen nennen, die wir Ihnen speziell in unserer Firma anbieten können ..."

10. Ortsnähe

„Aufgrund unserer zwölf Niederlassungen arbeiten wir sehr ortsnah. Die nächste Niederlassung ist in ..., also quasi vor Ihrer Haustür. Auf diese Weise ist eine schnelle und reibungslose Zusammenarbeit gewährleistet."

11. Zentraler Ansprechpartner

„Auf der einen Seite bieten wir Ihnen aufgrund unserer Größe ‚alles aus einer Hand', auf der anderen Seite wissen Sie immer, wer für Ihr Projekt verantwortlich ist und an wen

Sie sich wenden können. Denn für jeden Kunden gibt es einen zentralen Ansprechpartner."

12. Wirtschaftlichkeit

„Ein besonderes Augenmerk legen wir auf realistische und technisch ausgereifte Planungen, die für den Kunden auch wirtschaftlich sind. So haben wir erst bei unserem letzten Projekt in ... den Kostenplan um ... Prozent unterschritten. Darüber hinaus können wir aufgrund unserer 15 Fachabteilungen bei der Planung auch gleich alle Vorschriften (z. B. die Umweltvorschriften) miteinbeziehen. So ersparen Sie sich Zeit raubende Abstimmungen."

13. Unabhängigkeit

„Gerade die letzten Baupleiten zeigen, wie wichtig es ist, dass eine Ingenieurgesellschaft unabhängig ist. Unsere Firma ist völlig unabhängig und damit auch in ihren Entscheidungen zum Nutzen des Kunden frei. Wir können daher immer die Baufirmen auswählen, die für das anstehende Projekt am günstigsten sind."

14. Vorschlag

„Darf ich Ihnen einen Vorschlag machen? Wenn es Sie interessiert, welche Erfahrungen wir ... (z. B. bei dem Bau neuer Kindergärten) gemacht haben, stelle ich gerne den Kontakt zu unserer Fachabteilung her. Wenn es Ihnen recht ist, werde ich den Abteilungsleiter über unser Gespräch informieren und er wird Sie dann in den nächsten Tagen anrufen."

Fassen wir zum Abschluss die wichtigsten Punkte nochmals zusammen:

8.4 Die 15 wichtigsten Empfehlungen für erfolgreiche Kaltbesuche

1. **Machen Sie Kaltbesuche** bei neuen Kunden nur dann, wenn Sie gerade gut drauf sind, also sich besonders motiviert fühlen. Denn die normale Büromotivation reicht für die Neukundenakquisition mit Sicherheit nicht aus.

2. **Gehen Sie immer davon aus**, dass Sie willkommen sind, wenn Sie eine wertvolle Information oder eine Problemlösung mitbringen.

3. **Gehen Sie ferner davon aus**, dass bei der abnehmenden Kundenloyalität neue Lösungen immer stärker gefragt sind. Hier gilt das Gesetz: Das Bessere ist der Feind des Guten!

4. **Lassen Sie sich** weder von großen Kundennamen noch von anderen Vorurteilen abschrecken. Eine positive Einstellung ist der wichtigste Erfolgsfaktor!

5. **Versuchen Sie bei großen Firmen** als Erstes, nur die Entscheider mit Namen, Funktionen und Telefonnummern sowie die Firmensituation für eine spätere Bedarfsanalyse festzustellen.

6. **Verlangen Sie nach Möglichkeit** bei mittleren oder kleineren Firmen immer, den Chef zu sprechen. Er ist in der Regel entscheidungsfreudiger als die „Untergebenen".

7. **Stellen Sie sich** und Ihre Firma klar vor und sagen Sie ebenso klar, was Sie eigentlich möchten.

8. **Verwenden Sie** – wenn Ihre Firma nicht so bekannt ist wie BMW – möglichst schnell die Schlüsselwörter „Spezialisierung, Erfahrung, Referenzen, Vorteile, Ortsnähe, Wirtschaftlichkeit". Am besten mit möglichst anschaulichen Beispielen und Beweisen.

9. **Nehmen Sie den Druck** aus dem Gespräch, indem Sie von vornherein sagen, dass Sie die bestehende Geschäftsbeziehung zu anderen Wettbewerbern nicht verdrängen, sondern aufgrund Ihrer Leistungspalette nur ergänzen oder bei Unzufriedenheit als Alternative bereitstehen wollen.

10. **Nehmen Sie Rücksicht** auf die Zeitplanung des Kunden. Wenn Sie anfangs nur zehn Minuten ausgemacht haben, dann fragen Sie nach zehn Minuten: „Herr Kunde, die zehn Minuten sind um. Können wir noch länger sprechen oder ist Ihnen ein anderer Termin lie-

ber?" Diese Art von Korrektheit schafft mehr als alles andere Vertrauen – denn sie ist ein Zeichen des Respekts vor dem Gesprächspartner.

11. **Fragen Sie den Kunden immer,** wie sehr er mit seinen bisherigen Lieferanten/Anbietern zufrieden war und worauf er bei der Zusammenarbeit mit seinen Partnern besonderen Wert legt. In der Unzufriedenheit mit den bisherigen Partnern liegt Ihre größte Chance für einen Wechsel.

12. **Fragen Sie** nach seinen aktuellen Problemen, Aktivitäten und Plänen – also nach allem, was Ihnen in einem zweiten Gespräch die Chance gibt, als Problemlöser aufzutreten.

13. **Fragen Sie den Kunden** auch danach, ob es irgendetwas gibt, das die Möglichkeit einer Zusammenarbeit grundsätzlich ausschließt, oder unter welchen Voraussetzungen er bereit wäre, mit einem neuen Partner zusammenzuarbeiten, und was Sie dafür tun müssten.

14. **Halten Sie** bei dem zurückhaltenden (aber potenziellen) Kunden in jedem Fall den Kontakt weiterhin aufrecht, indem Sie ihn zu den öffentlichen Veranstaltungen Ihrer Firma einladen.
    Achten Sie aber darauf, dass Sie den Kunden nach zwei Monaten auch sofort wiedererkennen und mit Namen ansprechen können.

15. **Seien Sie auf keinen Fall beleidigt,** wenn der Kunde vorerst kein Interesse hat. Prüfen Sie aber sogleich die Chancen für zukünftige Projekte bzw. Aufträge. Gerade Absagen lösen auch bei den Kunden ein gewisses Schuldgefühl aus. Das ist Ihre Chance, beim nächsten Mal dranzukommen.

Letzte Empfehlung: Verzichten Sie aber auf alle weiteren Kontakte, wenn Sie der Kunde grob unhöflich empfangen oder sich total desinteressiert gezeigt hat. Verwenden Sie Ihre Kraft und Motivation lieber für die Kunden, die gerne mit Ihnen Geschäfte machen wollen. Das steigert auch Ihr Selbstwertgefühl!

Sehen wir uns jetzt einmal die wohl schwierigste Form der Kaltakquisition an: den Direktvertrieb an der Haustür.

Auch wenn Sie selbst eine ganz andere Akquisitionsmethode verfolgen, so kann man bei dieser Verkaufsform doch sehr viel über die Psychologie des Verkaufens lernen.

Um gleich ein Missverständnis auszuräumen: An der Haustür kann man nicht nur Bürsten, Weihnachtskarten und Staubsauger verkaufen, sondern auch ganze Brockhaus-Enzyklopädien, deren Luxusausgaben um die 6.000 Euro kosten.

Es ist also ganz erstaunlich, welche Umsätze man an der Haustür erzielen kann. So soll ein Verkäufer dieser Enzyklopädien im Monat durchschnittlich 15 Stück verkaufen. Gute Verkäufer kommen gar auf 25 bis 30 Stück pro Monat.

Haustürgeschäfte sind also beileibe keine „Kleckergeschäfte" mehr!

8.5 Verkauf an der Haustür – ein Geschäft für Optimisten!

Worauf kommt es beim Verkauf an der Haustür vor allem an? Auf das Produkt? Nein, sondern in erster Linie auf die Motivation des Verkäufers. **Mehr als anderswo entscheidet sich hier der Erfolg im Kopf.** Und Verkäufer, die mental mit sich und ihrem Job nicht im Reinen sind, haben hier ganz schnell ein Riesenproblem.

Statt sich auf ihre Aufgabe zu konzentrieren, versteifen sie sich sofort auf mögliche Entschuldigungen. Und bevor sie es auch nur versucht haben, wissen sie schon, warum sie heute und hier nicht verkaufen können:

☻ weil die Struktur des Gebietes schlecht ist;
☻ weil die Arbeitslosigkeit hoch ist;

🕲 weil die Rücklaufkarten, auf die wir gleich zu sprechen kommen, nichts taugen, usw.

Solche **Entschuldigungsmechanismen** sind aber nichts anderes als die Verschleierung von Ängsten und Vorurteilen.

Mehr als in jedem anderen Geschäft gelten hier die Regeln:

🕲 Wer noch Zweifel hat, ob das der richtige Job für ihn ist – hat keine Chance!
🕲 Wer sich fragt, ob das wirklich ein lebenslanger Beruf sein kann – hat keine Chance!
🕲 Wer vor der Tür Angst hat – hat keine Chance!
🕲 Wer den Kunden als Gegner betrachtet – hat keine Chance!
🕲 Wer nur aus dem Zwang heraus losfährt: „Ich muss heute etwas verkaufen!" – hat keine Chance!
🕲 Wer von vornherein eine Kontaktadresse ablehnt – hat keine Chance!
🕲 Wer nicht bereit ist, aus seinen Erfahrungen und denen seiner Kollegen zu lernen – hat keine Chance!
🕲 Wer körperlich oder psychisch nicht fit ist – hat keine Chance!

8.6 Warum haben Pessimisten an der Haustür keine Chance?

Aus vier Gründen:

1. Weil nirgendwo der Kunde so misstrauisch, so ablehnend und so verschlossen ist wie an der Haustür.
2. Weil bei keinem anderen Geschäft die Misserfolgsquote so groß und das notwendige Durchhaltevermögen so entscheidend ist wie bei diesem Geschäft.
3. Weil jedes Zeichen von innerem Zweifel, Widerstand oder Angst dem Verkäufer sofort im Gesicht geschrieben steht und beim Kunden Ablehnung provoziert.

4. Weil bei fünzigmal Klingeln und 47 Absagen pro Tag die psychologischen Erholungspausen einfach zu kurz sind, wenn man jede Absage als persönliche Niederlage interpretiert.

In diesem Fall hat der Verkäufer einfach keine Chance mehr, sich immer wieder neu zu motivieren, und wird von der Lawine seiner Misserfolge und Selbstzweifel geradezu überrollt.

Nirgendwo sonst ist es für den Verkäufer so wichtig, mit einem „Ich-kann-es-Gefühl" loszumarschieren und mit einer „Es-ist-mir-egal-wenn-ich-nicht-mit-jedem-Kunden-abschließe-Haltung" Misserfolge unbekümmert wegzustecken.

Wer im Direktvertrieb trotz aller Misserfolge nicht locker bleibt, wird schließlich von seinen eigenen Frustrationsgefühlen aus dem Geschäft geblasen!

Nun zur eigentlichen Akquisitionsstrategie für den Direktvertrieb:

Mit Vorankündigungen verkauft man besser!

Die reine Kaltakquisition ohne jede Vorankündigung ist sehr, sehr schwierig, da die Misserfolgsquote extrem hoch ist! Sie ist wirklich nur bei sehr bekannten Marken (wie z. B. bei Vorwerk) oder bei Billigartikeln empfehlenswert. Erfolgversprechender sind da schon die beiden folgenden Strategien:

Entweder Sie lassen sich von Ihren Altkunden schriftliche **Empfehlungen** geben, mit deren Hilfe Sie dann Termine mit den neuen Kunden vereinbaren, oder Sie werfen **Werbekarten** in die Briefkästen, die ein attraktives Preisausschreiben enthalten und bei denen die potenziellen Kunden auf der Rückantwortkarte bestimmte Fragen ankreuzen müssen.

Sehen wir uns nun an einem konkreten Beispiel – dem Verkauf von Enzyklopädien – die Neukundenakquisition mithilfe solcher Rückantwortkarten etwas genauer an:

Auf einer solchen Werbekarte müssen die Kunden Fragen ankreuzen wie z. B.: „Welche Wissensgebiete interessieren Sie? Wofür können Sie ein mehrbändiges Nachschlagewerk nutzen? Welche Informationsquellen benutzten Sie bisher?" Und die wichtigste Frage: „Würden Sie eine solche Enzyklopädie schätzen und benutzen?"

Die Karten kommen dann zum Verkaufsleiter zurück und der verteilt sie an seine Verkäufer. Hier beginnt jedoch bereits das erste Problem: Wenn auf der Karte die letzte Frage nicht positiv beantwortet wurde, dann lehnen die meisten Verkäufer diese Karte bereits ab. Dann entsteht in ihnen sofort die negative Erwartungshaltung, dass man zu einem solchen Kunden gar nicht mehr hinzufahren brauche. Dass das sowieso nichts bringe!

Schwupp – und schon ist die erste **Vorwegverurteilung** entstanden!

In Wirklichkeit ist dies jedoch ein Zeichen für einen gefährlichen Pessimismus. Mit der Konsequenz:

Hat ein geborener Pessimist schon im Verkauf schlechte Chancen, so hat er im Direktvertrieb überhaupt keine Chancen!

Worauf kommt es nun im Gespräch an?

8.7 Wie gewinnt man am schnellsten das Vertrauen neuer Kunden?

Der Einlass beim Kunden ist aufgrund der Rückantwort in Verbindung mit dem Preisausschreiben relativ einfach. Man „prüft" die Angaben nach.

Dann aber kommt es auf ein sehr situatives und sensitives Verkaufen an. Hier hilft kein Schema F, denn jetzt muss man erstens sehr schnell das Vertrauen gewinnen (das ist das Wichtigste!) und zweitens ein oder zwei entscheidende Motive des Kunden herausfinden. Also – unter welchen Umständen ein solches Lexikon für die Familie interessant wäre. Darüber hinaus muss man natürlich auch noch das Finanzierungsproblem besprechen.

Der Aufbau des Vertrauens beginnt damit, dass von den 45 bis 60 Minuten eines Verkaufsgesprächs zwei Drittel der Zeit allein für die Stärkung des Vertrauens verwendet werden. Wichtigstes Ziel in dieser Phase ist es, den Kunden zu beruhigen, ihm die Angst zu nehmen und sein Misstrauen zu besänftigen.

Denn ein ängstlicher und nervöser Kunde ist kein guter Kunde! Er mag vielleicht unter dem „Druck" der Situation abschließen, aber eine Woche später haben Sie sein Storno in Ihrer Post!

Grundlage der Vertrauensbasis sind persönlich interessierende Fragen, z. B. über:

- den *Beruf* (Wo arbeiten Sie? Was machen Sie? Wie sehen die Aufstiegsmöglichkeiten aus? Was tun Sie dafür?)
- die *Kinder* (In welche Schule gehen sie? Was wollen sie einmal werden? Welches Hobby haben sie? Wofür interessieren sie sich besonders?)
- die *Freizeit* (Was machen Sie in Ihrer Freizeit? Welche Hobbys haben Sie? Sind Sie mit der Familie zusammen? Lösen Sie gerne Kreuzworträtsel?)

Hier gilt:

Je mehr der Kunde über sich sagt, desto stärker schälen sich auch die entscheidenden Motive heraus.

8.8 Wie spricht man die Motive des Kunden an?

In der Regel muss der Verkäufer dabei ein Motiv nach dem anderen ansprechen, indem er durch Bilder, Beispiele und kleine Geschichten diese Motive so lebendig und attraktiv wie möglich macht.

Dazu einige Beispiele:

◉ Motiv Vererbung:

„Herr Kunde, wenn Sie heute von einem entfernten Verwandten eine komplette Enzyklopädie mit Goldschnitt erben würden, würden Sie die dann auf dem Speicher abstellen oder würden Sie sie nicht viel eher als Schmuckstück in Ihrem Wohnzimmer aufstellen und mit Dank und Freude an diesen Verwandten denken?"

„Und wenn Sie selbst so eine Enzyklopädie besäßen, mit dem schönen Lederrücken und dem feinen Goldschnitt, und das Ganze wunderschön im Bücherschrank Ihres Wohnzimmers stehen würde, glauben Sie nicht auch, dass das für immer ein wertvoller Familienbesitz wäre, auf den auch Ihre Kinder stolz wären?"

◉ Motiv Fitness:

„Herr Kunde, haben Sie schon von der interessanten Nachricht gehört, dass nicht so sehr eine gesunde Lebensweise als vielmehr eine hohe geistige Regsamkeit – also eine große Aufgeschlossenheit für alles Neue – für ein hohes Lebensalter entscheidend ist? Eine solche Enzyklopädie lädt Sie geradezu ein, jeden Tag etwas Neues zu lernen und mit Ihrer Familie darüber zu diskutieren. Auf diese Weise tun Sie mehr für Ihre Fitness als mit noch so vielen Tabletten und Kuren."

◉ Motiv Familie:

„Sehen Sie, Herr Kunde, ein Kreuzworträtsel kann man meistens nur allein lösen und dann will man nicht gestört werden. Aber so kommt in der Familie keine frohe gemeinsame Stimmung auf. Wenn Sie aber am Abend um den Tisch herum sitzen und jeder eine Frage stellen und man dann in der Enzyklopädie nachschlagen kann, ob die Antworten auch stimmen, dann macht das Spaß und außerdem lernt man dabei auf spielerische Weise."

Kurzum: Es sind die kleinen Beispiele aus dem Alltag sowie aus der Wunschwelt des Kunden, die ihn überzeugen! Der Schlüsselfaktor bei diesem Verkauf heißt:

Man muss die Situation der Familie erkennen – ihre Wünsche, Sehnsüchte, Ziele – und sie dann mit den Vorteilen der Enzyklopädie in Verbindung bringen!

8.9 Die 20 besten Empfehlungen für den erfolgreichen Direktverkauf

Bei keiner anderen Verkaufsstrategie ist die Motivation so wichtig wie bei Kaltbesuchen und beim Verkauf an der Haustür.

Ein negativer Gedanke genügt bereits – und man halbiert seine Erfolgschancen. Denn echte Motivation ist unteilbar.

Was also können Sie tun, um sich immer wieder neu zu motivieren, um den inneren Schweinehund zu besiegen und auch nach Dutzenden von Kunden-Neins nicht zu resignieren, sondern weiterzumachen?

Die folgenden Empfehlungen stammen von Direktverkäufern, die alle Höhen und Tiefen ihres Berufes durchgemacht haben – und die sich schließlich doch mit Erfolg durchgesetzt haben.

1. **Schützen Sie Ihre Selbstachtung.** Lassen Sie sich bei grob unhöflichen oder total desinteressierten Kunden auf keine (längere) Diskussion ein. Verabschieden Sie sich schnell. Jede unnötige Diskussion schadet Ihrer Selbstachtung und jeder Ärger Ihrer Motivation.

2. **Verbessern Sie Ihr Verkaufsgespräch.** Fragen Sie sich immer wieder: Wie kann ich besser werden? Jeder neue Spruch, jede neue Methode bedeutet auch eine neue Hoffnung!

3. **Lassen Sie sich begleiten.** Bitten Sie Ihren Verkaufsleiter oder einen Kollegen, Sie einen Tag lang zu begleiten – und auf Fehler aufmerksam zu machen. Erkannte Fehler motivieren, denn dadurch vermeiden Sie die schlimmste Demotivation: dieselben Fehler immer wieder zu machen!

4. **Üben Sie Ihre Schlagfertigkeit.** Schreiben Sie sich die zehn schlimmsten Kundenaussagen auf (z. B.: „Ich wünsche keine Vertreterbesuche!") und überlegen Sie sich dann in Ruhe gute Antworten (z. B.: „Das weiß ich, gnädige Frau, und deshalb komme ich ja auch persönlich."). Mit der Schlagfertigkeit steigt auch Ihre Selbstsicherheit und damit Ihre Motivation.

5. **Legen Sie zwei Tagesziele fest.** Erstens: die Anzahl der Besuche und zweitens: die Höhe des Umsatzes oder die Anzahl der Abschlüsse. Hören Sie am Abend nicht eher auf, bis Sie beide Ziele erreicht haben. Beides stärkt Ihre Selbstdisziplin – die erste und wichtigste Voraussetzung für den Erfolg.

6. **Planen Sie im Voraus.** Legen Sie Ihre Tagesziele bereits bei der Wochenplanung oder zumindest am Abend vorher fest. Je stärker Sie Ihre Ziele geistig „vorausdenken", desto stärker ist auch Ihre Motivation am Tag X.

7. **Nutzen Sie das Gesetz der Wahrscheinlichkeit.** Je mehr Kontakte Sie machen, desto mehr Kontrakte (Abschlüsse) erreichen Sie. Denn das Gesetz der großen Zahl arbeitet immer für Sie.

8. **Beobachten Sie Spitzenverkäufer.** Lehnen Sie sie nicht ab! Beobachten Sie sie ganz genau. Fragen Sie sich, was sie anders machen. Ahmen Sie anfangs alles nach, was sie besser machen. Bitten Sie einen von ihnen, ihn einmal einen Tag lang begleiten zu dürfen.

9. **Suchen Sie motivierende Kontakte.** Meiden Sie in Ihrer Freizeit Leute, die sich über Leistung, Erfolg und Karriere lustig machen. Sie sind Gift für Ihre Motivation. Und sie wirken zerstörerisch auf Ihre Willenskraft.

Positive Kontakte schaffen dagegen Kraft und Zuversicht.

10. **Gewinnen Sie Ihre Familie.** Bringen Sie Ihre Familie auf Ihre Seite. Bitten Sie sie um Verständnis für Ihre (späten) Arbeitszeiten. Reservieren Sie im Gegenzug mindestens einen Tag voll für die Familie.

11. **Überzeugen Sie Ihren Ehepartner.** Er ist die wichtigste Motivationsquelle für Sie. Besprechen Sie offen alle Schwierigkeiten. Versuchen Sie gemeinsam, Kompromisse zu erreichen. Denn ohne die Unterstützung Ihres Ehepartners haben Sie auf Dauer keine Chance.

12. **Gehen Sie einfach weiter.** Wenn Sie mehrere Misserfolge hintereinander erlebt haben, fangen Sie nicht an, nachzudenken und zu grübeln. Denken Sie an Ihr Besuchssoll – und gehen Sie einfach zur nächsten Tür. Nachdenken und analysieren sollten Sie erst am Abend oder am Wochenende.

13. **Pflegen Sie Ihre gute Stimmung.** Fragen Sie sich jeden Tag: „Worauf kann ich mich heute freuen? Warum kann ich heute guter Laune sein?" – Suchen Sie bewusst nach positiven und optimistischen Antworten, denn Pessimismus ist oft nichts anderes als Gedankenfaulheit.

14. **Reden Sie sich positiv zu.** Verwenden Sie dafür kurze positive Sätze wie z. B.: „Ich bin heute gut drauf! ... Ich werde heute angreifen! ... Ich fühle mich super!" Sagen Sie das zehnmal hintereinander – und machen Sie auch ein fröhliches Gesicht dazu!

15. **Zeigen Sie eine Trotzreaktion.** Sagen Sie nach Misserfolgen zu sich: „Jetzt erst recht! ... Ich gebe nicht auf! ... Jetzt möchte ich es wissen!" Jeder positive und trotzige Gedanke verscheucht pessimistische und negative Gedanken.

16. **Bauen Sie Stammkunden auf.** Auch wenn sie nicht viel kaufen, wirken sie wie Tankstellen für Ihre Motivation. Je mehr Stammkunden Sie zwischen Ihren Kalt-

besuchen einstreuen können, desto höher bleibt Ihre Motivation. Denn jedes gute Gespräch motiviert.

17. **Bereiten Sie sich am Abend vor.** Die ersten zehn Minuten am Morgen bestimmen den Rhythmus des ganzen Tages. Reiseroute, Unterlagen und Kundenadressen sollten deshalb schon bereitliegen, wenn Sie sich ins Auto setzen. Kraft kommt aus der Ruhe! Nervosität erschöpft dagegen Ihre Energiereserven.

18. **Interessieren Sie sich für Ihre Kunden.** Seien Sie bei Ablehnungen nicht beleidigt. Fragen Sie den Kunden stattdessen, warum er ablehnt, warum er mit seiner bisherigen Lösung so zufrieden ist. So erfahren Sie die besten Verkaufsargumente. Denn die kommen immer von den Kunden.

19. **Denken Sie positiv.** Wenn mehrere Kunden Sie hintereinander ablehnen, dürfen *Sie* auf keinen Fall jetzt alle Kunden ablehnen. Das zerstört Ihre Ausstrahlung. Sagen Sie sich immer wieder: „Die Kunden sind nicht alle gleich!"

20. **Seien Sie stolz auf sich.** Erkennen Sie Ihre Leistungen an, z. B. die Fähigkeit zu kämpfen, Absagen wegzustecken und durchzuhalten. Freuen Sie sich über diese Ausdauer, denn jede Freude motiviert. Schon Henry Ford sagte dazu: „Es gibt mehr Leute, die resignieren, als solche, die scheitern."

Noch ein letzter Tipp:

Halten Sie durch! Notieren Sie sich die Überschriften dieser 20 Empfehlungen auf einer Karte und tragen Sie sie immer bei sich.

9. Spezialstrategien – mit intelligenten Lösungen zu neuen Aufträgen

Sie wissen jetzt, mit welchen Strategien Sie an neue Kunden herankommen. Aber jetzt stellt sich eine ganz entscheidende Frage: Wie gewinnen Sie auch das Interesse und die Aufmerksamkeit der neuen Kunden? Wie beweisen Sie Ihre Kompetenz? Wie machen Sie Probleme bewusst? Und wie empfehlen Sie sich als Problemlöser?

Mit der Vorstellung der Leistungsfähigkeit Ihrer Firma ist es nicht getan. Echtes Interesse werden Sie nur mit ganz speziellen Angeboten, sprich Strategien, erreichen.

Kurzum: Mit dem Verkauf aus dem Katalog kann man heute keine neuen Kunden mehr gewinnen, da muss man sich schon etwas Besonderes einfallen lassen.

Diese Erfahrung mussten auch die Verkäufer von Heimtextilien – also von Matratzen, Unterbetten, Fußbodenbelägen, Polsterstoffen und Gardinen – bei ihren Händlern machen und deshalb arbeiteten wir mit ihnen eine ganze Reihe von Spezialstrategien aus.

Da diese Verkäufer pro Tag 14 Kunden zu besuchen hatten, waren sie unangemeldete Besuche bereits gewohnt, sodass auch Kaltbesuche bei neuen Kunden für sie keine Probleme darstellten.

Hier nun die sieben erfolgreichsten Strategien, die sich mit leichten Veränderungen auch von anderen Verkäufern in der Industrie und im Fachhandel einsetzen lassen:

9.1 Sieben Spezialstrategien, wie man am besten zu neuen Kunden und Aufträgen kommt

1. Die Strategie mit der Angebotskomplettierung

Der Verkäufer macht dem Händler bewusst, welches umfassende Angebot er braucht, wenn ein Kunde in den Laden kommt und sich zu Hause neu einrichten möchte. Mit der bedarfsorientierten Angebotskomplettierung verschafft er dem Händler nicht nur die Chance, die Kunden verstärkt an sich zu binden, sondern sie auch zu spontanen Zusatzeinkäufen zu motivieren.

2. Die Strategie mit dem „Paket"-Angebot

Der Verkäufer schnürt hier mithilfe der Verkaufsabteilung ein „Paket" für den Händler, das z. B. für junge Kunden ein sehr attraktives Angebot enthält und das aus mehreren Teilen besteht. Die zeitliche Befristung der Sonderpreise und eventuellen Sondermodelle geben hier dem Verkäufer die Möglichkeit, mit einer entsprechenden Exklusivität und Dringlichkeit zu argumentieren.

3. Die Strategie mit dem Vergleich

Hier zeigt der Verkäufer dem Kunden anhand von Computerverkaufslisten auf, welche Umsätze z. B. andere Fachhändler in vergleichbaren Orten, mit vergleichbarer Lage und vergleichbarer Kundenstruktur in den Artikelgruppen A, B und C erzielt haben. Er untersucht dann mit dem Inhaber gemeinsam, wie auch er diese Umsätze erreichen kann. Eine dieser Hilfen stellt die nächste Strategie dar:

4. Die Strategie mit der Schulung

Hier bietet der Verkäufer dem Händler eine Kurzschulung seiner Verkäufer an. Zusätzlich oder als Ersatz (bei Zeitmangel) kann er dem Verkaufspersonal auch einen Katalog mit den wichtigsten Argumenten und Einwandbehandlungen übergeben.

5. Die Strategie mit der Innovation

Bei dieser Strategie untersucht der Verkäufer zuerst die neuesten Kauftrends der Endabnehmer seiner Artikel und macht dann dem Fachhändler ein Spezialangebot.

Dazu ein Beispiel: Matratzen sind nicht nur eine notwendige Bettunterlage, sondern haben auch für die Gesundheit des Kunden einen überragenden Wert. Das reicht von der Vermeidung von Stauballergien bis hin zu Naturstoffen und bandscheibengerechten Ausführungen.

Kurzum: In diesem Fall verkauft der Verkäufer seine Matratze nicht mehr als Bettunterlage, sondern als Gesundheitsvorsorge. Und er baut seine gesamte Nutzenargumentation darauf auf, dass auch der Fachhändler bei seinen Kunden künftig nicht nur als Bettenverkäufer, sondern auch als Gesundheits- und Fitnessberater auftreten kann.

6. Die Strategie mit dem Showeffekt

Ein Fachhändler, der am Tag mehrere Verkaufsgespräche über sich ergehen lassen muss, schaltet leicht ab. Unser Verkäufer entschließt sich daher zu einem interessanten Demonstrationseffekt:

Statt dem Kunden die Vorzüge einer neuen Matratze nur vorzutragen, organisiert er eine ältere Matratze und reinigt sie nun vor den Augen des Kunden mit einem Spezialstaubsauger. (Noch wirkungsvoller ist es, wenn er den Händler selbst die alte Matratze reinigen lässt.)

Daraufhin zeigt er dem Händler alles, was noch an Staub und Ungeziefer (Milben!) in solch alten Matratzen ist. Er liefert ihm damit ein „eindrucksvolles" Argument für alle Kunden, die an Allergien leiden oder sehr gesundheitsbewusst sind. Anstatt sich alle paar Jahre einen neuen Staubsauger zu kaufen, kann er ihnen jetzt guten Gewissens den Kauf einer neuen Matratze empfehlen.

7. Die Strategie mit der Kundenumfrage

Hier befragt der Verkäufer 20 oder 30 Endverbraucher seiner Produkte, worauf sie beim Kauf einer neuen Matratze, eines neuen Bettes oder einer neuen Raumausstattung (Gardinen, Möbelstoffe, Fußbodenbeläge) am meisten Wert legen würden. Welche Preise würden sie akzeptieren? Welche Anlässe würden sie zu einem Neukauf motivieren?

Mit seinen Umfrageergebnissen besucht der Verkäufer dann den Fachhändler und liefert ihm neben den neuesten und aktuellsten Verkaufsargumenten genau die Artikel und die Werbeanstöße, die gerade voll im Trend sind.

Natürlich erfordert die Ausarbeitung dieser Strategien etwas Zeit – für einen intelligenten Verkäufer kein Problem. Er setzt sich mit seinen Kollegen zusammen und spricht mit ihnen ab, wer von ihnen welche Strategien ausarbeitet. Und dann tauschen sie gegenseitig zuerst ihre Strategien und dann ihre Erfahrungen aus.

10. Motivation – der Schlüssel für Akquisitionserfolge

Ein guter Verkäufer sagte einmal: „Motivation ist nicht alles. Aber ohne Motivation ist alles nichts." Damit meinte er: Man kann noch so gute Verkaufsmethoden und Abschlusstechniken beherrschen, aber wenn man innerlich nicht richtig motiviert ist, dann wird man den Kunden trotzdem nicht überzeugen können.

Erfordert das Gespräch mit Stammkunden eine gute Stimmung, so erfordert die Neukundenakquisition eine ganz besonders positive Stimmung.

Das heißt: Wer neue Kunden erfolgreich akquirieren will, der braucht nicht nur eine gute Stimmung, der braucht sogar eine *sehr* gute Stimmung, der braucht Biss und Begeisterung, um sich und den Kunden mitzureißen.

Bevor wir uns die zehn besten Methoden der Eigenmotivation anschauen, eine Frage: Welches ist die schnellste und einfachste Methode, um in Schwung zu kommen? Die Antwort: Von anderen motiviert zu werden! Genau diese Methode verwenden die meisten Verkäufer, die nur gelegentlich und nicht jeden Tag neue Kunden akquirieren müssen.

Wenn Sie einen positiven Anruf (z. B. den Dank eines Kunden für die prompte Lieferung) oder einen positiven Brief (z. B. mit einer unerwarteten Auftragsbestätigung) bekommen, dann merken Sie plötzlich, wie Ihre Stimmung ansteigt, wie die Motivation anwächst – und dann greifen Sie an!

Wenn Sie gerade im Büro sind, dann legen Sie jetzt alle andere Arbeit zur Seite, sagen der Sekretärin, dass Sie jetzt nicht mehr gestört werden wollen, holen sich die Adressen der Kunden, die Sie schon lange einmal anrufen wollten –

und versuchen dann, diese begeisternde Stimmung auf die Kunden zu übertragen.

Dann nehmen Sie sich zum Beispiel vor, von zehn Uhr bis zwölf Uhr durchzutelefonieren und die Gunst der Stunde zu nutzen. Damit schlagen Sie gleich zwei Fliegen mit einer Klappe. Zum einen nutzen Sie den momentanen Stimmungsaufschwung und zum anderen eine mögliche Erfolgssträhne aus.

Wir alle wissen doch, dass sich in unserem Leben Glück und Pech, Erfolg und Misserfolg wie Ebbe und Flut ablösen.

Der positive Anruf eines Kunden morgens um neun Uhr könnte daher das Zeichen für einen besonders günstigen Tag für uns sein – und das sollten wir ausnützen.

Genauso aber könnte diese „Glückssträhne" erst mit einem Anruf um 16 Uhr kommen! Auch dann ist dieser Anruf die beste Gelegenheit, sofort anzugreifen und seine Chancen wahrzunehmen.

Nutzen Sie daher die drei folgenden Erfolgsregeln für sich:

Regel Nr. 1:
Die schnellste Eigenmotivation entsteht durch einen unerwarteten positiven Impuls von außen.

Regel Nr. 2:
Jedes positive Ereignis kann der Beginn einer ganzen Serie von glücklichen Ereignissen sein.

Regel Nr. 3:
Wenn sich das Glück zeigt, soll man es sofort beim Schopf packen.

Für uns heißt das:
Nutzen Sie jedes positive Ereignis, um verstärkt auf Ihre Kunden zuzugehen. Sagen Sie sich, dahinter könnte eine ganze Serie von positiven Ergebnissen stehen!

Und was machen wir bei Misserfolgen? – Genau dasselbe mit umgekehrtem Vorzeichen. Wenn Sie drei oder vier Misserfolge hintereinander erlebt haben, dann wechseln Sie zuerst das Gebiet, und wenn auch das nichts hilft, hören Sie an diesem Tag mit der Akquisition auf und konzentrieren sich auf Ihre Büroarbeit.

Dann wissen Sie, dass heute einfach nichts läuft ... Auf diese Weise machen Sie wenigstens bei Ihren potenziellen Kunden nichts kaputt.

Natürlich können sich diese Methoden nur die Verkäufer leisten, die nicht jeden Tag akquirieren müssen und die eine hohe Selbstdisziplin haben. Denn auch diese Verkäufer wollen und müssen ihre Monatsziele erreichen.

Aber sie scheinen durch das Nutzen ihrer Glücks- und Erfolgsmomente oft sehr viel mehr Schwung und Feuer zu entwickeln als viele Verkäufer, die ihre Akquisition nur gewohnheitsmäßig herunterspulen.

Was aber können Sie tun, um entweder diese positiven Gefühle öfter anzuziehen oder sich immer wieder neu zu motivieren? Zehn Methoden stelle ich Ihnen jetzt vor, die zu den besten Methoden auf dem Gebiet der Selbstmotivation gehören. Lesen Sie sie durch! Probieren Sie sie aus! Sie werden auch Ihnen helfen!

Noch ein Tipp:
Notieren Sie sich diese zehn Methoden auf einer Karte und platzieren Sie sie an einer gut sichtbaren Stelle, z. B. in Ihrem Terminkalender.

10.1 Zehn Praxismethoden für eine hohe Selbstmotivation

Motivationsmethode Nr. 1

Setzen Sie sich Ziele, die Sie faszinieren!

In einem Buch über Shakespeare las ich einmal den Satz: „Ein guter Dichter kennt bereits die Schlusszeile, bevor er mit dem Gedicht beginnt!"

Er weiß also ganz genau, was er mit diesem Gedicht ausdrücken will. Er sieht diese letzte Zeile, die Botschaft seines Gedichtes, ganz klar in einem Bild vor sich, bevor er anfängt.

Genau dasselbe gilt für unsere Motivation.

Bevor wir zum ersten Mal den Telefonhörer abnehmen, müssen wir unsere Schlusszeile kennen, müssen wir wissen, was wir uns davon erhoffen, was wir damit erreichen wollen ... und was schließlich der Lohn all unserer Anstrengungen sein soll: ein schönes Auto, eine tolle Fernreise, ein neues Haus, ein Platz unter den Top Ten oder ein Schritt höher auf der Karriereleiter ...?

Zäumen Sie also das Pferd richtig auf!

Bevor Sie überlegen, was Sie tun müssen, fangen Sie an zu träumen, was Sie erreichen wollen!

Wenn Sie genau wissen, was Sie erreichen wollen, fangen Sie an zu rechnen. Zum Beispiel: Welchen Umsatz brauchen Sie für dieses Ziel? Und dann: Wie viele Abschlüsse brauchen Sie für diesen Umsatz? Und weiter: Wie viele qualifizierte Termine brauchen Sie (pro Tag) für diese Abschlüsse? Und schließlich: Wie viele Kontakte brauchen Sie für diese Termine?

Jetzt wissen Sie, was Sie wollen und was Sie dafür tun müssen.

Schauen Sie sich jetzt diese beiden Seiten – Ihre Wünsche und Ihre Leistungen – noch einmal genau an!

Fragen Sie sich: Sind meine Ziele und Wünsche wirklich faszinierend? Lösen sie wirklich einen echten Motivations-schub aus, wenn ich sie mir in den schönsten Bildern vor-stelle, oder ergeben sie nur ein lauwarmes Gefühl?

Bei einem lauwarmen Gefühl sind entweder die Ziele und Wünsche zu blass oder die notwendigen Gegenleistungen zu belastend. Dann stimmt die Balance nicht. Finden Sie die richtige Balance für sich heraus. Denn nur im richtigen Gleichgewicht erreichen Sie eine permanente Motivation. Weder Über- noch Unterforderung motivieren Sie auf Dauer.

Die erste Stufe der Motivation haben Sie erreicht, wenn Sie genau wissen, welche Ziele Sie wirklich motivieren, und wenn Sie gleichzeitig akzeptieren, was Sie tagtäglich dafür tun müssen.

Halten Sie sich ferner Ihre Ziele ständig vor Augen (z. B. durch Bilder oder Grafiken) und stellen Sie sich vor, wie gut Sie sich fühlen, wenn Sie Ihre Ziele erreicht haben.

Fazit: Ohne faszinierende Ziele gibt es keine überdurch-schnittliche Motivation!

Motivationsmethode Nr. 2

Streben Sie eine perfekte Organisation an!

Natürlich ist das leichter gesagt als getan! Aber denken Sie daran: Jede Nervosität, weil Sie etwas nicht finden, oder jede Unruhe, weil Sie nicht genau wissen, wo Sie etwas finden, kostet Sie Kraft und Energie. Wir können sagen:

Jeder negative Gedanke schwächt unsere Motivation.

Harte Akquisition bedeutet sowieso schon ein erhöhtes Stresspotenzial. Das sollten wir auf keinen Fall durch nervöses Suchen oder In-den-Unterlagen-Wühlen noch verstärken. Versuchen Sie daher schon vorher, alles griffbereit zu legen, was Sie brauchen: die Interessentenkartei, die Kundenadressen, den telefonischen Leitfaden, den Argumentekatalog, die Unterlagen für Notizen ...

Bereiten Sie auch schon vorher alle notwendigen Follow-up-Maßnahmen vor: Broschüren, Angebote, Unterlagen ...

Je besser Sie vorbereitet sind, je griffbereiter die Unterlagen sind, desto weniger wird Ihre Motivation belastet.

Wenn Sie viele neue Interessenten anrufen wollen, kann es nicht nur sehr Zeit sparend, sondern auch sehr motivierend sein, die mühselige Arbeit der richtigen Ermittlung von Adressen und Ansprechpartnern Hilfskräften zu überlassen.

Wenn diese Möglichkeit nicht besteht, dann sollten Sie bei einem ersten Anruf nur die folgenden Punkte ermitteln:

- Die richtige Anschrift der Firma
- Den oder die richtigen Ansprechpartner
- Die Durchwahlnummer Ihrer Gesprächspartner
- Die wichtigste Qualifizierung (z. B. die Größe der Firma)

Erst in einem zweiten Anlauf sollten Sie dann versuchen, mit dem zuständigen Gesprächspartner über Ihr Angebot zu sprechen.

Diese Zweiteilung der Aufgaben ist viel motivierender und Kräfte sparender, als alles in einem Zug zu machen.

Sie brauchen schon genügend Kraft, um allein diese Daten zu ermitteln. Denken Sie nur an die Situationen, wenn das Telefon zehnmal vergeblich läutet, wenn man Sie fünfmal falsch verbindet, wenn der zuständige Gesprächspartner gar nicht da ist oder wenn die Sekretärin Gespräche sofort abblockt.

Fassen wir zusammen: **Desorganisation bedeutet Demotivation.** Deshalb ist eine optimale Organisation die Voraussetzung für eine hohe Motivation.

Motivationsmethode Nr. 3

Sorgen Sie für einen großen Vorrat an Adressen!

Wenn Sie auf viele Kontakte für qualifizierte Gesprächstermine angewiesen sind, dann ist ein großer Vorrat an Adressen das beste Motivationspolster.

Es macht Sie sicher und ruhig und Sie müssen nicht um jede Adresse wie um Ihr Leben kämpfen. Im Gegenteil: Erst dann können Sie mit einer gewissen Lockerheit an die Sache herangehen.

Lockerheit heißt auf der einen Seite, genau zu wissen, was man will, und auch bereit zu sein, dafür zu kämpfen. Und es bedeutet andererseits, statt mit Verbissenheit lieber mit einer „Es-macht-mir-nichts-aus-Haltung" ranzugehen. Absagen und Kunden-Neins sind dann keine persönlichen Enttäuschungen und Demütigungen mehr, sondern die Ergebnisse guter Qualifizierungsarbeit.

Die „Es-macht-mir-nichts-aus-Haltung" hat nichts mit einem Gefühl der „Wurstigkeit" zu tun, sondern symbolisiert nur das Bewusstsein, dass man nicht auf jede Adresse angewiesen ist und dass man trotz aller Absagen letztlich doch noch erfolgreich sein wird. Diese Lockerheit spürt der Kunde und er empfindet sie als angenehm.

Denn kein Kunde schätzt einen Verkäufer, der ihm unbedingt etwas verkaufen will, dem der Umsatzdruck im Gesicht geschrieben steht. Im Gegenteil:

Der Verkäufer steigt umso mehr in der Achtung des Kunden, je stärker dieser seine Souveränität und Lockerheit spürt.

Für die Motivation bedeutet das:

Je weniger Sie sich unter Druck setzen und je lockerer Sie an die Sache gehen, desto langfristiger hält Ihre Motivation an.

Druck, Zwang und Pflicht sind Motivationskiller erster Ordnung!

Lockerheit schafft dagegen Motivation.

Auch wenn Sie fünf Absagen hintereinander erleben – ein Blick auf Ihren schönen Adressenvorrat genügt und Sie wissen: Ich habe noch Dutzende von Chancen!

Motivationsmethode Nr. 4

Fühlen Sie sich als der kompetenteste Mann auf Ihrem Gebiet!

Es gibt ein Gesetz des positiven Denkens, das lautet: **Das, was man ausstrahlt, zieht man an!**[42] Dieses Gesetz ist von beinahe unheimlicher Wirkungskraft!

Wenn Sie ausstrahlen, dass Sie dem Kunden wirklich helfen wollen, dann ziehen Sie sein Vertrauen an. Wenn es Ihnen dagegen nur ums Geld geht, dann strahlen Sie Egoismus aus und werden die Ablehnung des Kunden anziehen. Wichtigste Grundlage einer fundierten positiven Ausstrahlung ist Ihre Kompetenz.

Dieses Gefühl der Kompetenz bedeutet dreierlei:

1. Sie haben für den Kunden wertvolle Informationen.
2. Sie können dem Kunden ein Problem bewusst machen.
3. Sie können ihm zu einer Problemlösung verhelfen.

Wenn Sie das bieten können, dann haben Sie das Gefühl der Kompetenz, das Sie brauchen, wenn Sie den Telefonhörer abnehmen, an der Türklingel läuten oder einen Werbebrief schreiben.

Ohne dieses Gefühl der Kompetenz gibt es kein echtes Selbstvertrauen. Und damit keine dauerhafte Motivation!

Und ohne dieses Gefühl der Kompetenz halten Sie sich in Wirklichkeit nicht für berechtigt, dem Kunden trotz seiner Einwände etwas zu verkaufen. Dann sehen Sie sich selbst viel eher als Bittsteller oder Störenfried denn als Nutzenbringer!

Gute Verkäufer sind dagegen felsenfest davon überzeugt, dass ihre Kunden zu den Verlierern gehören, wenn sie nicht von ihnen kaufen!

Es gehört zu den Grundregeln des Erfolgs: Erst wenn Sie das Gefühl haben, dass Sie für den Kunden ein wirklich nützliches Angebot haben, werden Sie Ihre optimale Ausstrahlung und damit Ihre höchste Leistungsfähigkeit erreichen.

Warum? Der eigentliche Verkauf – also die unbewusste Überzeugung – erfolgt in Wirklichkeit durch die Übertragung von Gefühlen!

Das heißt: Ich kann beim Kunden nur dann das Gefühl erzeugen, dass mein Angebot für ihn das optimale ist, wenn ich selbst davon überzeugt bin!

Anders gesagt: Ich kann ein solches Gefühl nur dann auf den Kunden übertragen, wenn ich dieses Gefühl zuerst selbst empfinde. Die persönliche Kompetenz ist dabei der wichtigste Auslöser für dieses Gefühl!

Zum Gefühl der Kompetenz gehören auch die Antworten auf die folgenden drei Fragen eines Kunden:

1. Warum soll ich **dieses Angebot** kaufen?
2. Warum soll ich es **von Ihnen** kaufen?
3. Warum soll ich es **jetzt** kaufen?

Motivationsmethode Nr. 5

Programmieren Sie sich im Voraus auf Erfolg!

Nicht immer können wir auf einen Motivationsschub durch ein positives Ereignis warten. Oft müssen wir für eine bestimmte Aufgabe zu einem ganz bestimmten Zeitpunkt fit sein. In diesem Fall empfiehlt sich die Technik der Vorprogrammierung.

Dann sagen wir einen Tag, noch besser drei Tage, vorher zu uns: Am Montag um neun Uhr will ich mit meiner Akquisition anfangen und mindestens 20 Interessenten anrufen!

Je klarer wir dieses Ziel aussprechen und je genauer wir uns diese Situation vorstellen, desto stärker wirkt zum angestrebten Zeitpunkt auch die erwünschte Motivation in uns. In diesem Fall hat sich die Motivation geradezu selbstständig gemacht.

Das eigentliche Erfolgsgeheimnis besteht darin: Je länger und je intensiver Sie schon vorab die beabsichtigten Ziele und die erwünschten Verhaltensweisen in Ihrer Fantasie durchspielen, desto stärker und desto eigenständiger wird später die Motivation.

Dann spüren Sie direkt, wie Sie am Tag X Ihre Motivation mit geradezu magischer Kraft zur Ausführung Ihrer Pläne treibt.

Dann handeln Sie wahrhaftig aus dem Unterbewussten.

Voraussetzung dafür ist die „angestaute" (also die vorbereitete) Motivation, die Sie nur durch eine vorherige und wiederholte Vorstellung Ihrer Ziele und Verhaltensweisen erreichen.

Mit dieser **angestauten Motivation** können Sie auch am leichtesten Einwände und Widerstände überwinden. Denn diese unbewusst wirkende Kraft Ihrer Motivation kommt jetzt aus dem Gefühl, und nicht aus dem Verstand.

Sie lebt von Ihren positiven Wunschvorstellungen, ohne von Ihrem skeptischen Verstand angezweifelt werden zu können. Das ist es, was Sie so stark macht! Durch diese Methode wurden und werden, z. B. im Sport, Höchstleistungen erzielt.

Fazit:

> **Je länger ein Wunsch gehegt wird, desto stärker drängt er von sich aus auf Erfüllung.**

278

Motivationsmethode Nr. 6

Fühlen Sie sich der Konkurrenz überlegen!

Jeder Sportler, der eine starke Siegeszuversicht ausstrahlt, tut das, weil er weiß, dass er in irgendeinem Punkt seinen Konkurrenten überlegen ist. Ohne dieses Wissen um eine bestimmte Überlegenheit gibt es keine echte Siegeszuversicht.

„Aber mein Produkt unterscheidet sich kaum von den Wettbewerbern!", klagen viele Verkäufer und lassen mutlos die Schultern sinken.

Akzeptieren Sie diese Resignation nicht! Jeder Verkäufer kann mit seinem Produkt den anderen Wettbewerbern zumindest in einem Punkt überlegen sein: zum Beispiel in seiner persönlichen Beratung, seinem Service oder seiner Betreuung.

Selbst im Angebot liegen oft noch viele Differenzierungsmöglichkeiten. Man muss nur gründlich nachdenken. Ich erinnere mich noch an ein Seminar bei einem Automobilhersteller der Luxusklasse. Es ging um das Topmodell und seine Vorteile gegenüber dem wichtigsten Wettbewerber. Resigniert hoben die Verkäufer nach 20 Vorteilen die Schultern und glaubten, absolut keinen einzigen Vorteil mehr gegenüber diesem scheinbar übermächtigen Konkurrenten erkennen zu können.

Als wir dann gemeinsam Schritt für Schritt die Details untersuchten, kamen die Unterschiede nur so zum Vorschein. Nach 55 Wettbewerbsvorteilen gaben wir auf. Ich erinnere mich deshalb noch so gut daran, weil „unser Modell" den Reservereifen seitlich im Kofferraum angebracht hatte, während er beim Konkurrenten flach auf dem Boden lag.

Daraus konstruierten wir dann eine nette Geschichte, was wohl passieren würde, wenn der Kunde z. B. spätabends an einem Sonntag auf dem Weg nach St. Moritz zu seinem Skiurlaub bedauerlicherweise eine Reifenpanne hätte und nun gezwungen wäre, selbst Hand anzulegen. Wo würde er dann wohl – bei Matsch und Schnee – die eleganten Koffer hinstellen? Auf die nasse Straße ...?

Gehen Sie daher Ihr Angebot nochmals Punkt für Punkt durch. Tests bei Brainstormings haben ergeben, dass in der Regel erst die 72. Idee ein Volltreffer war.

Denken Sie dabei auch an die vier Kundenmotive – Stolz Gewinn, Bequemlichkeit und Sicherheit – und fragen Sie sich:

Worin verschafft mein Angebot dem Kunden mehr Stolz, Gewinn, Bequemlichkeit und Sicherheit?

Schwächen hat jedes Angebot! Entscheidend ist, dass man dem Kunden die alternativen Stärken sichtbar machen kann. Noch entscheidender ist allerdings, dass man sich durch ein großartiges Wettbewerbsangebot nicht sogleich kampflos in die Defensive drängen lässt.

Sie haben keine Chance am Telefon – Ihre Stimme verrät es –, wenn Sie nicht wenigstens *einen Punkt* wissen, in dem Sie dem Wettbewerber überlegen sind.

Forschen Sie also so lange nach oder fragen Sie notfalls sogar Ihre Stammkunden danach, bis Sie wissen, wo Sie und Ihr Angebot einzigartig, ja einmalig sind. Sie werden es erleben: Mit der Einzigartigkeit Ihres Produktes oder Ihrer Beratung und Betreuung steigt auch Ihr Selbstvertrauen. Und mit dem Selbstvertrauen steigt Ihre Überzeugungskraft!

Finden Sie diesen Punkt der Einmaligkeit und Sie sind auch für den Kunden wirklich einzigartig!

Motivationsmethode Nr. 7

Gewinnen Sie mit Schlagfertigkeit!

Was ist damit gemeint? Ein guter Verkäufer sagte mir einmal: „Ich weiß mehr Antworten, als der Kunde Fragen oder Einwände hat. Und das schaffe ich, weil ich mir schon im Voraus die besten Antworten überlege."

Schlagfertigkeit ist daher für gute Verkäufer genauso wichtig wie für Pistolenschützen eine ruhige Hand. Schlagfertigkeit ist die Voraussetzung für Selbstsicherheit! Das wissen gute Verkäufer und das zeichnet sie aus.

Dazu ein paar Beispiele:

Ein Bausparkassenvertreter versuchte einmal sein Glück mit der Kaltakquisition in einem großen Apartment-Haus. Er drückte eine Klingel nach der anderen. Plötzlich ging die Tür auf und eine stattliche Dame stand im Türrahmen. Der Vertreter stellte sich vor: „Guten Tag, gnädige Frau. Mein Name ist Egon Frech von der Bausparkasse *Bau Steine Erden*." Da sagte die Frau ganz entrüstet zu ihm: „Ich wünsche keine Vertreterbesuche!" – „Das weiß ich, gnädige Frau", antwortete der Verkäufer, „und deshalb bin ich ja auch selbst gekommen!"

Als derselbe Vertreter bei einem anderen Besuch der Kundin einen Vertrag vorlegte, sah diese in der Zeile „Abschlussgebühr" einen Betrag von 820 Euro stehen. Leicht schockiert wandte sie sich daraufhin an den Verkäufer und sagte zu ihm: „Aber diese Gebühr ist doch verloren!" – „Keineswegs", antwortete da der Verkäufer schlagfertig. „In Deutschland geht nichts verloren. Dieses Geld wechselt nur den Besitzer!"

Natürlich sind die bereits genannten schlagfertigen Beispiele nicht kaufentscheidend gewesen, aber trotzdem waren sie für den Verkäufer von entscheidender Bedeutung: für seine Motivation. Statt nach den verbalen Angriffen der Kunden mit hängenden Ohren dazustehen, konnte er sofort witzig herausgeben und hoch erhobenen Hauptes das Gespräch fortsetzen.

Aber Vorsicht! Schlagfertigkeit heißt noch lange nicht, alles zu sagen, was man weiß. Viele Einwände, vor allem die emotionalen, erfordern viel eher einer ganz schnelle oder ganz witzige Antwort statt einer fundierten. Entscheidend ist, dass die Antwort schnell kommt.

Denn je schneller sie kommt, desto höher wird auch Ihre Kompetenz eingeschätzt!

Bei allem aber gilt die Regel: Der gute Verkäufer *weiß* alles, der schlechte *sagt* alles!

Wie wird man nun schlagfertig?

Schreiben Sie sich die zehn häufigsten Einwände, die Sie immer wieder zu hören bekommen, auf – und überlegen Sie sich dann in Ruhe gute, durchdachte Antworten.

Die folgenden Beispiele mögen Ihnen dabei helfen:

Kunde: „Ich habe keine Zeit."

Verkäufer: „Deshalb fasse ich mich kurz!"

Kunde: „Ich habe kein Interesse."

Verkäufer: „Das kann ich verstehen. Was man nicht kennt, dafür kann man sich auch nicht interessieren."

Kunde: „Wir haben schon einen Lieferanten!"

Verkäufer: „Das glaube ich Ihnen gerne. Aber haben Sie auch eine gute Alternative dazu?"

Motivationsmethode Nr. 8

Denken, reden und träumen Sie positiv!

Sicher kennen Sie den Satz: **Jeder positiven Handlung geht ein positiver Gedanke voraus.**

Selbst wenn Sie diesen Satz noch nicht bewusst eingesetzt haben, so haben Sie doch mit Sicherheit schon von ihm profitiert.

Denn dieser Satz besagt, dass irgendein positiver Gedanke den entscheidenden Funken an mehr Begeisterung, an mehr Entschlossenheit oder an mehr Überzeugungskraft in Ihnen ausgelöst hat! Und dieses „kleine Quäntchen mehr" hat dann den Ausschlag gegeben! Vielleicht sagen Sie jetzt: „Was macht das kleine Quäntchen mehr schon aus? Daran kann es doch nicht liegen!" Doch, daran liegt es!

Warum? Weil auch unsere ganze Wettbewerbswirtschaft auf diesem kleinen Quäntchen mehr oder besser beruht. Das ist keine Theorie, sondern eine wissenschaftlich erforschte Tatsache.

Der Kunde kauft letztlich nur deshalb bei Ihnen, weil Ihr Preis ein klein wenig besser, Ihr Service eine Idee günstiger und Ihre Qualität um eine Spur überlegener ist. Und er kauft von Ihnen, weil Sie ein klein wenig überzeugender, eine Idee begeisternder oder eine Spur motivierter sind als Ihr Konkurrent.[43)]

Allein auf dieses Quäntchen „besser sein" kommt es an. Auf sonst nichts! Die Zeit der Riesenvorteile ist längst vorbei!

Deshalb müssen Sie im Kontakt mit dem Kunden auch alles geben! 80 Prozent, ja, 90 Prozent genügen bei einem neuen Kunden nicht, denn sonst hat Ihr Wettbewerber die Nase vorn!

Auch der Kunde verlangt heute bei seinen Problemen eine 100-prozentige Lösung und gibt sich nicht mehr mit einer 90-prozentigen Lösung zufrieden. Und das Entscheidende für die Verkäufer: Der Unterschied zwischen einem 100-Prozent-Einsatz und einem 90-Prozent-Einsatz sind nicht 10 Prozent, sondern der Auftrag oder die Absage. Diese Chance auf eine 100-Prozent-Lösung muss der Kunde relativ rasch erkennen – nur dann hört er weiter zu.

Oft haben Sie nur 20 Sekunden Zeit, um zu überzeugen! 20 Sekunden, in denen es auf jedes Wort und auf jede Nuance in Ihrer Stimme ankommt. 20 Sekunden, in denen Sie wacher sein müssen als die Fluglotsen auf ihrem Tower. Sonst landen Sie daneben: auf der Piste der **Beinahe-Abschlüsse**, die schon Tausenden von Verkäufern zum Verhängnis wurde.

Denn selbst die freundlichsten, höflichsten, nettesten und interessiertesten Beinahe-Kunden bedeuten keine Abschlüsse! 80 Prozent dieser Beinahe-Abschlüsse resultieren daraus, dass dem Verkäufer irgendwo das letzte Quäntchen an Energie, Überzeugungskraft, Durchsetzungsvermögen oder Motivation fehlte.

> **Wie in der Physik erst 100 Grad das Wasser zum Kochen bringen, so bewirken auch im Verkauf nur 100 Prozent Einsatz einen Abschluss!**

Und woher kriegen Sie diese 100 Prozent? – Die Antwort: durch positive Gedanken, durch positive Bilder und durch positive Wörter. Sie sind der Treibstoff, der Ihre Erfolgsrakete zum Abheben bringt.

Stellen Sie sich also in Gedanken immer wieder vor, was Sie im Verkauf und beim Kunden schaffen wollen. Stellen Sie sich vor allem das letzte, das wichtigste Bild vor, in dem Sie sehen, wie der Kunde genau das tut, was er tun soll: den Vertrag unterschreiben.

Diese Bilder müssen wie **Magnete** auf Sie und auf den Kunden wirken.

Genauso gilt: All die Situationen, die uns das Verkaufen so schwer machen – das schlechte Wetter, die Staus, die Parkplatzprobleme, die Wartezeiten, die Reklamationen, die Absagen –, sollten wir entweder mit Gleichmut wegstecken (weil es sinnlos ist, sich darüber aufzuregen) oder sie positiv interpretieren. Also auch die positive Seite jeder Medaille sehen. Zum Beispiel:

- Regen bedeutet, dass der Kunde zu Hause ist.
- Staus zwingen uns zu einer besseren Routenplanung.
- Parkplatzprobleme veranlassen uns, den Kunden schon bei der Terminvereinbarung zu fragen, wo wir parken können.
- Wartezeiten können wir für zusätzliche Informationen nutzen.
- Reklamationen können uns zu verstärkten Kundenbindungen verhelfen.
- Misserfolge ermöglichen uns die besten Lernchancen!

Alles hat seine zwei Seiten. Und positiv zu denken bedeutet, auch die zweite, die positive Seite zu sehen!

Motivationsmethode Nr. 9

Machen Sie die Sache dringend!

Verkäufer mit einer hohen Leistungsmotivation zeichnen sich dadurch aus, dass sie möglichst schnell ein Ergebnis erreichen wollen. Wenn Sie in eine neue Firma wechseln oder eine neue Aufgabe übernehmen, dann warten Sie nicht erst alle Schulungen ab oder arbeiten mit Ihrem Computer die Super-Power-Präsentationsunterlagen aus! Nein, dann versuchen Sie so schnell wie möglich die ersten Kunden zu besuchen und zu sehen, wie Sie vorankommen. Wenn Sie warten, bis Sie alles gelernt haben und alles wissen, ist Ihre Zeit vorbei.

Sie drücken sich also nicht vor der Akquisition, sondern Sie gehen ran an den Kunden! Sie wissen, dass man nur im Gespräch mit dem Kunden Aufträge schreiben und Geld verdienen kann. Und dass Sie am schnellsten in der Praxis – also durch die tägliche Analyse Ihrer Erfolge und Misserfolge – lernen können.

> **Schnelligkeit ist das Zauberwort einer hohen Leistungsmotivation.**[44]

Diesen Grundsatz berücksichtigen Sie auch bei Ihren Kundengesprächen. Sie sprechen den Kunden nicht nur an, sondern Sie wollen auch etwas von ihm, und das möglichst schnell!

Sie haben erkannt, dass man das Eisen schmieden muss, solange es heiß ist, und dass man für den Abschluss die günstigste Stimmung des Kunden nutzen muss.

Dieser Augenblick ist meistens dann gekommen, wenn der Kunde das Problem erkannt und die Problemlösung verstanden hat. Dann arbeitet es in ihm. Dann sind sein Interesse und sein Bewusstsein für dieses Problem am meisten geschärft. Dann will er etwas unternehmen. Und genau dann muss der Verkäufer „zuschlagen" und die Entscheidung herbeiführen.

Zwei Tage später kann der Kunde schon wieder mit ganz anderen Problemen beschäftigt sein und das Kaufthema rutscht in seiner Rangliste immer weiter nach unten. Wie viele Abschlüsse wurden schon verloren, weil der günstigste Augenblick versäumt wurde!

Gute Verkäufer werden Ihnen sagen, dass sie – abgesehen von besonderen Branchen – den Abschluss meistens bereits im zweiten Gespräch machen. Danach sinken die Abschlusschancen überproportional ab. Nur durchschnittliche Verkäufer geben sich in der Regel der trügerischen Illusion hin, solch zähe Kunden doch noch irgendwann einmal „herumzukriegen".

Drei Tipps gibt es, die Ihnen helfen, den Abschluss so schnell wie möglich zu erreichen:

Der erste Tipp:
Der Kunde muss schon nach den ersten Einleitungssätzen seinen Vorteil klar erkennen können!

Der zweite Tipp:
Sie müssen dem Kunden die „höchste Dringlichkeit" aufzeigen!

Sie müssen ihm also all die Informationen liefern – z. B. bei Finanzanlagen die Mietentwicklung, die Preisentwicklung, die befristeten Steuerpräferenzen, den nächsten Vorauszahlungstermin, die Knappheit des Angebots, die vorhandenen Reservierungen –, die Ihrem Angebot die höchste Dringlichkeit verleihen!

In der Zeit der Informationsflut haben Sie nur dann eine Chance, den Kunden zum Abschluss zu bewegen, wenn Sie ihm „sein Problem" so dringlich wie möglich machen. Denn morgen gibt es für ihn bereits ein anderes Problem. Dringlichkeit ist ein Symbol für Schnelligkeit. Schnelligkeit ist ein Symbol für hohe Leistungsmotivation. Daraus ergibt sich: **Hoch motivierte Verkäufer zeigen dem Kunden die höchste Dringlichkeit auf!**

Der dritte Tipp heißt:
Geben Sie dem Kunden klare Entscheidungshilfen!

Produktargumente und -vorteile sind wichtig. Sie machen dem Kunden klar, wie er sein Problem lösen kann. Aber die Musik spielt bei den Entscheidungshilfen. Diese Argumente sind noch wichtiger! Denn was hilft jedes Problembewusstsein, wenn der Kunde diese Probleme dann noch ein oder zwei Monate lang überlegen und diskutieren will?

Überlegen Sie sich also schon im Voraus all die Argumente, die den Kunden veranlassen könnten, *sich jetzt – also heute!* – für Ihr Angebot zu entscheiden.

Ihre ganze Überzeugungskraft – angefangen von winzigen Preisvorteilen bis hin zur garantierten Liefersicherheit, vom Reservierungsdruck bis hin zum Steuertermin – müssen Sie jetzt einsetzen, um dem Kunden echte Entscheidungshilfen an die Hand zu geben.

Der Erfolg Ihrer Entscheidungshilfen hängt natürlich auch von Ihrer sauberen Qualifizierung ab. Denn Entscheidungshilfen werden erst dann zu Drückermethoden (die wir ablehnen), wenn wir vorher nicht klar genug einen echten Bedarf festgestellt haben.

Die wahren Entscheidungshilfen haben deshalb mit den eigentlichen Produktvorteilen nichts mehr zu tun, sondern konzentrieren sich viel mehr auf die Gefühle des Kunden. Der Kunde traut sich noch nicht so recht, und deshalb braucht er Hilfe, Zuspruch, Ermutigung oder Motivation. Er muss an der Hand geführt werden, um über seinen Schatten springen zu können.

Für Ihre Motivation bedeutet das: Je mehr konkrete Entscheidungshilfen Sie dem Kunden geben können, warum er:

1. dieses Angebot, 2. von Ihnen und 3. noch heute

kaufen soll, desto größer ist Ihre ansteckende Überzeugungskraft – und auch Ihre eigene Motivation.

Denn nur dann wissen Sie, warum Sie selbst dieses Angebot verkaufen (kennen also den Sinn Ihrer Aufgabe); wissen, warum der Kunde heute etwas kaufen soll, und wissen auch – spätestens nach der exakten Kundenqualifizierung –, warum der Kunde heute auch etwas kaufen *wird*. Dieses Gefühl ist einzigartig und sehr wichtig! Und es wird durch die letzte Motivationsmethode bestärkt.

Motivationsmethode Nr. 10

Mobilisieren Sie Ihren Willen!

Wieder stellen wir fest, dass wir in einer solchen Situation 110-prozentig motiviert sein müssen, um einen zögernden Kunden durch unsere Begeisterung, unseren Schwung, unsere Überzeugungskraft und unser Selbstvertrauen über diese Hürde zu bringen.

Der hoch motivierte Verkäufer, der positiv denkt und ein Quäntchen mehr Feuer als sein Wettbewerber besitzt, schafft das! Denn in dem Augenblick, da der schwächere Verkäufer aufgrund der Unentschlossenheit oder der Einwände des Kunden aufgibt, seine Spannkraft verliert, da legt unser hoch motivierter Verkäufer noch einmal diese 10 Prozent zu – und gewinnt.

Wenn der Kunde gut qualifiziert ist – wenn er also Bedarf, Geld und Entscheidungsgewalt hat –, dann ist das letzte Quäntchen beim Abschluss eine Sache des Willens. Dann siegt der stärkere Wille! Und den stärkeren Willen hat der Verkäufer, der sich schon im Voraus intensiver und präziser auf das gewünschte Zielergebnis vorbereitet hat.

Das bedeutet:

So wie es im Verkauf auf das Quäntchen „besser sein" ankommt, so kommt es beim Abschluss auf das letzte Quäntchen mehr Willenskraft an!

Wie sagte schon vor rund 2000 Jahren der römische Dichter Ovid:

„Wollen genügt nicht! Verlangen erst führt dich zum Ziel!"

Verlangen Sie also beim nächsten Mal (von sich) den Abschluss und machen Sie dieses Verlangen auch Ihrem Unterbewusstsein klar. Wenn Sie das intensiv tun, werden Sie über Ihre eigene Stärke erstaunt sein!

Die stärkste Willenskraft erreichen Sie, wenn Sie sich schon bei der Wochen- oder Tagesplanung mental auf diese Aufgaben einstellen und wenn Sie sich schon vorher in Gedanken erfolgreich argumentieren und handeln sehen.

Manchmal genügen schon ein paar „Vorstellungen" sowie der feste Willensimpuls: „Ich will das so machen!" – und Sie kommen zum Erfolg. Aber dieser eine, bestimmte Willensimpuls muss in jedem Fall vorher erfolgen! Hier gilt:

Je konzentrierter Sie diese mentale Programmierung im Voraus machen, desto stärker ist am Tag X auch Ihre Willenskraft!

Sehen wir uns jetzt ein ganz spezielles Motivationsproblem an:

10.2 Was bereitet den Verkäufern beim Nachfassen die größten Schwierigkeiten?

Was bereitet den Verkäufern bei Nachfassaktionen die größten Probleme? Die Aussicht auf Misserfolge? Nein, aufgrund meiner Erfahrungen glaube ich, dass es zwei andere Themen sind:

1. die Angst vor dem Nein des Kunden und
2. die (oft unbewusste) Ablehnung des Kunden.

Sehen wir uns dazu zwei Beispiele an.

Beispiel Nr. 1:

Die Angst des Kai Koller vor dem zweiten Anruf

Kai Koller ist ein junger Anlageberater, der neu im Geschäft ist. Kunden hat er keine, also muss er sich welche suchen. Sein Problem ist nicht der Erstanruf. Da ist er relativ locker. Er weiß, dass die meisten Interessenten schon andere Berater haben oder im Augenblick keine weiteren Anlagen tätigen wollen. Darauf hat er sich eingerichtet. Und da er fähig ist, Kunden schnell zu qualifizieren, hat er auch gelernt, sich von tauben Nüssen rasch zu trennen.

Anders sieht es jedoch mit den Kunden aus, die zuerst einmal etwas „Schriftliches" oder sogar ein „spezielles Angebot" wollen, bevor sie einen Termin akzeptieren. Wenn hier der

Verkäufer nicht clever ist, dann erlebt er statt echter Fortschritte schnell einen Fortsetzungsroman.

Natürlich verspricht der Kunde, sich die Sachen durchzusehen und bei Fragen zurückzurufen. Aber das geschieht nur, wenn Ostern auf Pfingsten fällt, und so ist unser junger Anlageberater gezwungen, nachzutelefonieren.

In diesem Augenblick beginnt in seinem Kopf ein wahrer Horrorfilm abzulaufen. Alles stellt er sich dann vor, nur nicht seine Erfolgschancen. Zum Beispiel, dass:

- er den Kunden jetzt mitten in der Arbeit störe,
- der Kunde seinen Anruf als Belästigung empfinde,
- der Kunde auf diese Störung sauer reagiere und ihn schroff abweisen werde,
- der Kunde an dem Termin oder Angebot gar nicht mehr interessiert sei,
- der Kunde den Auftrag schon an jemand anders vergeben habe.

All das sieht er in seiner Fantasie so deutlich, als ob es schon passiert wäre.

Er denkt also nicht so sehr an sich und sein Anliegen als vielmehr an den „belästigten" Kunden. Die klare Folge: Die beiden Denkweisen blockieren sich gegenseitig. So greift er zwar zum Telefon, fühlt sich aber gleichzeitig durch seine innere Abwehrhaltung blockiert.

Dabei – und das ist das Besondere daran – weiß er aus Erfahrung, dass 90 Prozent seiner Kunden bei einer höflichen Nachfrage zwar nicht freudig erregt, aber doch einigermaßen höflich reagieren. Warum aber entwickelt er dann ein solch lähmendes Angstszenarium?

Auf diese Frage hat Kai Koller zwei Antworten: eine, die gut ausschaut, und eine, die die wahre ist!

Die „gute" Antwort lautet daher: „Ich würde mich als Kunde auch belästigt und gestört fühlen. Ich möchte auch nicht, dass ich von Beratern ständig angerufen werde. Ich möchte, dass ein Berater auf mich und meine Zeit Rücksicht nimmt. Aus diesem Grund nehme auch ich auf meine Kunden Rücksicht."

Das heißt: Unser Berater sieht sich als besonders „rücksichtsvollen" Menschen – und deshalb nenne ich dieses Verhalten etwas ironisch das **„Edler-Mensch-Syndrom"**.

Warum?

Es hängt mit dem zweiten, dem wahren Grund zusammen. Und dieser Grund lautet: Unser junger Anlageberater sieht sich in Wirklichkeit als Störenfried und vor allem als Bittsteller, der sich und sein Angebot anbiedern muss. Er sieht sich als Bittsteller, weil er weder von seiner Kompetenz noch von der Einzigartigkeit seines Produktes und damit vom Nutzen seines Anrufs und Angebots für den Kunden überzeugt ist. Das ist der springende Punkt!

Es ist also das **„Bittsteller-Syndrom"**, das ihm in Wirklichkeit zu schaffen macht. Wer sieht sich unbewusst schon gerne als Bettler, als Hausierer oder als Störenfried?

Die Therapie ist in diesem Fall sehr einfach: Erst wenn der Verkäufer fühlt, dass er wirklich kompetent ist, dass er ein einzigartiges Angebot hat und dass er dem Kunden wirklichen Nutzen bietet, wird er mit innerer Ruhe und äußerer Selbstsicherheit zum Telefon greifen und Überzeugungskraft ausstrahlen.

Beispiel Nr. 2:

Die Ablehnung der Akquisition durch den Ingenieur Klaus Helmer

Klaus Helmer ist Ingenieur. Er ist Mitarbeiter einer großen Ingenieurgesellschaft, die vor allem für Gemeinden die Planungen für neue Baugebiete, Straßenbauten, Kläranlagen, Wasserversorgungen und Ähnliches macht.

Leider bekommt auch er seine Aufträge nicht per Post und muss sie stattdessen ganz gezielt durch Besuche und Nachfassaktionen bei „seinen" Bürgermeistern akquirieren.

Und das ist sein Problem. Denn Klaus Helmer ist ein guter Diplomingenieur, aber ein schlechter Verkäufer. Warum? Er fühlt sich als Techniker, aber er fühlt sich absolut nicht als „Verkäufer".

Er fühlt sich eher als Wissenschaftler denn als Reisender. Und je mehr er sich seinen Gesprächspartnern – den Bürgermeistern, geschäftsführenden Beamten oder den Gemeinderatsmitgliedern – fachlich und intellektuell überlegen fühlt, desto stärker ist seine Scheu, sich und seine Leistungen „verkaufen" zu müssen, ja, solchen Leuten nachlaufen, Honig um den Bart schmieren oder ihnen gar in einem Festzelt seine Aufwartung machen zu müssen.

Er lehnt also seine Gesprächspartner ab, weil sie ihn zwingen, in diese **Vertreterrolle** zu schlüpfen und sich und seine Leistungen anzubiedern.

Das ist der „gut aussehende" Grund. Welches aber ist der wahre Grund? Warum pflegen gerade sehr hoch qualifizierte und gut ausgebildete Fachleute gegenüber dem Verkauf eine solche Abwehrhaltung?

Die Antwort: Das **hohe Selbstbild** dieser Fachleute basiert auf ihrer guten fachlichen Ausbildung und Leistungsfähigkeit. In dieser Rolle fühlen sie sich stark und sicher. Wenn sie aber gezwungen werden, diese fachlichen Leistungen auch noch zu verkaufen und damit Misserfolge und Absagen zu erleben, dann fühlen sie sich schnell abgewertet und abgelehnt.

Dann erleben sie einen echten Konflikt mit ihrem Selbstbild, das solche Misserfolge und Ablehnungen bisher noch nicht kannte. Und genau aus diesem Grund – um ihr Selbstbild (und Selbstvertrauen) weiterhin hochhalten zu können – gehen sie dem Verkauf aus dem Weg. Oder sie betreiben ihn so lustlos, dass sie schon im Voraus eine Entschuldigung für ihr Versagen haben. Etwa nach dem Motto: „Wenn ich wirklich gewollt hätte, dann ..."

10.3 Wie können Ingenieure und andere Fachleute ihre Abneigung gegen die Akquisition überwinden?

Gerade die hoch qualifizierten, technisch hervorragend ausgebildeten Fachleute (zu denen z. B. auch die Computerspezialisten gehören) sollten dreierlei bedenken:

1. **dass sie ihr Selbstbild,** ihr Selbstvertrauen und damit ihre Selbstakzeptanz nie von einzelnen Erfolgen oder Misserfolgen abhängig machen dürfen. Das heißt, dass sie sich als Menschen immer gleich schätzen und akzeptieren sollten, egal ob sie gerade erfolgreich sind oder nicht.
2. **dass sie verschiedene Rollen spielen.** Eine Rolle ist der Ingenieur, die andere der Verkäufer. Und dass jede Rolle für sich gesehen und bewertet werden muss. Das heißt: Wenn ich als Ingenieur eine gute Leistung erbracht habe, dann bin ich ein guter Ingenieur, aber deshalb noch lange kein guter Mensch.
Und wenn ich als Verkäufer Misserfolge erlitten habe, dann bin ich im Augenblick vielleicht ein Verkäufer mit einem Misserfolg, aber deshalb noch lange kein schlechter Mensch oder ein Versager.
3. **dass sie als Menschen umso erfolgreicher** – also umso reifer – sind, je mehr verschiedene Rollen sie „spielen" können. Wer als Ingenieur nicht nur ein guter „Fachmann", sondern auch ein guter „Verkäufer" und ein guter „Vater" ist, der ist mit Sicherheit persönlich reifer als der reine Fachmann.
Daher kann es für den Ingenieur eine menschlich absolut bereichernde Erfahrung sein, wenn er (als Verkäufer) lernt, auf andere Menschen zuzugehen und mit ihnen richtig umzugehen. Wenn er lernt, um seine Ziele zu kämpfen und Misserfolge richtig zu verarbeiten.

Welche Methoden gibt es nun, um sich gerade für Nachfassaktionen zu motivieren?

10.4 Zehn Praxismethoden, um sich für Nachfassaktionen zu motivieren

1. **Beginnen Sie mit dem leichtesten Anruf.** Also mit dem, der auch am schnellsten Erfolg verspricht. Denn der erste Erfolg wird Sie durch seinen Motivationsschub von selbst weiter vorantreiben. Denken Sie daran: Je leichter eine Sache aussieht, desto eher packt man sie an!

2. **Programmieren Sie sich schon im Voraus!** Setzen Sie schon vorher – z. B. bei der Wochenplanung – genau den Tag, die Zeit, die Dauer und die Zahl der Kundenanrufe fest. Je stärker Sie sich vorher programmieren, desto stärker motiviert Sie später auch Ihr Unterbewusstsein.

3. **Stellen Sie sich vor dem ersten Anruf jemanden vor, den Sie gerne anrufen würden.** Stellen Sie sich diese Person ein paar Sekunden lang vor – bis Sie ein positives Gefühl verspüren, und mit diesem positiven Gefühl „greifen" Sie dann den ersten Kunden an.

4. **Beginnen Sie den ersten Satz immer positiv.** Auf diese Weise zwingen Sie sich, nachzudenken, was Sie dem Kunden überhaupt Positives sagen können. Mit einem positiven ersten Satz kommen Sie nicht nur in eine positivere Stimmung, sondern bewirken auch ganz automatisch positivere Aussagen. Denn eine positive Aussage zieht immer weitere positive Aussagen nach sich. Darüber hinaus besteht die Chance, dass auch Ihr Gesprächspartner positiv reagiert. Denn Stimmungen stecken bekanntlich an!

5. **Fragen Sie sich, wie Sie dem Kunden helfen oder ihm nützlich sein können.** Diese Methode hilft Ihnen einerseits, sich in die Situation des Kunden einzufühlen, und lenkt Sie andererseits von Ihrem Egoismus ab. Denn je

mehr ein Verkäufer bei solchen Anrufen nur an sich und seine Vorteile denkt, desto empfindlicher reagiert er auch auf alle Enttäuschungen und Absagen.

Je mehr er jedoch sein Ego und „seine" Interessen „vergisst" und dafür an den Kunden und seine Vorteile denkt, desto größer sind nicht nur seine Erfolgschancen, sondern desto weniger empfindlich ist er auch gegenüber möglichen Absagen oder Misserfolgen. Denn bei der zweiten Überlegung stand ja nicht sein Ich, sondern der Kunde im Mittelpunkt seines Interesses.

Stellen Sie daher immer den Menschen, den Kunden, in den Mittelpunkt all Ihrer Bemühungen!

6. **Suchen Sie nach einer interessanten Nachricht für den Kunden.** Fallen Sie auf keinen Fall mit der Tür ins Haus, indem Sie den Kunden sofort fragen: „Haben Sie sich schon entschieden?" Die Gefahr, auf solche Ja- oder Nein-Fragen ein Nein zu hören, ist riesengroß! Versuchen Sie zuerst immer, die positive Stimmung vom letzten Gespräch herzustellen.

Da Sie ja schon beim ersten Gespräch für den Kunden interessant gewesen sein mussten, sollten Sie auch diesmal wieder für ihn interessant sein. Zum Beispiel durch eine neue, aktuelle Information.

Je interessanter Ihre Information ist, desto größer ist auch Ihre Vorfreude und damit Ihre Zuversicht. Es ist wie bei einer Einladung: Wer ohne Gastgeschenk kommt, fühlt sich unwohl, weil er gegen gesellschaftliche Regeln verstoßen hat. Ihr Gastgeschenk ist eine gute Information.

7. **Wiederholen Sie ein paarmal bestimmte positive Aussagen.** Es sollten Aussagen sein, mit denen Sie sich selbst suggerieren, dass Ihr Vorhaben leicht, einfach und Erfolg versprechend ist.

Der psychologische Hintergrund: Wenn man sich eine Sache als leicht vorstellt, dann geht man auch viel freier und engagierter an sie heran. Und gerade dieses Gefühl der Leichtigkeit macht letztlich die Sache wirklich leicht. Beispiele für solch positive Selbstsuggestionen sind:

- Jeder Kunde ist an guten Informationen interessiert und ich habe eine gute Information für ihn!
- Der Kunde, der beim ersten Kontakt nicht sofort Nein gesagt hat, hat Interesse an dem Angebot – das ist meine Chance!
- Jeder Kunde ist an einer kompetenten Problemlösung interessiert und ich habe wahrhaftig eine gute Problemlösung!
- Jeder Kunde braucht nicht nur einen „Lieferanten", sondern auch eine gute Alternative – und mein Angebot ist wirklich eine gute Alternative!

Je positiver (und begründeter) diese Aussagen sind, desto eher halten sie auch Selbstzweifel oder Unsicherheiten fern. Solche Sätze, bewusst und bestimmt ausgesprochen, programmieren Sie geradezu automatisch auf volle Kraft voraus!

8. Überlegen Sie, was Ihnen jedes Telefonat einbringt.
Wenn Sie zum Beispiel für einen Auftrag drei Gesprächstermine und für einen qualifizierten Gesprächstermin zehn Anrufe brauchen, dann benötigen Sie also für einen Auftrag 30 Kontakte.
Wenn Sie nun für jeden Auftrag eine Durchschnittsprovision von zum Beispiel 250 Euro bekommen, dann haben Sie in Wirklichkeit mit jedem Anruf – ob er erfolgreich war oder nicht – 250 Euro geteilt durch 30 = 8,33 Euro verdient. Nicht viel pro Anruf, aber ein schöner Stundenlohn.

9. Schließen Sie eine Wette mit sich selbst ab. Wenn Sie besonders unangenehme oder schwierige Kunden anrufen müssen, dann bereiten Sie sich in Form einer sportlichen Wette darauf vor. Dann sagen Sie zu sich: „Das möchte ich doch jetzt einmal sehen, ob ich diesen Kunden nicht mit all meiner Überzeugungskraft gewinnen kann. Das wäre doch gelacht, wenn ich das nicht schaffen würde! Und ich höre jetzt nicht eher auf, bis ich nicht mindestens drei Abschlussversuche probiert habe. Wenn ich gewinne, belohne ich mich heute Abend mit einem schönen Essen. Wenn ich verliere, dann verzichte ich auf den Nachtisch! Topp – die Wette gilt!"

10. **Setzen Sie sich sowohl ein Ziel als auch ein Zeitlimit.** Spötter sagen: Man braucht für eine Aufgabe immer so viel Zeit, wie man zur Verfügung hat. Programmieren Sie sich deshalb von vornherein darauf, innerhalb einer bestimmten Zeit ein bestimmtes Ergebnis zu erreichen. Zum Beispiel: „Ich will jetzt eine Stunde lang konzentriert telefonieren und in dieser Stunde mindestens drei qualifizierte Terminvereinbarungen schaffen. Das will ich und das werde ich auch erreichen!"
Jetzt weiß auch Ihre Psyche genau, was Sie wollen, und wird Sie unbewusst durch die entsprechende Überzeugungskraft, Entschlossenheit und Durchsetzungskraft dabei unterstützen.

11. Auf dem Weg zu neuen Kunden – was man aus den Erfolgen und Misserfolgen anderer Verkäufer lernen kann

Sie alle kennen sicher schon die Regel: Wer einen neuen Kunden zum ersten Mal anruft, bekommt keine zweite Chance für einen ersten positiven Eindruck.

Die erste Regel lautet daher: Vermeiden Sie überflüssige Fehler!

Wer überflüssige Fehler vermeidet, der hat schon zur Hälfte gewonnen. Denn wiederholte Fehler sind die Totengräber der eigenen Motivation! Alles kann sich ein Verkäufer bei der Neukundenakquisition eher erlauben als eine Schwächung seiner Motivation!

Dazu zwei Beispiele:

11.1 Wie Helga Blau ihre größte Akquisitionsschwäche überwand

Helga Blau, eine junge Dame von 27 Jahren, hatte im Hotelfach bereits beachtlich Karriere gemacht, leitete das Bankettwesen und verkaufte für ihr Hotel Tagungsräume und Seminare. Doch so erfolgreich diese Tätigkeit war, die Bezahlung im Hotelfach ist nicht gerade üppig und so beschloss sie eines Tages, in die Anlagebranche überzuwechseln.

Die Beratungsgesellschaft, für die sie sich schließlich entschieden hatte, verkaufte vorzugsweise Eigentumswohnungen, daneben als besondere Herausforderung Hotelapartments. Fürwahr, keine leichte Sache – und Helga Blau sollte das auch bald erfahren.

Als Erstes stellte sie sich eine Liste ihrer früheren Kontakte – Hotelmanager, Gastronomen, Touristikfachleute, aber auch Kunden und Lieferanten dieser Hotels – zusammen und fing an zu telefonieren. Dabei machte sie eine erstaunliche Erfahrung. **Jedes Gespräch schien in drei Phasen zu verlaufen.**

In der ersten Phase verlief das Gespräch nett und freundlich. In der zweiten Phase – wenn sie ihr Angebot vorstellte – hörte sie Einwände, die sie bis dahin noch nie vernommen hatte. Zum Beispiel: „Wie hoch ist die garantierte Auslastung dieses Hotels?" (Darüber gab es keine Zahlen.) „Wer kontrolliert die Entwicklung der Betriebskosten dieses Hotels?" (Das war nur der Wunsch, Gewinne zu machen.) Und schließlich die schlimmste Frage: „Wie kann man diese Apartments später einmal wieder verkaufen?" (Dafür gibt es keinen offiziellen Markt.)

Natürlich gab es auch Gründe, die sehr wohl für dieses Investment sprachen: die gute Lage im Herzen Deutschlands, die schöne Gegegend, das angenehme Tagungs- und Seminargeschäft.

Aber so sehr sie in der dritten Phase auch auf Zustimmung und Zuhörbereitschaft stieß, keiner der Interessenten wollte in den anschließenden Gesprächen unterschreiben. Interesse ja, Unterschrift nein! Was tun?

In dieser Zeit bekam sie auf meinem Seminar das Buch **„Erfolgreicher verkaufen durch Positives Denken"**[45] in die Hand. Darin fand sie auch einen Motivationstest, der ihr über drei ganz wesentliche Erfolgsfaktoren Auskunft geben konnte: darüber, wie es mit ihrer Begeisterung, ihrer Beharrlichkeit und ihrer Entschlossenheit aussah.

Sie machte den **Test** und fand zu ihrem Erstaunen heraus, dass Begeisterung und Beharrlichkeit bei ihr sehr wohl vorhanden waren, dass es ihr aber stark an Entschlossenheit mangelte.

Das also war der springende Punkt.

In den Gesprächen mit den Kunden erzielte sie statt echter Fortschritte immer nur Fortsetzungen. Durch die Bereitschaft der Kunden (die ihr nicht wehtun wollten), einen Termin und noch einen Termin zu machen, war ihr nicht bewusst geworden, dass im Wesentlichen nichts geschah. Und es geschah nichts, weil sie bisher nicht den notwendigen Biss – also die notwendige Entschlossenheit – aufgebracht hatte, um heute, hier und jetzt einen Abschluss zu machen. Was tat sie?

Sie sah sich daraufhin nochmals ihre Optionen durch, prüfte, wer am ehesten für einen Abschluss infrage kam, und beschloss, nun diesen Kunden – es handelte sich um einen Abteilungsleiter bei IBM – mit entsprechender Entschlossenheit anzugehen.

Dazu stellte sie sich zuerst einmal ganz genau vor, dass sie diesen Kunden anrufen, für den 31. Juli einen Termin vereinbaren und ihn an diesem Tag auch abschließen würde.

In der Fantasie malte sie sich nicht nur ihre Vorgehensweise, ihre Argumente und ihre Antworten auf seine Einwände aus, sondern sie sah auch schon ganz genau, wie der Kunde an diesem Tag um 18 Uhr den Vertrag unterschreiben würde.

Das machte sie so oft, bis sie diese Gedankenkette wie einen kompletten Film vor ihrem geistigen Auge ablaufen lassen konnte. Daraufhin rief sie den Kunden an, schlug ihm einen Termin am 31.7. vor – und der Kunde willigte auch tatsächlich für 16 Uhr ein.

Der erste Teil also hatte super geklappt. Doch dann tauchte plötzlich ein Problem auf: Einen Tag vor dem Termin ließ der Kunde durch seine Sekretärin ausrichten, dass er das Gespräch nicht wahrnehmen könne, weil er an einer dringenden Sitzung teilnehmen müsse.

Was jetzt geschah, zeigt, welche enorme Entschlossenheit ein Mensch entwickeln kann, wenn er sein Unterbewusstsein ganz gezielt vorprogrammiert hat und wenn er auch wirklich ein Ergebnis erreichen will.

Helga Blau fuhr trotzdem am 31.7. zu diesem Manager und es gelang ihr – weil sie es unbedingt wollte! –, die Sekretärin dazu zu bewegen, den Kunden für einen Augenblick aus der Sitzung herauszuholen und mit ihm zu sprechen.

Märchen? Nein, Realität – und Beweis für die Macht des Unterbewussten.

Verblüffenderweise war der Manager über diese Störung nicht einmal wütend (erfolgreiche Menschen bewundern in Wirklichkeit andere entschlossene Leute) und sagte nur zu ihr: „Wenn Sie noch zwei Stunden warten können, dann stehe ich Ihnen für ein Gespräch zur Verfügung."

Das geschah auch und nach zweieinhalb Stunden hatte Helga Blau die Unterschrift dieses Managers unter dem Vertrag. Aber sie hatte noch längst nicht die Immobilie verkauft. Denn es gab erneute Schwierigkeiten, als die Frau dieses Kunden von einem solchen Hotelapartment partout nichts wissen wollte, sondern für ihre zwei Kinder viel eher an zwei normalen Apartments interessiert war.

Als der Kunde schließlich vom Vertrag zurücktreten und auch nicht zum Notar gehen wollte, bat Frau Blau ihren Chef, in dieser Sache tätig zu werden. Der Chef, der sich bisher schon immer seiner besonderen Überzeugungskraft gerühmt hatte, sprach mit dem Kunden, kam auch keinen Schritt weiter und empfahl schließlich Frau Blau, diesen Kunden aufzugeben.

Genau das aber tat Helga Blau nicht. Wie von einem geheimen Willensimpuls beseelt sprach sie den Mann noch einmal an, warf ihre ganze Entschlossenheit in die Waagschale und hatte den Mut, den Kunden jetzt vor zwei Alternativen zu stellen: entweder zu seinem Wort zu stehen und diese Investition mit all ihren Steuervorteilen wahrzunehmen ... oder das Thema Steuerersparnis immer weiter hinauszuschieben und, statt Vermögen zu bilden, 100 Prozent Steuern zu zahlen.

Wie so oft in Verkaufsgesprächen ging es in diesem Augenblick nicht mehr um Vor- oder Nachteile, sondern um den stärkeren Willen. Und die entscheidende Frage lautete jetzt: **Wer hat den stärkeren Willen?**

Dieses Mal hatte ihn Helga Blau und der Kunde erklärte sich zuletzt doch noch bereit, diese Investition zu tätigen, nachdem ihm Helga Blau klar gemacht hatte, dass es hier nicht um die Frage „Hotelapartment oder Eigentumswohnung?" ging, sondern darum, wie man bei einer langfristigen Vermögensplanung sogar beides kombinieren könnte.

Die wertvollste Erfahrung aber war für Helga Blau die Erkenntnis, dass sie einem Nein des Kunden nicht hilflos ausgeliefert war, sondern dass sie durch ihre mentale Programmierung und ihre gezielte Entschlossenheit sehr wohl eine Willens- und Überzeugungskraft mobilisieren konnte, die ihr bislang verborgen gewesen war.

Nun zu Beispiel Nr. 2:

11.2 Das glanzvolle Comeback eines Kopiergeräteverkäufers

Hans Wirtsfeld besaß schon immer eine Neigung zur Technik und so hatte er sich für die Kopiererbranche entschieden. Seine Kopierer kosteten zwischen 5.000 und 20.000 Euro. Seine Motivation war groß und sie wurde durch eine Schulung sogar noch stärker. Denn Kernpunkt dieser motivierenden Schulung war die totale Markttransparenz!

Das hieß: Hans Wirtsfeld und seine Kollegen hatten bei ihrer Schulung alle Geräte – die eigenen wie die des Wettbewerbs – bis auf die letzte Schraube zerlegt und kannten auf diese Weise jedes Gerät in- und auswendig. Sie wußten 100-prozentig über den gesamten Markt Bescheid. Kein Kunde und kein Wettbewerber konnten ihnen jetzt noch ein X für ein U vormachen.

Schließlich waren er und seine Kollegen ganz heiß darauf, ihr Wissen unter Beweis zu stellen und ihre Kopierer an den Mann zu bringen. Firmen zu besuchen, so Hans Wirtsfeld, wurde zum höchsten Lebensgefühl für ihn. Was für eine tolle, begeisternde Motivation! Und er war so begeistert, weil er von seinem Produkt 100-prozentig überzeugt war und weil er wusste, dass er jedem Wettbewerber Paroli bieten konnte.

Wieder erleben wir die Tatsache:

Absolute Kompetenz – also sein Produkt und die Wettbewerberprodukte in- und auswendig zu kennen und alle technischen Details und Anwendungsmöglichkeiten im Schlaf hersagen zu können – ist in der Regel eine ungemein inspirierende Motivationsquelle!

Wie nicht anders zu erwarten hatte er von Anfang an Erfolg. Er wurde der neue **Senkrechtstarter** in dieser Truppe. Doch plötzlich – von einem Tag auf den anderen – versiegten die Abschlüsse. Nichts tat sich mehr. Kein einziger Abschluss gelang mehr – und das nicht nur eine Woche oder einen Monat lang, sondern geschlagene vier Monate.

Natürlich hatte er in dieser Zeit private Probleme. Aber mit solchen Folgen? Er wusste keinen Rat. Doch er gab nicht auf. Sein Verkaufsleiter gab ihm – welches Glück! – volle Rückendeckung und sagte zu ihm:

„Auch wenn Sie noch ein halbes Jahr lang nichts verkaufen, machen Sie sich keine Sorgen. Ich weiß, dass Sie früher oder später wieder in den Tritt kommen."

Ein Hoch auf diesen motivierenden Verkaufsleiter!

Aber er hatte auch Grund zu dieser positiven Annahme, denn trotz seiner beinahe unglaublichen Misserfolgsserie hielt Hans Wirtsfeld an den folgenden drei **Grundsätzen** fest:

1. Ich weiß, dass ich es eines Tages wieder schaffen werde!
2. Ich werde mich deshalb weder abwerten noch an mir zweifeln.
3. Ich werde weiter jeden Tag mein vorgegebenes Soll an Kontakten und Besuchen durchführen.

Und plötzlich – nach vier Monaten – platzte der Knoten und jetzt verkaufte er fast am „laufenden Band". Ja, er schaffte es sogar, oft schon beim ersten Termin dem Kunden einen Kopierer zu verkaufen.

Mit der Folge, dass er am Ende des Jahres noch der zweitbeste Verkäufer in diesem Unternehmen wurde. Wie war es zu diesem neuerlichen Erfolgsumschwung gekommen?

Es war ein Schlüsselerlebnis gewesen, das ihm geholfen hatte, sein Selbstvertrauen wiederzugewinnen!

Eines Tages erhielt er den Anruf eines Mannes, der ihm gegen Provision eine Kundenadresse vermitteln wollte. Natürlich war jetzt der Jagdinstinkt unseres Verkäufers geweckt und er beschloss, als Erstes einmal diesem Vermittler selbst ein Gerät zu verkaufen.

Als er ihn besuchte, stellte sich heraus, dass er Hersteller von Schießbudenfiguren war und damit „sagenhaftes Geld" verdiente. Den Mann selbst konnte er anfangs kaum erkennen, so sehr hatte er sein enges, chaotisch aussehendes Büro mit seinen schweren kubanischen Zigarren eingenebelt. Prompt kam er auch auf sein Angebot und die mögliche Provision zu sprechen.

Hans Wirtsfeld sagte zunächst gar nichts, sah ihn nur sekundenlang an und sagte dann: „**Jetzt bieten Sie mir doch einmal eine Zigarre an!**"

Einen Augenblick herrschte verblüfftes Schweigen, dann huschte ein Lächeln über das Gesicht des Schießbudenfiguren-Herstellers und er sagte: „Junger Mann, Sie gefallen mir!"

Er reichte ihm seine Zigarrenkiste und gemeinsam pafften sie nun den letzten Rest von Sauerstoff aus dem Büro. Zwei Minuten später – bevor sie sich aufgrund der Rauchschwaden völlig aus den Augen verloren – gingen sie gemeinsam die Unterlagen durch, Hans Wirtsfeld holte eine gebrauchte Maschine herein und präsentierte sie dem Kunden so eindrucksvoll mit all ihren kostengünstigen und Zeit sparenden Vorteilen, dass der Kunde schließlich darauf bestand, dieses Gerät sofort behalten zu dürfen.

Hans Wirtsfeld wollte zuerst nicht, denn das war sein Vorführgerät. Aber schließlich ließ er es ihm zum „Neupreis" da, nachdem der Kunde noch vier zusätzliche Maschinen – ohne einen Cent Rabatt – bestellt hatte.

In diesem Moment wurde Hans Wirtsfeld zum ersten Mal bewusst, welch unglaubliche Überzeugungskraft von einem Verkäufer ausgehen konnte, der ebenso kompetent wie selbstbewusst war und der obendrein auch noch über das gewisse Quäntchen Schlagfertigkeit und Courage verfügte.

Kurze Zeit später bekamen seine Motivation und sein Selbstbewusstsein noch einmal einen entscheidenden Kick: Er wurde zum **Mann für spezielle Herausforderungen.** Wo andere Kollegen schon mehrmals vergeblich vorgesprochen hatten, da wurde er als Nothelfer gerufen. Und so schwierig die Situation auch oft war, so hatte er doch stets vom ersten Moment an das Gefühl, dass er das schaffen würde. Aber sein Erfolg kam nicht von ungefähr:

Seine Methode bestand darin, sich als Erstes alle möglichen Informationen über den Kunden zu beschaffen.

Also sich ein vollständiges Bild von ihm zu machen. Zum Beispiel: Welche Funktionen braucht der Kunde? Welches sind seine Prioritäten? Welche Maschinen hat er bisher eingesetzt? Was hat ihm daran gefallen? Womit war er unzufrieden? Kann der Kunde allein entscheiden? Wer entscheidet mit?

Ganz entscheidend aber war für seinen Erfolg das Gefühl, dass er nie unter Umsatzdruck stand – also dass er jetzt unbedingt einen Auftrag schreiben musste. So blieb er locker und betrieb das Ganze aus Spaß. Es war für ihn eine Herausforderung, auf die er sich regelrecht freute.

Natürlich mischte sich darin auch die Freude, seine Kollegen zu übertreffen und ihnen etwas vorgeben zu können.

Als er immer erfolgreicher wurde, ging er dazu über, Kunden sogar ohne jeden Termin anzusprechen. Dann sagte er zu sich, quasi in Form einer mentalen Programmierung: „Ich werde jetzt diesen Kunden X abschließen!"

Niemals sagte er dann bei solchen Spontanbesuchen, dass er gerade zufällig in der Gegend wäre und bei dieser Gelegenheit nur einmal vorbeischauen wollte. Statt dessen sagte er, um seinen Besuch und den Kunden aufzuwerten: **„Herr Kunde, ich bin von weit hergekommen, nur um Sie zu besuchen ...** Ihre Firma ist für mich so wichtig, dass ich mir extra die Zeit dafür genommen habe ..."

Wollte sich dann der Gesprächspartner – zum Beispiel der Einkaufsleiter – am Ende des Gesprächs damit herausreden, dass über eine solche Investition nur der Herr Direktor entscheiden könnte, dann beugte er dieser Ausflucht vor, indem er nach der Präsentation zu ihm sagte:

„Glauben Sie nicht auch, dass ein Mann, der in dieser Sache jetzt so genau Bescheid weiß wie Sie und der auch die richtige Entscheidung kennt, am besten den Herrn Direktor und die anderen Entscheider davon in Kenntnis setzen kann?"

Kam es trotzdem zu einer Absage, dann berührte ihn das nicht, denn er wusste von vornherein, dass es nicht immer und überall klappen kann. Aber dafür wusste er, dass es sehr oft 100-prozentig klappen kann!

Als ich kurze Zeit später mit seinem Verkaufsleiter sprach und ihn fragte, was er einem neuen Verkäufer raten würde, um sich bei der Kundenakquisition zu behaupten, überreichte er mir eine Liste.

„Diese 15 Punkte", meinte er scherzhaft, „haben nicht nur meinen Verkäufern geholfen, die ersten Rangplätze in

unserer Organisation zu belegen, sondern können mit Sicherheit auch vielen anderen Verkäufern von Nutzen sein."
Hier seine Empfehlungen:

11.3 Die 15 Empfehlungen eines Topverkaufsleiters für die Neukundenakquisition

1. **Sehen Sie von vornherein** die Überwindung von Misserfolgen und Stimmungstiefs als eine Ihrer wichtigsten Aufgaben an.
2. **Nehmen Sie sich** auch nach Niederlagen so an, wie Sie sind. Wenn Sie Ihre Selbstakzeptanz verlieren, haben Sie alles verloren!
3. **Fragen Sie sich jeden Tag:** „Hast du dich heute schon gefreut?" Suchen Sie eine Antwort, denn Pessimismus ist in Wirklichkeit Gedankenfaulheit!
4. **Setzen Sie sich anfangs** auf keinen Fall zu hohe oder zu fantastische Ziele. Machen Sie sich selbst nicht verrückt, sonst stecken Sie mit Ihrem Druck auch Ihre Kunden an. Setzen Sich sich ein bestimmtes (realistisches) Monatssoll: z.B. pro Monat x kleine Kopierer und y große Kopierer zu verkaufen.
5. **Stellen Sie zuerst Ihre potenziellen Kunden fest.** Fragen Sie sich z.B.: Wie viele Mitarbeiter muss eine Firma haben, um unseren Kopierer optimal einsetzen zu können? Welchen Umsatz muss sie haben? Wie viele Abteilungen muss sie haben?
6. **Machen Sie dann eine komplette Marktanalyse.** Stellen Sie dabei fest, wie viele potenzielle Kunden Sie in Ihrem Gebiet haben. Erst danach sollten Sie mit dem ersten Gespräch beginnen.
7. **Machen Sie sich bewusst,** in welch riesigem, rotierendem Markt Sie sind. Denn solche Investitionsgüter werden in der Regel nach vier Jahren ausgetauscht. Das

heißt: Sie können bei 400 potenziellen Kunden pro Jahr mit 100 Neuinvestitionen rechnen. Wenn Sie von diesen 100 Neugeräten 60 Prozent abschließen, dann sind das ca. drei Millionen Euro Umsatz!

8. **Schauen Sie sich immer wieder Ihre Kollegen an.** Wie viele Besuche brauchen sie, um ein Gerät zu verkaufen? Wenn Sie wissen, dass 40 Besuche für einen Auftrag der Durchschnitt sind, dann schauen Sie, wer eine bessere Quote hat. (Die Anfänger brauchen bei uns 40 Besuche pro Auftrag, die erfahrenen Profis nur elf!)

9. **Forschen Sie jetzt nach,** warum diese Kollegen so erfolgreich sind. Liegt es an ihrer Vorbereitung, an ihrem spezifischen Wissen über ihre Kunden, an ihren betriebswirtschaftlichen Kenntnissen, an ihrer Kontaktfähigkeit, an ihrer Kundenbetreuung oder an ihren intelligenten Abschlussstrategien und ihren überzeugenden Problemlösungen?

10. **Ersparen Sie sich demotivierende Gespräche:** so genannte „Larifari-Gespräche", die schlecht vorbereitet sind, die mit falschen Gesprächspartnern geführt werden und die Sie nicht weiterbringen.
Achten Sie nicht auf die Quantität, sondern auf die Qualität Ihrer Gespräche.

11. **Reagieren Sie auf ein Nein des Kunden nicht mit Ablehnung** oder mit Resignation, sondern versuchen Sie den Kunden zu verstehen, sich in seine Gedanken hineinzuversetzen und seine Motive und Absichten zu erkennen.

12. **Konzentrieren Sie sich** beim Erstgespräch nur darauf, eine umfassende Ist-Analyse zu machen. Sammeln Sie dabei alle relevanten Informationen. Machen Sie jedoch auf keinen Fall einen Verkaufsvorschlag.

13. **Beginnen Sie Ihr Verkaufsgespräch** erst dann, wenn Sie wirklich über das Unternehmen informiert sind: wenn Sie seine Bedürfnisse genau kennen und wenn Sie für die Neuinvestitionen genaue Wirtschaftlichkeitsbe-

rechnungen vorlegen können. Dabei ist entscheidend, dass Sie sich genau in den Unternehmensablauf, ja sogar in „Detailprobleme" hineindenken können. Nur wenn Sie wissen, wie Sie z.B. das Mahnwesen über eine bestimmte „Maske" rationalisieren können, erreichen Sie Qualitätsgespräche.

14. **Achten Sie darauf,** am Monatsende mindestens 20 abschlussreife Optionen zu haben. Das heißt: Sie sollten in den nächsten Wochen realistischerweise drei bis vier Großkopierer abschließen können.

15. **Stellen Sie sich bildlich immer wieder vor,** welchen Erfolg Sie bereits hatten und wie Sie auch weiterhin Erfolg haben werden.

Dazu ein Tipp:
Schreiben Sie diese Empfehlungen für Ihre Branche um. Legen Sie sie in ein Zeitplanbuch – und lesen Sie sie am besten einmal täglich durch.

Statt eines Schlusswortes: Mut zu neuen Kunden!

Warum habe ich dieses Buch „Mut zu neuen Kunden" genannt? – Weil die Neukundenakquisition eine so große Herausforderung ist? Natürlich, aber auch aus einem anderen
Grund: Weil der Mut die vielleicht wichtigste Eigenschaft für
unseren Erfolg ist.

Was aber ist Mut? – **„Mut ist der Ausdruck unseres
Selbstvertrauens und erwächst aus dem Glauben an unsere Befähigung."**[46]

Darüber hinaus gewinnen wir Mut, wenn wir uns immer
wieder ermutigen. Wenn wir uns gerade in kritischen Situationen aufbauen und positiv zusprechen.

Die permanente persönliche Ermutigung ist daher die vielleicht wichtigste Eigenschaft, die wir im Verkauf und gerade
bei der Neukundenakquisition brauchen. Und sie ist absolut
notwendig, denn das entscheidende Erfolgsprinzip im Leben
lautet:

**Zuerst muss man an seine Fähigkeiten glauben – erst
dann kann man den Erfolg erreichen!**

Mutlose Verkäufer glauben im Gegensatz dazu erst dann an
sich und ihre Fähigkeiten, wenn sie bereits den Erfolg erreicht haben. Aber ein solcher „Erfolg" verschafft ihnen
kein zusätzliches Selbstvertrauen. Denn sie sehen diesen Erfolg in Wirklichkeit als Zufall an und können ihn deshalb
auch nicht wiederholen.

Nur wer wirklich Mut hat, glaubt trotz aller Misserfolge
weiter an sich. Denn er weiß, dass er letztlich zu den Gewin-
nern gehört. Auch wenn das manchmal – gerade bei der
Neukundenakquisition – etwas dauert.

Mut und Ausdauer zahlen sich aus!

Erinnern Sie sich noch an Hans Wirtsfeld, der vier Monate nichts verkaufte, aber weiterhin an sich glaubte, weiter seine Besuche machte und am Ende noch auf Platz zwei in seiner Firma landete?

Ein anderes Beispiel für diesen Glauben an sich und die Bedeutung einer unverdrossenen, kontinuierlichen Tagesarbeit liefert uns Zig Ziglar, einer der bekanntesten Verkaufstrainer der USA.

In seinem Buch „Gemeinsam an die Spitze" schreibt er: „Als ich noch im Verkauf tätig war, kam ich in einem Jahr auf Rang zwei in einer landesweiten Organisation mit über 7.000 Verkäufern ... Ich kann ganz offen zugeben, dass es viele Tage gab, an denen ich gar keine Lust verspürte, an die Arbeit zu gehen; aber oft kam die Lust, nachdem ich mich an die Arbeit gemacht hatte.

Und das ist entscheidend: **Nicht ein einziges Mal war ich in jenem Jahr, in dem ich auf Platz zwei landete, unter den 20 Besten der Woche. Nicht einmal in dieser Zeit war ich unter den 20 Besten des Monats. Und dennoch war ich am Ende des Jahres insgesamt der Zweitbeste.**

Wie das kam? Ganz einfach! Ich zwang mich dazu, jeden Tag spätestens um neun Uhr vor meinem ersten Kunden zu stehen. Daraus ergab sich jede Woche ein bisschen Umsatz und das reichte aus, um mich am Ende des Jahres insgesamt auf Platz zwei zu bringen."[47]

Haben Sie also den Mut zu einer permanenten Neukundenakquisition. Denn nur so können Sie Ihre Chancen wahrnehmen.

◉ Gerade weil die Kundenloyalität immer mehr abnimmt, besteht auf der anderen Seite immer **mehr Bedarf an neuen Ideen** und Problemlösungen. Das ist Ihre erste Chance!

- Gerade weil die Kunden heute so viel von ihren Lieferanten verlangen, sind sie andererseits auch so schnell mit ihnen unzufrieden und **zu einem Wechsel bereit.** Das ist Ihre zweite Chance!
- Gerade weil sich heute in einem Unternehmen die Umstände oder die Personen so schnell ändern, können Sie **heute dort Erfolg haben,** wo Sie gestern noch scheiterten. Das ist Ihre dritte Chance!

Alles, was Sie also brauchen, ist der Mut, diese Chancen zu erkennen und wahrzunehmen. Dann liegt eine erfolgreiche Zukunft vor Ihnen.

Genau das besagt auch das chinesische Sprichwort:

> **Der Reiche macht Pläne für die Zukunft. Der Arme für die Gegenwart.**

Ich wünsche Ihnen viel Mut für eine erfolgreiche Neukundengewinnung in der Zukunft!

Quellenangaben

1. Michael Althen, Die Ehre der Strizzis, in: Süddeutsche Zeitung, Magazin, S. 10-18.

2. Bill Good, Prospecting Your Way to Sales Success, New York, 1986, S. V.

3. Vgl. Lee Boyan, Successful Cold Call Selling, New York, 2. Auflage 1989, S. 5-18.

4. Lee Boyan, a. a. O., S. 17.

5. Vgl. Bill Good, Prospecting Your Way To Sales Success, New York, 1986, S. 8-16.

6. Vgl. Bill Good, a. a. O., S. 19-34.

7. Vgl. Lee Boyan, a. a. O., S. 101.

8. Vgl. Lee Boyan, a. a. O., S. 103.

9. Vgl. Bill Good, a. a. O., S. 87 f.

10. Vgl. ebenda, S. 73 f.

11. Vgl. ebenda, S. 89 f.

12. Vgl. ebenda, S. 100 f.

13. Vgl. ebenda, S. 102 f.

14. Lee Boyan, a. a. O., S. 184.

15. Ebenda, S. 181.

16. Ebenda, S. 189 f.

17. Ebenda, S. 193.

18. Ebenda, S. 194.

19. Ute Schebitz, So machen Sie den Kunden neugierig, in: Sales Profi, Nr. 12/93, S. 43-45.

20. Vgl. ebenda, S. 44.

21. Vgl. Lee Boyan, a. a. O., S. 72-75.

22. Ebenda, S. 115.

23. Ebenda, S. 149.

24. Ebenda, S. 247.

25. Ebenda, S. 247.

26. Ebenda, S. 247.

27. Ebenda, S. 248.

28. Ebenda, S. 254.

29. Vgl. Bill Good, a. a. O., S. 170-176.

30. Vgl. Klaus Kobjoll, Motivaction, Zürich, 1993, S. 91.

31. Vgl. ebenda, S. 54.

32. Vgl. Matthias Horx, Trendbuch, Düsseldorf, 1993, S. 92.

33. Vgl. Hans-Peter Zimmermann, Groß-Erfolg im Kleinbetrieb, München, 1993, S. 86-91.

34. Vgl. ebenda, S. 92.

35. Vgl. ebenda, S. 93.

36. Vgl. Lee Boyan, a. a. O., S. 72-75.

37. Vgl. Joe Gandolfo, How To Make Big Money Selling, New York, 1985.

38. Lee Boyan, a. a. O., S. 17.

39. Vgl. Josef Frommer, Empfehlungen: So öffnen Sie alle Türen!, in: Sales Profi 3/93.

40. Vgl. Joe Girards, Die Schule des weltbesten Verkäufers, Köln, 1979.

41. Frank Bettger, Lebe begeistert und gewinne, Thalwil-Zürich, 1949, S. 301.

42. Hans Christian Altmann, Erfolgreicher Verkaufen durch Positives Denken, Landsberg, 1991.

43. Vgl. Rolf Berth, Erfolg, Düsseldorf, 1993, S. 94-107.

44. Hans Christian Altmann, Schnelligkeit – das Kennzeichen hoher Leistungsmotivation, in: Blick durch die Wirtschaft, Jg. 36, Nr. 244, 1993.

45. Vgl. Hans Christian Altmann, Erfolgreicher verkaufen durch Positives Denken, Landsberg, 1991.

46. Rudolf Dreikurs, Selbstbewusst, Rosenheim, 3. Auflage, 1990, S. 51.

47. Zig Ziglar, Gemeinsam an die Spitze, München, 1991, S. 335.

Literaturempfehlungen

Altmann, Hans Christian:
Erfolgreicher Verkaufen durch Positives Denken. 6. Auflage, verlag moderne industrie 1999

Gezielte Eigenmotivation und Positives Denken – die Schlüssel für erfolgreiches Verkaufen. Verlag Max Schimmel 1993

Beck, Heinz:
Meisterschule für Verkäufer. verlag moderne industrie 1993

Bettger, Frank:
Lebe begeistert und gewinne. Oesch Verlag 2002

Detroy, Erich-Norbert:
Mit Begeisterung verkaufen. 6. Auflage, verlag moderne industrie 2004

Geffroy, Edgar K.:
Das Einzige, was stört, ist der Kunde. 15. Auflage, verlag moderne industrie 2000

Greff, Günter:
Telefonverkauf mit noch mehr Power. Gabler 1998

Holzheu, Harry:
Natürliches Verkaufen. Econ 1993

Horx, Matthias:
Trendbuch. 3. Auflage, Econ

Kobjoll, Klaus:
Motivaction. mvgVerlag 2000

Messner, Reinhold:
Berge versetzen – das Credo eines Grenzgängers. BLV-Verlagsgesellschaft 2001

Zimmermann, Hans-Peter:
Großerfolg im Kleinbetrieb. 4. Auflage, verlag moderne industrie 2003

In eigener Sache

Wenn Sie sich für entsprechende Vorträge und Seminare zu den Themen Neukundengewinnung und Motivation interessieren, wenden Sie sich bitte an:

Dr. Hans Christian Altmann
Management-Training
Widmannstr. 8a
82110 Germering
Tel.: 089 / 8 41 47 00
Fax: 089 / 8 94 99 20